EVOLUTION DER OFFENBARUNG –
OFFENBARUNG DER EVOLUTION

QUAESTIONES DISPUTATAE

Begründet von
KARL RAHNER UND HEINRICH SCHLIER

Herausgegeben von
PETER HÜNERMANN UND THOMAS SÖDING

249

EVOLUTION DER OFFENBARUNG –
OFFENBARUNG DER EVOLUTION

EVOLUTION DER OFFENBARUNG – OFFENBARUNG DER EVOLUTION

HERAUSGEGEBEN VON
ULRICH LÜKE UND GEORG SOUVIGNIER

HERDER

FREIBURG · BASEL · WIEN

Die Beiträge dieses Bandes gehen zurück auf ein Symposion der Stiftung Theologie und Natur mit der Bischöflichen Akademie des Bistums Aachen vom 30. 9. – 2. 10. 2010. Die Diskussionen bei dieser Veranstaltung sind in die hier veröffentlichten Manuskripte eingeflossen.

Stiftung Theologie und Natur
Morbacher Str. 53
50935 Köln
www.stiftung-theologie-und-natur.de

FSC
www.fsc.org
MIX
Papier aus verantwortungsvollen Quellen
FSC® C106847

www.herder.de
Umschlaggestaltung: Finken & Bumiller, Stuttgart
Satz: Barbara Hermann, Freiburg
Herstellung: fgb · freiburger grafische betriebe
www.fgb.de
Printed in Germany
ISBN 978-3-451-02249-4

Inhalt

Einführung

von Georg Souvignier

In öffentlichen Debatten und Internetforen bringen biblizistisch orientierte Fundamentalisten die Offenbarung gegen die Evolution in Stellung. Auf der anderen Seite halten materialistisch orientierte Evolutionisten ihrerseits dagegen und bringen die Evolution gegen die Offenbarung in Stellung. Und in dienstbarer Glaubensgenossenschaft erneuern die Gazetten und Bücher der einen wie der anderen Seite die wechselseitigen Kriegserklärungen. Nicht selten springen auch die Kriegsberichterstatter der eigentlich seriöseren Magazine und überregionalen Zeitungen auf diesem Kriegsschauplatz umher und helfen – geleitet von eigenen Vermarktungsinteressen – beim Zündeln. Denn wo sich Rauch und Feuer zeigen, sind die Schaulustigen nicht weit und die möglichen oder vermeintlichen Kriegsgewinnler nahe. Man darf und muss wohl – das allerdings auf anderem Niveau – fragen, ob die biblizistisch orientierten Fundamentalisten ihrer Offenbarung und die materialistisch orientierten Evolutionisten ihrer Evolution mit diesem Streit nicht doch einen Bärendienst erweisen. Man hat den Eindruck, um ein Bild aus dem Stabhochsprung zu benutzen, dass die Latte in sechs Meter Höhe liegt, beide Kombattanten bei vier Metern darunterherspringen und felsenfest überzeugt sind, diese nicht gerissen zu haben. Auf welchem Niveau die Latte der interdisziplinären Fragestellung um die Begriffe Evolution und Offenbarung wirklich liegt, und ob sie bzw. wie sie übersprungen werden kann, das versucht das vorliegende Buch zu zeigen.

Ausgehend von Charles Darwin und seinen Vorläufern wurde und wird die biologische Evolutionstheorie fortlaufend ausdifferenziert und erfolgreich weiterentwickelt. Inzwischen wurde die Anwendung des Evolutionsparadigmas stetig ausgeweitet – bis hin zur Frage nach der Entstehung von Religiosität und Religionen.

Im Laufe ihrer Entwicklung ist die Theorie der Evolution – insbesondere ihre Voraussetzungen und Implikationen – bis heute immer wieder Gegenstand kontroverser Auseinandersetzungen zwischen Theologen und Naturwissenschaftlern.

Ein grundsätzliches Problem dieser Diskussionen besteht darin, dass es sich bei der Evolutionstheorie um eine naturwissenschaftliche Theorie handelt, während sich das Christentum als Offenbarungsreligion versteht. Welche Konsequenzen hat dieser tief greifende Unterschied für das Gespräch zwischen Biologen und Theologen? Sind Ansätze der Weltdeutung aus den jeweiligen Disziplinen heraus prinzipiell unvereinbar oder besteht die Möglichkeit, sie konstruktiv zueinander in Beziehung zu setzen? Was ist dabei insbesondere zu beachten und welches Potential könnte in diesem Diskurs für ein tieferes Weltverstehen liegen?

Die Stiftung Theologie und Natur, Köln und die Bischöfliche Akademie des Bistums Aachen haben Naturwissenschaftler, Theologen und Philosophen eingeladen, sich zu den Stichworten Evolution und Offenbarung zu äußern und in einem Symposion darüber zu diskutieren. Mit Offenbarung wurde ein Begriff als Gegenüber zu Evolution gewählt, der zentral für Charakter und Selbstverständnis von (christlicher) Religion ist. Dass es nicht trivial sein würde, die beiden Begriffe in Beziehung zueinander zu setzen, wurde dabei nicht nur bewusst in Kauf genommen. Es bestand vielmehr die Absicht, durch eine gewisse Sperrigkeit bei der Verhältnisbestimmung und Fokussierung auf das Wesentliche zu tieferen Einsichten vorzustoßen. Die Formulierung „Evolution der Offenbarung – Offenbarung der Evolution" im Titel des Symposions sollte diese Zuspitzung von vornherein implizieren.

Die hier dokumentierten Beiträge wurden anschließend unter dem Eindruck dieser Diskussionen verfasst und integrieren insofern implizit und zuweilen auch explizit den interdisziplinären Austausch, ohne den der zugrunde liegenden Fragestellung kaum gerecht zu werden ist.

Es zeigten sich verschiedene Schwerpunkte, die auch der Zusammenstellung in diesem Band die Struktur geben: Während sich einige Beiträge explizit der Beziehung von Evolution und Offenbarung widmen, konzentrieren sich andere auf Aspekte des Verhältnisses von Naturwissenschaft und Glauben an den Schöpfer. Eine dritte Gruppe setzt sich schließlich mit der Evolution von Religion und Religiosität auseinander und beleuchtet die theologischen Implikationen der vorliegenden Befunde.

Den Anfang macht der evangelische Theologe Reinhold Bernhardt mit einer Begriffsklärung und einer Analyse des Wortspiels „Evolution der Offenbarung – Offenbarung der Evolution". Kritisch setzt er sich mit einem möglichen Offenbarungscharakter der Evolution auseinander. Dieser setze eine Alleinwirksamkeit Gottes in der Natur voraus, was unmittelbar zum Theodizee-Problem führe. Verstehe man Offenbarung dagegen so, dass sie sich im Glauben ausgehend vom Zeugnis Jesu Christi erschließe und stelle den Evolutionsprozess in diesen Erschließungsrahmen, könne Evolution durchaus zur Quelle von Offenbarungserfahrung werden. Weniger skeptisch ist der katholische Theologe und Biologe Ulrich Lüke in diesem Punkt, der feststellt, dass sich in jedem Fall festhalten lasse, dass die Evolution Mensch und Welt als im Werden offenbare. Weitgehende Übereinstimmung findet sich bei beiden zur Evolution der Offenbarung, die sich in der historischen Entwicklung von Religiosität und Überlieferungen sowie im Prozesscharakter des Dogmenbestandes zeige (Lüke) bzw. in der von mehreren Theologen vertretenen Position, dass die Vergegenwärtigung Gottes zeitlich verfasst sei (Bernhardt).

Weiter setzt sich Lüke mit Hilfe eines dreistufigen Erkenntniskonzepts (Sinneswahrnehmung, rationaler Verstand, integrierende Vernunft), das auf Nikolaus Cusanus zurückgeht, am Beispiel des Gottesbegriffs mit der Evolution der Offenbarung auseinander. Während Naturwissenschaft (Evolution) dem Verstand zuzuordnen sei, stelle sich die Frage nach Gott der Vernunft. Auf dieser Ebene dominiere nicht der analytische Diskurs, sondern ein über die Logik hinaus gehendes Denken, in dem Gegensätze zusammenfallen und das so eine Nähe zur Mystik zeige. Gemeinsam sei beiden, dass sie ins Offene zielen. Nachdenken über Evolution und Offenbarung seien daher nicht entgegengesetzt, sondern Etappen auf dem Weg ins Offene Gottes. Die Erfahrung der Unmöglichkeit der Letztbegründung rationalen Denkens führe zu einer Erstbegründung des vernunftgeleiteten Denkens und Glaubens. Dessen Ergebnisse müssen aber vor dem Tribunal des Denkens bestehen können.

Die evangelische Theologin Christina Aus der Au stellt fest, dass Evolution und Offenbarung als Zugänge zur Welt bereits in ihrem jeweiligen Denkstil verschiedene Deutungsansätze in sich tragen. Die Evolutionstheorie systematisiere Vorgänge in der Natur in einem bestimmten Denksystem, wogegen Offenbarung eine Weise bezeichne, Erfahrung einzuordnen. Während die Evolutionstheorie im Wissen von Etwas bestehe, widerfahre Offenbarung in der Begegnung mit der Essenz von Realität – als Erfahrung von Etwas. Es gebe verschiedene Ansätze, sie zueinander in Beziehung zu setzen. Aus der Au stellt einige verbreitete Ansätze vor und kritisiert sie als unbefriedigend für den Diskurs in einer zunehmend säkularen Welt. Stattdessen fordert sie, die Theologie solle am Anspruch einer umfassenderen Perspektive festhalten, auch wenn eine naturwissenschaftliche Welterklärung als in sich vollständig angesehen werde: Wenn Gott als Schöpfer anerkannt werde, könne das Schöpfertum auch in der Evolution gesehen werden. Naturgesetze würden dann in ein Beziehungsgeflecht eingebettet, von dem das jeweilige Individuum als Person ergriffen sei.

Zur Analyse des Verhältnisses von Evolution und Offenbarung stellt der katholische Theologe Hans-Joachim Sander zunächst fest, dass es sich bei Evolution und Offenbarung um verschiedene Sprachformen der Realität handele, die sich in jeweils unterschiedlichen historischen Kontexten entwickelt haben. Das katholische Offenbarungsverständnis sei bis ins späte 20. Jahrhundert maßgeblich durch antikes Denken geprägt worden, in dem Einheit und Stabilität heilvolles Wissen garantierten, wogegen in der später aufgekommenen Naturwissenschaft Erkenntnisgewinn stärker an Nachvollziehbarkeit als an Autorität gebunden sei. Evolution sammle Macht des Wissens, die zu Eingriffen in die Natur befähige. Offenbarung sei Wahrheit, die mit Geschichten verknüpft sei, in denen Menschen sich unausweichlich ohnmächtig erleben. Indem er die Sprachformen Evolution und Offenbarung mit Hilfe der Semiotik von Charles S. Peirce analysiert, legt Sander die prinzipiellen Unterschiede dieser beiden Strukturen dar und erläutert daran sowohl den Konflikt zwischen Offenbarung (Religion) und Evolutionstheorie und dessen Dynamik als auch die Beziehung zwischen ihnen. Insbesondere zeigt er, dass und wie die Evolutionstheorie eine Basis für die Theologie liefern kann, so dass diese ihr eigentliches Kapital einbringen und entfalten kann. Beziehe sie sich auf die Realität der Evolution, gewinne sie an Autorität, indem sie auf deren Unausweichlichkeiten verweise, gleichzeitig aber das je eigene Leben des Individuums in den Mittelpunkt stelle. An der Realität dieses Lebens relativiere sich die evolutionäre Ordnung, die z. B. nichts zur Sinnfrage beitrage und in der es auf den Einzelnen eben nicht ankomme.

Alle Autoren stimmen darin überein, dass es sich bei der Gegenüberstellung Evolution – Offenbarung nicht um ein Nicht-Verhältnis handelt. Deutlich wird aber auch, dass es sich nicht um ein Gegenüber auf gleicher Ebene handelt, sondern worin die kategorialen Unterschiede liegen. Das eröffnet ein besseres Verständnis für letztlich fruchtlose (Schein-)Konflikte. Insbesondere für die Theologie erweisen sich die Analysen als ergiebig, indem sie Ansätze entwickeln, Evolution konstruktiv in ihr Offenbarungsverständnis zu integrieren. Dies ist umso bedeutsamer, als in der Auseinandersetzung zwischen Naturalismus und (christlicher) Religion nicht selten der Eindruck entsteht, dass Religion zunehmend in die Defensive gerät und einem sich auch auf die Autorität der Naturwissenschaft stützenden Naturalismus wenig starke Argumente entgegenzusetzen hat.

Diese Auseinandersetzung bildet auch den Hintergrund für den Beitrag des Biologen Andreas Beyer. Er erklärt den methodischen Naturalismus, der das Wirken überempirischer Akteure in der Natur ausschließt, zu einer notwendigen Basis für das Betreiben von empirischen Wissenschaften, zu denen auch die Evolutionsforschung zählt. Diese Voraussetzung sei zwar gesetzt, aber nicht unhinterfragbar, denn sie müsse ihre Gültigkeit durch Bewährung in der Praxis unter Beweis stellen. Ein ontologischer Naturalismus, der die Existenz über das in der Natur Erfahr- und Beschreibbare hinaus bestreitet, sei hingegen für die Naturwissenschaft nicht notwendig. Er sei mit deren Mitteln auch nicht nachweisbar. Beyer markiert hier deutlich die Abgrenzung zwischen Naturwissenschaft einerseits und dem ontologischen Naturalismus andererseits, den er als Weltanschauung identifiziert. Evolution stelle den Menschen in einen Kontext mit allem Lebendigen. Sie sage, woher er stamme und was er ist, nicht aber, was er sein solle. Die Frage nach einem Urheber oder Sinngeber der Welt sei der Evolutionswissenschaft nicht zugänglich. Sie bleibe dem persönlichen Glauben vorbehalten.

Der Neuropsychologe und Theologe Christian Hoppe spitzt dies noch weiter zu, wenn er schreibt, dass Wissen und Glauben gar nicht in Konflikt geraten können. Wissen beziehe sich theoretisch auf allgemeingültige Tatsachen, Glauben dagegen handlungsbezogen auf individuelle Möglichkeiten. Religion, die Offenbartes an die Stelle naturwissenschaftlichen Tatsachenwissens setze, verwechsle Meinung mit Glauben. Schöpfungsmythen wollten schließlich kein Tatsachenwissen vermitteln, sondern zielten auf den Glauben an die Möglichkeiten Gottes. Naturwissenschaft reduziere methodisch die Wirklichkeit. Daher seien Weltanschauungen wie der Naturalismus, die sich ausschließlich auf naturwissenschaftliche Erkenntnisse stützen, gleichfalls reduziert. Ein direktes Eingreifen Gottes – z. B. in Form von Wundern – in das Naturgeschehen unter Aufhebung der Naturgesetze hatte Beyer schon für inkompatibel mit dem methodischen Naturalismus der Naturwissenschaft erklärt. Hoppe sieht diese Inkompatibilität ebenfalls zu Glaube und Offenbarung. Deren grundlegender Charakterzug sei nämlich – in Analogie zur Liebe – Werbung um Zustimmung, die nicht erzwungen werden könne. Die Unmöglichkeit des Konflikts zwischen Glaube und Wissen führt für Hoppe aber nicht zu zwei getrennten Welten. Er geht von der Existenz *einer* Wirklichkeit aus. Die Seinsmöglichkeit, der Seinsgrund, den alles Existierende in sich trage, nennt er das Schöpferabsolute. Diesen mit Gott zu identifizieren sei jedoch keine zwingende Denknotwendigkeit, sondern erfordere Zustimmung aus Freiheit (hier wird eine Analogie zu Lükes Ausführungen zur Gotteserkenntnis bei Cusanus deutlich).

Auch der Philosoph, Theologe und Physiker Hans-Dieter Mutschler sieht bei Christentum, Naturalismus, Pantheismus und anderen Weltanschauungen die Gemeinsamkeit, dass bei Letztbegründungen Glaubensakte unvermeidbar sind. Allerdings erheben Weltanschauungen auch den Anspruch, auf rationaler Ebene zu überzeugen. Mutschler beschäftigt sich in seinem Beitrag mit der besonderen Herausforderung, die in der Deutung von Systemeigenschaften liegt, die aus den Eigenschaften und Gesetzmäßigkeiten von Teilsystemen nicht unmittelbar ableitbar sind. In Abgrenzung zum Übernatürlichen wird im Rahmen naturalistischer Erklärungen an dieser Stelle oft der Begriff Emergenz verwendet. Mutschler nimmt im Folgenden die so genannte „starke Emergenz“ in den Blick. Damit werden die Fälle bezeichnet, in denen „neue“ Eigenschaften grundsätzlich nicht aus den Teilsystemen herleitbar sind – im Gegensatz zu solchen, deren Ableitung aus den vorhandenen Eigenschaften lediglich noch nicht aufgedeckt wurde. Dazu führt er aus, dass die Integration starker Emergenz in eine Schöpfungstheologie eher möglich sei als in eine naturalistisch-szientistische Sicht. Sollte es also starke Emergenz tatsächlich geben, hätte das Christentum in der Auseinandersetzung mit dem Materialismus keine so defensive Position. Es müsse – analog zum Materialismus – eine Geschichte des Lebens erzählen, in der Fortschritt im christlichen Sinn auch auf Evolution bezogen werden könne.

Evolution und Offenbarung berühren sich unmittelbar, wenn Religion bzw. Religiosität als aus der Evolution hervorgegangen verstanden wird. In den vergangenen Jahren und Jahrzehnten sind die Anstrengungen, diesen Zusammenhang zu erforschen, zunehmend breiter und intensiver geworden. Einige Beiträge greifen dieses Thema auf, stellen vorliegende Ergebnisse vor und diskutieren die Konsequenzen, die sich daraus für die Theologie ergeben. Darin liegt Zündstoff für Kontroversen; der Biologe Ludwig Huber verweist auf Äußerungen von Papst Johannes Paul II., in denen dieser zwar die Evolutionstheorie positiv würdigt, jedoch darauf besteht, dass der menschliche Geist nicht als Produkt einer „blinden“ Evolution verstanden werden könne. Huber stellt demgegenüber dar, inwieweit die kulturelle Entwicklung des Menschen derzeit auf naturwissenschaftlicher Basis untersucht und erklärt werden könne. Da kulturelle und biologische Evolution ineinander greifen und aufeinander zurückwirkten, sei das Verständnis der Evolution kognitiver Fähigkeiten zentral, die ihrerseits notwendige Bedingung für das Entstehen von Kultur darstellten. Ausgehend von der Fähigkeit der Informationsverarbeitung durch Repräsentationen, mit deren Hilfe Reaktionen von unmittelbaren Reizen abgekoppelt werden, über die Entwicklung von Sprache, Bewusstsein, sozialem Lernen und Elementen von Kultur präsentiert Huber eine Vielzahl empirischer Befunde, die eine kontinuierliche Entwicklung von Kultur nahe legen, die nicht allein auf den Menschen beschränkt ist. Religion scheine dabei allerdings ein spezifisch menschliches Phänomen zu sein, das auf dessen besonders weit entwickelten kognitiven und sozialen Fähigkeiten basiert.

Die Entwicklung bestimmter kognitiver Fähigkeiten als Voraussetzung für das Vorhandensein religiöser Überzeugungen nimmt auch der Philosoph und Theologe Josef Quitterer zum Ausgangspunkt für seine Überlegungen. Evolutionstheoretisch wird das Auftreten von Religiosität unterschiedlich gedeutet: als irrelevantes Nebenprodukt evolutiv prämierter Eigenschaften, aber auch als eigenständiges adaptives Merkmal. Quitterer analysiert verschiedene evolutionstheoretische Deutungen von Religion (Illusion, nützlich aber falsch, nicht eliminierbar) und deren argumentative Schwierigkeiten insbesondere vor dem Hintergrund, dass dabei auch der weltanschauliche Einfluss des Naturalismus zur Geltung kommt. Während die evolutionstheoretische Erklärung religiöser Überzeugungen mit deren inhaltlichem Zutreffen für den Naturalismus unvereinbar ist, sieht Quitterer für die Theologie keine Notwendigkeit, ebenfalls von dieser Unvereinbarkeit auszugehen. Allerdings müsse sie akzeptieren, dass es unhaltbar sei, den Menschen (teilweise) außerhalb der Evolution zu stellen, wenn Religion als Produkt der Evolution zu verstehen sei.

Für diese These führt der Religionswissenschaftler Michael Blume empirische soziologische Befunde und evolutionstheoretische Erklärungsansätze an. Die insbesondere von Richard Dawkins vertretene These des „Gen-Egoismus", die Evolution letztlich auf das – metaphorisch gesprochen – „Bestreben von Genen, sich zu verbreiten" reduziert, erscheint ihm angesichts dieser Befunde zunehmend unhaltbarer. So sei der religiöse Mythos in seiner Entstehungsgeschichte beobachtbar, evolutionär erklärbar, potentiell wirksam und erfolgreich. Blume verdeutlicht seine Sichtweise am biblischen Schöpfungsmythos, der wie mythologische Erzählungen im Allgemeinen (religiöse) Erfahrung mit Ritual, Prinzipien und Gottheiten verbinde. Das im Mythos enthaltene existentielle Moment an sich sei jedoch wissenschaftlich nicht einholbar. Insofern könne man durchaus formulieren, dass Natur erfolgreich transzendiere. Bei alldem konstatiert Blume wie vorher bereits Beyer, Hoppe und andere, dass eine inhaltliche Deutung der Befunde nicht möglich sei: Evolution sei widerspruchsfrei zugleich als zielloser Zufallsprozess als auch als Offenbarungsereignis interpretierbar.

Diese Feststellung trifft auch Justin L. Barrett, ein bedeutender Vertreter der Kognitiven Religionswissenschaft, die sich um das Verständnis von Entstehung und Funktion des Religiösen Bewusstseins bemüht. Mit dessen Thesen setzt sich Reinhold Bernhardt in seinem zweiten Beitrag auseinander. Er verweist auf grundlegende Unterschiede im Verständnis von Religion und Glaube des Menschen zwischen Kognitiver Religionswissenschaft einerseits und Theologie andererseits. Während Religion humanwissenschaftlich „bottom-up" ausgehend von Entstehungs- und Entwicklungsbedingungen her konstruiert werde, gehe es theologischerseits („top-down") um die Vergewisserung der von Gott konstitutierten Beziehung des Menschen zu Gott. Dem liege eine Teilnehmendenperspektive zugrunde, demgegenüber die Kognitive Religionswissenschaft den Menschen in der Objektperspektive der empirischen Wissenschaft betrachte. Daraus folgert Bernhardt, dass die Theologie Resultate der Kognitiven Religionswissenschaft integrieren könne, umgekehrt sei dies jedoch nicht möglich. Weiter warnt er davor, die theologische und kognitionspsychologische Sicht von Religion und Glaube harmonisch zu verschränken. Evolution dürfe nicht mit Schöpfung identifiziert werden und Glaube sei mehr als der Inhalt des evolvierten religiösen Bewusstseins.

Evolution der Offenbarung – Offenbarung der Evolution?

Vielgestaltig sind die Sichtweisen, die sich im Rahmen des hier zusammengefassten Symposions darstellten. Detailliert wurde die grundsätzliche Ansiedlung der Begriffe von Evolution und Offenbarung auf ihren unterschiedlichen Ebenen beleuchtet. Das lebendige Bild von Bezügen und Denkmöglichkeiten in diesem Feld enthält eine implizite Einladung zur Fortsetzung des hier Begonnenen. Verbindungen und Zusammenhänge wurden aufgezeigt, Hintergründe von Kontroversen offen gelegt, die nur zu oft in geradezu ritualisierter Manier ausgefochten werden. Insbesondere für die aktuelle Debatte zwischen Vertretern des Naturalismus und der Religionen traten Argumente und Einsichten zu Tage, die einer differenzierten Auseinandersetzung nur förderlich sein können.

I.
Das Verhältnis von Evolution und Offenbarung

Evolution der Offenbarung – Offenbarung der Evolution

von Reinhold Bernhardt

Ich beginne meine einführenden Überlegungen zum Verhältnis von Evolution und Offenbarung mit einer Verständigung über diese beiden Begriffe und über die im Titel dieses Bandes gegenübergestellten Genitivverbindungen zwischen ihnen. Die Klärung der Begriffe soll dabei nicht im Sinne einer Definition, sondern eher im Sinne einer differenzierenden Systematik erfolgen.

1. Evolution

Der Begriff „Evolution" kann mehr oder weniger spezifisch gebraucht, d. h. mit mehr oder weniger Bedeutungsinhalten aufgeladen sein. Er kann in einem schlichten, semantisch flachen Sinn für „Entwicklungsprozess" stehen. Er kann darüber hinaus Qualifikationen dieser Entwicklung einschließen, sie etwa als Entwicklung von komplexeren Lebensformen aus einfacheren auffassen. Er kann in einem noch präziseren Sinn auch eine bestimmte Verlaufsform dieser Entwicklung implizieren: einen linearen oder stufenförmigen Aufstieg etwa.

Der Begriff kann nur auf die Entstehung der Arten bezogen sein oder auf den Prozess des Lebens insgesamt (also auf die Biologie) und – noch weiter gefasst – auch die anorganische Natur (den Bereich der Chemie und Physik) einschließen oder sogar die sog. Ko-Evolution von Natur und Kultur umfassen.

Auf jeden Fall ist zu unterscheiden zwischen Evolution als Prozess, der wissenschaftlichen Evolutions*theorie* und einem weltanschaulichen naturalistisch-materialistischen Evolutionismus, das heißt: der ideologischen Ausdehnung der Evolutionstheorie über die Biologie hinaus zum sog. Sozialdarwinismus, wenn nicht gar zur allumfassenden Welterklärungstheorie, wie etwa bei Herbert Spencer und Ernst Haeckel.

2. *Offenbarung*

Ebenso vielschichtig ist der Begriff „Offenbarung“ als Grundkonzept der theologischen Erkenntnistheorie: Er hat erstens eine subjektive und eine objektive Bedeutung. Der *objektive* Aspekt verweist auf die Quelle und den Inhalt der Offenbarung, der *subjektive* Aspekt auf die Erkenntnis dieses Inhalts durch einen Rezipienten. Der Begriff hat zweitens eine dynamische und eine statische Bedeutung. Der dynamische Aspekt bezeichnet einen *Vorgang* der Mitteilung und zwar eine asymmetrische, von der Offenbarungsquelle ausgehende Kommunikation. Der statische Aspekt bezieht sich auf das *Resultat* dieses Vorgangs, auf das, was offenbart worden ist und ggf. auf das Dokument, in dem diese Offenbarung bezeugt ist. Der Begriff kann drittens auf verbale oder auf nonverbale Mitteilungen bezogen sein: auf *Wort*- und auf *Tat*offenbarungen. Er kann viertens auf die Mitteilung eines von der Offenbarungsquelle verschiedenen Inhalts bezogen sein oder die Selbstoffenbarung eines Subjekts meinen.

Der Offenbarungsbegriff wird in der Alltagssprache benutzt (jemand offenbart sich mir), im Rechtswesen (jemand leistet einen Offenbarungseid), in der Philosophie (in Heideggers Verständnis von „aletheia“ als „Entbergung“ etwa), in der Vorstellungswelt der Religionen, besonders der sog. Offenbarungsreligionen (als Mitteilung aus einer transzendenten Wirklichkeit, aus der göttlichen Sphäre der kosmischen Wirklichkeit, als Selbstmitteilung Gottes o.ä.).

Wichtig für das theologische Verständnis dieses Begriffs ist die von Max Seckler[1] vorgenommene Unterscheidung zwischen einem epiphanischen, einem informations- bzw. instruktionstheoretischen und einem kommunikationstheoretischen Verständnis von Offenbarung. Das *epiphanische* Modell ist auf die Erfahrung der Erscheinungsgegenwart Gottes zentriert. Gott „zeigt“ sich als schöpferische und rettende Macht in Natur und Geschichte. Nach Seckler stand dieses Verständnis von der Antike bis zum Mittelalter im Vordergrund und wurde dann durch das *instruktionstheoretische* Modell abgelöst. Dabei wird der objektive Aspekt in den Vordergrund gestellt. Das Moment der Erfahrung tritt zurück. „Offenbarung“ wird nun stärker an Schrift und Tradition, damit an das kirchliche Lehramt gebunden und als Belehrung aufgefasst: als Übermittlung einer supranaturalen Heilswahrheit, deren Erfassung über die menschliche Erkenntnisfähigkeit hinausgeht. Damit einher geht eine Intellektualisierung des Offenbarungsverständnisses. Es bezieht sich

[1] Seckler M., Die Kritik der Offenbarung, in HFTh II, 29–59, bes. 62–67.

nun nicht mehr unmittelbar auf die wirksame Vergegenwärtigung Gottes, sondern auf die lehrhafte Mitteilung der Heilsordnung Gottes – als Erkenntnisgrundlage des christlichen Glaubens. In diesem Bezugsrahmen fungiert der Offenbarungsbegriff zugleich als Legitimation für den Wahrheitsanspruch der kirchlichen Dogmatik. Das *kommunikationstheoretische* Konzept versteht Offenbarung dagegen als personale Selbstmitteilung Gottes. Anders als im epiphanischen Modell liegt der Akzent hier nicht auf der *Erfahrung* der Gegenwart Gottes, sondern auf der Aktivität Gottes, der sich durch Selbstentäußerung in eine Beziehung zum Menschen setzt und damit die Gottesbeziehung des Menschen konstituiert. Gott ist Urheber und Inhalt dieser Offenbarung zugleich. Er gewährt der Schöpfung die Partizipation an seiner Lebensfülle in der Gemeinschaft mit sich als Schöpfer.[2]

Nach christlichem Verständnis ist diese beziehungskonstituierende Vergegenwärtigung Gottes in der Schöpfung maßgeblich in Jesus Christus geschehen, von dem es in Hebr 1,3a heißt, er sei der „Abglanz seiner (Gottes – R.B.) Herrlichkeit und Ebenbild seines Wesens“ und den Luther als „Spiegel des väterlichen Herzens Gottes“[3] bezeichnete.

„Offenbarung“ im theologischen Sinn bedeutet nicht die Aufdeckung eines bislang verborgenen Sachverhaltes, so dass er nun offen zu Tage liegt, sondern die Teilhabe an einem Mysterium, das verborgen bleibt. Die Dialektik von Offenbarung und Verborgenheit ist also unauflösbar. Die beste Analogie dafür bietet das immer tiefere Kennenlernen einer Person, die dabei zunehmend als unausschöpfliches Geheimnis erkannt wird.

Offenbarungserkenntnis vollzieht sich nicht mit dem sehenden Auge des Betrachters, sondern mit dem schauenden Herzen des Glaubenden. Nicht der neutral beobachtende Blick des Historikers erkennt Gott in der Geschichte und Jesus als den Christus, sondern das „seeing-as“ dessen, der sich im hermeneutischen Zirkel des Gottesglaubens und seiner theologischen Reflexion bewegt. Für dieses glaubende „seeing-as“ bedarf es eines sich einlassenden, einstimmenden Verstehens vom Vorverständnis des Glaubens aus. Diese Öffnung stellt die subjektive Seite der Offenbarung dar, die nach Auffassung besonders der reformierten Theologie ihrerseits selbst auch von Gott ermöglicht und verwirklicht

---

2 Mein eigenes Offenbarungsverständnis besteht aus der Verbindung des epiphanischen mit dem kommunikativ-partizipativen Verständnis von Offenbarung (Bernhardt 2002, 61–80).

3 Luther M., Großer Katechismus, Auslegung des Glaubensbekenntnisses, in WA 30/1, 192,5; BSLK 660, 42.

werden muss. Nach Calvin ist es das „innere Zeugnis des heiligen Geistes“[4], das das Christusereignis erhellt und die Selbstmitteilung Gottes in ihm erschließt.

Zusammenfassend kann man sagen: Im Sinne der christlichen Theologie bezeichnet „Offenbarung“ die Selbstmitteilung Gottes in Natur und Geschichte, vor allem in Jesus Christus, die mündliche und schriftliche Überlieferung dieser Selbstmitteilung und deren Erschließung im glaubenden Verstehen des Einzelnen und der Gemeinschaft der Glaubenden. Es gibt nicht Offenbarung an sich. Es gibt sie immer nur im Modus ihrer Vergewisserung. Die subjektive und die objektive Seite sind also nicht voneinander zu trennen, sondern in einem hermeneutischen Zirkel miteinander verbunden. Die subjektive Seite wird „Glaube“ genannt. Glaube und Offenbarung beziehen sich dabei auf zwei Seiten des gleichen Erschließungsgeschehens: Offenbarung auf die Präsenz Gottes, Glaube auf die Repräsentanz dieser Präsenz in der Existenzverfassung des Menschen.

3. „Evolution der Offenbarung“

„Offenbarung“ meint die Vergegenwärtigung Gottes in der geschöpflichen Wirklichkeit von Natur und Geschichte. Natur und Geschichte sind zeitlich-prozessual verfasst. Also vollzieht sich auch die Vergegenwärtigung des zeitumfassenden Grundes allen Seins in der Zeit. Die Frage ist nur, ob sie sich einmalig – ein-für-allemal – vollzogen hat, sodass die Offenbarung Gottes nach diesem singulären Offenbarungsereignis und nach seiner Bezeugung („mit dem Tod des letzten Apostels“) als abgeschlossen angesehen werden muss[5], oder ob es sich um eine revelatio continua handelt, die selbst zeitlich verfasst ist. Die Frage ist weiter, ob die Annahme einer revelatio continua mit einem Teleologie- bzw. Forschrittsgedanken verbunden ist. Demnach würde die Fülle der Offenbarung am *Ende* der Zeit stehen. Die Offenbarung Gottes in Christus hätte dann proleptischen Charakter, d. h. sie könnte als Vorwegereignung dieses telos gelten (W. Pannenberg).

Ein evolutionäres Verständnis von Offenbarung ist in der Philosophie- und Theologiegeschichte immer wieder vertreten wor-

---

[4] Inst. I, 7.4. Vgl. OS III, 69, Z. 11 und 70, Z. 5.

[5] Dei Verbum 4, DH 4204 (dort – Anm. 3 – weitere Belege); vgl. Pius X., Lamentabili, DH 3421, wo die Gegenposition („Revelatio, objectum fidei catholicae constituens, non fuit cum Apostolis completa“) verurteilt wird.

den, in der evangelischen Theologie seit 1960 vor allem von Wolfhart Pannenberg. In Abwendung von der christozentrischen Wort-Gottes-Theologie Karl Barths betonte er die Tat-Offenbarung Gottes im Gesamt der Geschichte. Wie es im Titel seines Programms „Offenbarung als Geschichte“[6] zum Ausdruck kommt, geht er nicht nur von der Tatoffenbarung *in* der Geschichte aus, sondern versteht die Geschichte insgesamt *als* Offenbarung und die Offenbarung als den Ganzheitshorizont der Geschichte.

Schon 1697 hatte Leibniz den Entwicklungsgedanken mit dem Wirken und damit mit der Offenbarung Gottes verbunden, als er in seiner Schrift „Über den ersten Ursprung der Dinge“ forderte: „Es muß im Ganzen auch ein gewisser stetiger und durchaus freier Fortschritt des ganzen Universums zur Schönheit und Vollkommenheit aller göttlichen Werke anerkannt werden, so dass die Kultur immer höher wird ...“.[7] Damit wird die Entwicklung des Kosmos im Allgemeinen und der Kultur im Besonderen zur revelatio continua erklärt.

Im 18. Jh. hat Friedrich Christoph Oetinger die Vorstellung einer progressiven Offenbarung entwickelt – gespeist aus der Verbindung des Motivs von der göttlichen „Erziehung des Menschengeschlechts“ (das im antiken Konzept der paideia Gottes verwurzelt ist) und der Lehre von der Akkomodation Gottes an die jeweiligen Bedingungen der geschichtlichen Situation (die ebenfalls schon in der altkirchlichen Theologie ausgebildet wurde). Gott gewährt demnach jeder Epoche den ihr angemessenen und ihr zuträglichen Einblick in seine Wahrheit.

Bei den Romantikern und den Vertretern des Deutschen Idealismus begegnet eine evolutionäre Geistphilosophie, die primär auf die Geschichte bezogen ist. In seiner Schrift „System des transzendentalen Idealismus“ schreibt Schelling: „Die Geschichte als Ganzes ist eine fortgehende, sich allmählich enthüllende Offenbarung des Absoluten“.[8] Hegel hat diesen Gedanken geschichtsphilosophisch weiter entfaltet und Troeltsch zog die Linie im Blick auf die Religionsgeschichte weiter aus. Er sprach explizit – unter Rückbezug auf Richard Rothe – von „progressiver Offenbarung“.[9]

Schelling hatte aber auch den Entwicklungsprozess der *Natur* in diese Perspektive der Offenbarung des Absoluten gestellt. Daran konnte die Lebensphilosophie anknüpfen. 1907 veröffentliche

---

[6] Pannenberg (1970), 91–114; s.a. Systematische Theologie I, Göttingen 1988, 207–281, bes. 234f, 273.

[7] Leibniz (1995), 35–45, Zitat 44.

[8] Schelling (1800), 603; siehe dazu Danz (2001), 69ff.

[9] Troeltsch (1925), § 3, 40; vgl. Troeltsch (1913), Sp. 918–922.

Henri Bergson sein Buch mit dem Titel: „L'évolution créatrice", für das er zwanzig Jahre später den Nobelpreis für Literatur erhielt.[10] Er zeichnete darin das Bild einer von Gott ausgehenden Woge des Lebens, die auf die Entfaltung von Bewusstsein und damit von Freiheit zielt. Gott ist kein abgeschlossenes Wesen, sondern fortwährend sprudelnde Quelle von Leben, die sich im Prozess des Lebens offenbart. Die Erkenntnis der Offenbarung besteht in der Wahrnehmung dieser schöpferischen Kraft. Stark beeinflusst von dieser Schrift Bergsons fasste Pierre Teilhard de Chardin die Entwicklungsgeschichte der Natur als Konvergenz in den kosmischen Christus hinein auf.[11] Im Zweiten Vatikanischen Konzil wurde diese Verbindung des Evolutionsgedankens mit dem Wirklichkeitsverständnis des christlichen Glaubens rezipiert. In der Pastoralkonstitution über die Kirche in der Welt von heute „Gaudium et spes" ist die Rede vom „Übergang von einem mehr statischen Verständnis der Ordnung der Gesamtwirklichkeit zu einem mehr dynamischen und evolutiven Verständnis".[12]

Ein anderer Impuls zu einer evolutionären Offenbarungslehre ist von der Prozessphilosophie und der sich daran anschließenden Prozesstheologie ausgegangen. In seiner „consequent nature" ist Gott nach Whitehead und Hartshorne als kreative, Komplexität evozierende Kraft im kosmischen Prozess aktiv. Weil dieser Prozess aber auch von der Eigendynamik geschöpflicher Entitäten beeinflusst wird, kann er nicht als unmittelbare Offenbarung Gottes angesehen werden.

4. „Offenbarung der Evolution"

Der zweite Teil des Buchtitels ist schwerer zu deuten, schon deshalb, weil er semantisch unklar ist. Wie ist der Genitiv zu verstehen? Als genetivus subjectivus (demnach wäre die Evolution selbst Offenbarungs*quelle*: sie offenbarte) oder als genetivus objectivus (demnach wäre die Evolution *Gegenstand* der Offenbarung: sie würde offenbart). Die zweite dieser beiden Auffassungen begegnet in der Auffassung, dass die Evolution schon in den Heiligen Schriften angedeutet sei, wie es etwa manche Koranauslegungen behaupten.[13] Die erste führt in eine natürliche Theologie,

[10] Bergson (1968).
[11] Teilhard de Chardin (1972).
[12] GS 5.
[13] Als Erstinformation geeignet: http://en.wikipedia.org/wiki/Islamic_views_on_evolution#cite_note-7 (Abruf am 25.02.11).

die Gotteserkenntnis aus der Betrachtung des Naturgeschehens mit den Mitteln der „natürlichen Vernunft“ zu gewinnen sucht. Gegen ein solches Projekt lassen sich mindestens zwei grundlegende Einwände anführen, die zur theologischen (!) Bestreitung der Annahme führen, dass der Evolutionsprozess „an sich“ Offenbarungsqualität hat.

(a) Aus der oben skizzierten Reflexion auf den hermeneutischen Charakter der Offenbarungserfahrung ergibt sich, dass Offenbarung nicht ein Geschehen ist, das sich „objektiv“ *vor* seinem Erkanntwerden ereignet, sondern eine Erschließung, die sich *im* Erkenntnisprozess selbst vollzieht. Diese spezifische Wahrnehmungsweise stellt nicht die sekundäre Rezeption des primären Offenbarungsgeschehens dar, sondern ist integraler Teil davon. Die objektive und die subjektive Dimension, besser: das Sich-zu-erkennen-Geben und das (glaubende) Erkennen sind ineinander verwoben. Es handelt sich nicht um eine Gegenstandserkenntnis, sondern um ein Erkennen im Modus der „Erfahrung mit der Erfahrung“ (Eberhard Jüngel), im Zusammenwirken von passivem Widerfahrnis und aktiver Verarbeitung. Sie kann als „vernehmendes Erkennen“ mit dem Begriff der „Erleuchtung“ beschrieben werden. Damit ist allerdings keine privilegierte supranaturale Erkenntnis gemeint, sondern die Erschließung der natürlichen Wirklichkeit im Licht des Gottesglaubens. Im Lichte des Gottesglaubens kann die Entwicklungsgeschichte der Natur, des Lebens und der Menschheit als creatio continua und damit einher als revelatio continua gesehen werden. Diese Offenbarung erschließt sich im hermeneutischen Zirkel des Glaubens, nicht des Schauens. Der Einstieg in diesen Zirkel liegt nach christlichem Verständnis im Zeugnis von Jesus Christus.

Wo der Evolutionsprozess in diesen Erschließungsrahmen gestellt und darin „verstanden“ wird, kann er Zeugnis des schöpferischen Handelns Gottes geben. In naturwissenschaftlicher Betrachtung weist er aber nicht auf einen göttlichen Grund und eine in ihm waltende zielgerichtete Steuerung hin. Er „spricht“ nicht, wie man das in der mittelalterliche Rede vom „Buch der Natur“ (zurückgehend auf die Enzyklopädie von Konrad von Megenberg) oder in der sog. Physikotheologie der frühen Neuzeit unterstellte. Um ihn zum „Sprechen“ zu bringen, braucht es eine bestimmte Erkenntnis- bzw. Bekenntnisperspektive, die den empirischen Evolutionsprozess in das Licht einer transempirischen Wahrnehmungsweise stellt. In dieser Weise kann Evolution zur Quelle von Offenbarungserfahrung *werden*.

Die Annahme, dass der Evolutionsprozess Ausdruck des zielgerichteten Schöpferhandels Gottes ist – die Position der sog. „theistischen Evolution“ – und also an sich Offenbarungsqualität hat, „offenbart“ die hermeneutische Naivität ihrer Vertreter. Sie stellen nicht bzw. nicht ausreichend in Rechnung, dass es sich hier eben um eine spezifische *Sicht* des Naturgeschehens nach einem bestimmten – nämlich handlungstheoretisch-intentionalen – Schema handelt. Dabei wird das Verständnis der Naturentwicklung zunächst so präpariert, dass diese als zielgerichteter Prozess erscheint, in dem sich eine Entwicklungslogik „erkennen“ lässt. Wo dieses teleologische Bewegungsprinzip dann nach dem Deutemuster der Intentionalität aufgefasst wird, drängt sich die Rückfrage nach dem (personalen) göttlichen Handlungssubjekt auf, das hier am Werk ist. Oder eher umgekehrt: Vom vorausgesetzten Glauben an ein solches Subjekt wird die Entstehung und Entwicklung des Lebens nach einem teleologisch-intentionalen Schema gedeutet. Natur wird mit „Schöpfung“ gleichgesetzt.

In anderer – der Evolutionstheorie kritisch gegenüberstehender – Weise weisen die Ansätze der sog. „Intelligent Design“ Theorie auf Erscheinungsformen in der Natur hin, die in ihren Augen auf unmittelbares göttliches Schöpferhandeln schließen lassen und damit Offenbarungscharakter haben. Nach Michael Behe nötigen vor allem die organischen Systeme von angeblich „unreduzierbarer Komplexität“ zur Annahme eines intelligenten kosmischen Designers.[14] Abgesehen von der biologisch fragwürdigen – und längst widerlegten – These der „unreduzierbaren Komplexität“ begegnet auch hier die oben beschriebene hermeneutische Naivität.

(b) Der zweite Grund für die Bestreitung der Behauptung, dass die Evolution Offenbarungscharakter habe, besteht in der theologischen Bestimmung des Wirkens Gottes in der Welt.[15] Nur wenn die Weltgeschichte und der Naturprozess im Sinne eines theologischen Determinismus als Resultat der *Allein*wirksamkeit Gottes aufzufassen wäre (und wenn diese Alleinwirksamkeit auch noch das menschliche Erkennen determinieren würde), könnte die Evolution als Handlungsoffenbarung Gottes verstanden werden. Geht man hingegen davon aus, dass die schöpferische Kraft Gottes mit der Eigendynamik der natürlichen Prozesse auf einer davon verschiedenen „transzendentalen“ Ebene zusammenwirkt, so lässt sich kein einfacher Rückschluss von faktischen Naturprozessen auf das von Gott Vorgesehene ziehen. Vieles geschieht in Natur und Geschichte, das mit der biblisch bezeugten „Willensrichtung“ Gottes offensichtlich nicht in Einklang steht.

[14] Bernhardt (2011), dort weitere Lit.
[15] Siehe dazu Bernhardt (1999).

Der Schöpfer hat alles ins Sein gerufen, gibt ihm Grund, Bestand und Ziel, gewährt im Haus der Schöpfung aber Freiheit für die Eigendynamik der Natur- und Geschichtsprozesse. Deshalb können diese Prozesse keine unmittelbar ablesbaren Offenbarungsquellen darstellen. In der zitierten Schrift folgert Schelling aus dem Gedanken, dass die Geschichte die Offenbarung des Absoluten darstellt, dass „man in der Geschichte nie die einzelne Stelle bezeichnen (kann), wo die Spur der Vorsehung oder Gott selbst sichtbar wird".[16] Gott offenbart sich im Ganzen – als dessen Grund.

Gottes schöpferisches Wirken kann nicht in eine ungebrochen kausative Beziehung zum Evolutionsprozess gesetzt werden, sondern stellt immer auch ein kritisches Prinzip diesem gegenüber dar. Mit Gerd Theißen kann man die Christusoffenbarung als „Aufstand gegen das Selektionsprinzip"[17] bezeichnen. Sie kann aber der sog. Schöpfungsoffenbarung nicht widersprechen. Deshalb kann auch die in Röm 1,20 beschriebene Erkenntnis Gottes „aus den Werken der Schöpfung" nicht einfach die theologische Überhöhung des faktischen Naturgeschehens bedeuten.

Literatur

Bergson H. (1968), Schöpferische Evolution. Nobelpreis für Literatur 1927, Zürich 1968.

Bernhardt R. (1999), Was heißt „Handeln Gottes"? Eine Rekonstruktion der Lehre von der Vorsehung Gottes, Gütersloh 1999. 2. Auflage in der Reihe „Studien zur systematischen Theologie und Ethik" Bd. 55, Berlin 2008.

Bernhardt R. (2002), Offenbarung als Erschließungsgeschehen, in ThZ 58, 2002.

Bernhardt R. (2011), Schöpfung statt Evolution? Kreationismus, Intelligent Design und die christliche Schöpfungstheologie, in Leutwyler S./ Dubach M. (Hg), Evolution wohin? Darwins Theorie und ihre Folgen, voraussichtlich Bern 2012.

Danz Ch., (2001), Geschichte als fortschreitende Offenbarung Gottes. Überlegungen Schellings zur Geschichtsphilosophie, in Danz Ch. u. a. (Hg), 200 Jahre Schellings „System des transzendentalen Idealismus" (Kritisches Jahrbuch der Philosophie 6), Würzburg 2001.

Leibniz G.W. (1995), Über den ersten Ursprung der Dinge, in ders., Fünf Schriften zur Logik und Metaphysik, Reclam (Universal-Bibliothek 1898), Stuttgart 1995.

[16] Schelling (1800).
[17] Theißen (1984), 71f.

Pannenberg W. (1970), Dogmatische Thesen zur Lehre von der Offenbarung, in ders. (Hg), Offenbarung als Geschichte, Göttingen 1961 (1970^{4}).

Schelling F.W.J. (1800), System des transzendenten Idealismus (1800), SW III.

Teilhard de Chardin P. (1972), Christologie und Evolution, Werke 10, Olten/Freiburg 1972.

Theißen G. (1984), Biblischer Glaube in evolutionärer Sicht, München 1984.

Troeltsch E. (1913), Art. „Offenbarung, III. Offenbarung dogmatisch“, in 1RGG, Bd.4, Tübingen 1913.

Troeltsch E. (1925), Glaubenslehre, nach Heidelberger Vorlesungen aus den Jahren 1911 und 1912, München 1925.

Evolution und Offenbarung – zwei Wege ins Offene Gottes?

von Ulrich Lüke

1. Problemaufriss

Mit dem Begriff Evolution verbinden die meisten Menschen etwas, was sich auf der Erde und zwar von unten und ganz mit „natürlichen Dingen" entwickelt. Da es mit naturwissenschaftlichen Methoden erforscht werden kann, sind übernatürliche Annahmen dazu anscheinend nicht erforderlich. Diesem Begriff haftet, auch wenn die Evolutionstheorie eine Disziplin nicht nur der biologischen sondern auch der historischen Wissenschaften ist, solide Realitätshaltigkeit und naturwissenschaftliche Evidenz an.

Mit dem Begriff Offenbarung hingegen verbinden die meisten Menschen eine „übernatürliche Mitteilung von oben", die mit natürlichen Überlegungen nicht erschließbar und nicht prognostizierbar ist. Diesem Begriff haftet etwas Realitätsfernes und der Verdacht an, bloße menschliche Erfindung zu sein.

„Evolution der Offenbarung – Offenbarung der Evolution", so lautet das Thema und dazu wurden und werden immer wieder angesehene, in ihren Positionen aber oft weit auseinanderliegende Wissenschaftler verschiedenster Fachgebiete um Stellungnahme angefragt. Die Evolutionstheorie sei eine durch zahllose Fakten belegte Wissenschaft, die Offenbarung sei eine durch nichts zu belegende mythologisch kontaminierte Mutmaßung oder gar Spinnerei von religiösen Phantasten. Evolution und Offenbarung seien zwei nicht miteinander zu vereinbarende Positionen, war und ist eine gleichbleibende Meinung. Bei Evolution gehe es um Biologie, also um naturwissenschaftliche Fakten, und bei der Offenbarung gehe es um Philologie, also um Texte und ihre Deutung. Das habe nichts miteinander zu tun. Der besonders um „Aufklärung" bemühte Biologe Ulrich Kutschera meinte an die Adresse der Geisteswissenschaftler gerichtet: Wir machen exakte Faktenwissenschaft aus erster Hand. Und ihr macht nur interpretierende Wortwissenschaft aus zweiter Hand. Er hatte offenbar nicht verstanden, dass auch seine Evolutionstheorie in deutungsbedürftige Worte gefasst werden muss und deutender Worte bedarf, um überhaupt als Theorie wahrnehmbar zu werden. Kurzum, es scheint eine verbreitete Meinung zu sein, die Evolution habe nichts zu offenbaren, und die Offenbarung könne nicht evolvieren.

Für viele Autoren ist darüber hinaus Darwin nicht nur der Gründervater einer neuen Denkrichtung in der Biologie, sondern der *„Ernährungs- und Eheberater, Kunsttheoretiker und Terrorismusexperte und hat auch gleich die Antwort auf die Sinnfrage parat … Nicht erst hier und natürlich erst recht dann, wenn es um den Sinn des Lebens geht, wird die biologistische Blickverengung der Autoren klar. Der Sinn des Lebens, so erfährt der Leser denn auch, ist die Verbreitung der eigenen Gene. Lebensfreude hingegen entstand als ein Sinn zweiter Ordnung, denn wer auf sich achtet, der hat bessere Chancen auf Nachkommen. Es ist die alte Krux der Evolutionspsychologie, dass sich immer irgendeine Geschichte findet, die einer Verhaltensweise einen Überlebensvorteil attestiert: Selbstmordattentäter haben selbst wenig Chancen auf Fortpflanzung, verhelfen durch ihre Tat aber ihrer Familie zu Vorteilen. Wer sich um kulturelle statt um biologische Unsterblichkeit bemüht, hilft durch die Weitergabe seiner Erfahrungen seinen Verwandten bei der Fortpflanzung. Angesichts solcher ‚Just-so-Stories' möchte man dem ausgesprochen vorsichtigen Begründer der Evolutionstheorie manchmal doch den Vorzug geben vor einigen seiner allzu selbstsicheren Bewunderer."*[1]

Wenn der von einer tatsächlichen oder zumindest angenommenen Offenbarung bestimmte religiös-kulturelle Bereich so ohne Weiteres evolutionsbiologisch funktionalisiert werden kann, muss er wohl integraler oder zumindest integrierbarer Teil der evolutionsbiologischen Großerzählung sein. Die Evolutionstheorie erhielte dadurch allerdings die Charakteristika einer Metaphysik. Dann aber führte eine evolutionsbiologische Ächtung oder Missachtung der Offenbarung auch zu einer Beschädigung der angeblich allumfassenden Evolutionstheorie.

Oder aber, wir haben streng getrennte Bereiche, eine rein naturwissenschaftlich operierende Evolutionsbiologie und eine rein kulturwissenschaftlich zu betrachtende Offenbarung. Dann aber wären evolutionsbiologische Aussagen zur nur kulturwissenschaftlich erreichbaren Offenbarung eine „metabasis eis allo genos", eine die Naturwissenschaft hinter sich lassende grenzüberschreitende Behauptung.

---

1 Lenzen (2009) über Kutschera (2009) und Junker/Paul (2009).

2. Annäherungen der Begriffe Evolution und Offenbarung

2.1. Intuitionen

Wenn auch heute davon die Rede ist, dass die Natur Spuren Gottes (vestigia Dei) enthalte, so folgt das einer jahrtausendealten Intuition. Der Psalmbeter hat ein halbes Jahrtausend vor Christus im Psalm 19 die Natur als Hinweis auf den Schöpfer, als Offenbarung des Schöpfers gedeutet: *„Die Himmel rühmen die Herrlichkeit Gottes, / vom Werk seiner Hände kündet das Firmament."*

Und Johann Christian Fürchtegott Gellert (1715–1769) dichtet diesen 19. Psalm um in das zuerst von Carl Philipp Emanuel Bach und dann von Ludwig van Beethoven 1803 vertonte

„Die Himmel rühmen des Ewigen Ehre,
Ihr Schall pflanzt seinen Namen fort.
Ihn rühmt der Erdkreis, ihn preisen die Meere,
Vernimm, o Mensch, ihr göttlich Wort. […]

Vernimm's und siehe die Wunder der Werke,
Die Gott so herrlich aufgestellt.
Verkündigt Weisheit und Ordnung und Stärke
Dir nicht den Herrn, den Herrn der Welt? […]

Ich bin dein Schöpfer, bin Weisheit und Güte,
Ein Gott der Ordnung und dein Heil;
Ich bin's! Mich liebe von ganzem Gemüte,
Und nimm an meiner Gnade teil."[2]

Der Kosmos kann als Hinweis auf einen von außen wirkenden Gott gelesen, als einmaliger, die Welt begründender Anstoß Gottes verstanden werden. Theologisch landete man dann bei einem Deismus, den nicht wenige Naturwissenschaftler für durchaus akzeptabel halten.

Der Kosmos kann aber auch als Hinweis auf ein von innen wirkendes, die Welt ständig tragendes und bewegendes Prinzip verstanden werden. Und genau in dem Sinne dichtete Johann Wolfgang von Goethe:

„Was wär ein Gott, der nur von außen stieße,
im Kreis das All am Finger laufen ließe!
Ihm ziemt's, die Welt im Innern zu bewegen,
Natur in Sich, Sich in Natur zu hegen.

---

[2] Gellert, Ch.F., Geistliche Oden und Lieder. Die Ehre Gottes in der Natur, 1757.

So dass, was in ihm lebt und webt und ist,
Nie seine Kraft, nie seinen Geist vermisst."[3]

Eine Außeneinwirkung auf das System wird eben deshalb nicht gemessen, weil Gottes Wirkung systeminhärent oder systemimmanent ist. Das Geschehen wird von der Naturwissenschaft nicht vollumfänglich erfasst, sondern nur hinsichtlich seiner energetischen Dimension abgebildet. Die Hauptsätze der Thermodynamik werden nicht tangiert.

2.2. Evolution der Offenbarung?

Aber gibt es nicht doch so etwas wie eine Evolution der Offenbarung? Man wird davon ausgehen können, dass es auch eine präartefizielle Form von Offenbarung gegeben hat. Der Homo erectus, der die Regelhaftigkeit natürlicher Phänomene, z. B. den Tidenhub am Meer, die Mondphasen, die solaren Tages- und Jahreszyklen, das Entstehen und Vergehen der biologischen Phänomene in den Jahreszeiten und die Abfolge der Lebenszeiten wahrgenommen hat, hat sich darauf, wie primitiv auch immer, in mythologischen Vorstellungen einen Reim zu machen versucht. Der Homo sapiens neanderthalensis und erst recht der frühe Homo sapiens sapiens hinterließen zahllose nur religiös zu deutende Artefakte (Totem-Kult, Grabbeigaben, Höhlenmalereien, kultische Figuretten etc.), die im Sinne einer schriftlosen religiösen Offenbarung zu deuten sind.[4] Schließlich ist z. B. die jüdisch-christliche Offenbarung nicht fertig vom Himmel gefallen, sondern hat nach einhelliger Meinung christlicher Theologen jahrtausendealte Erzähltraditionen durchlaufen und im Verschriftlichungsprozess noch mehr als eintausend Jahre des Wachsens und Reifens benötigt, bis sie als Heilige Schrift vorlag. Noch heute können Exegeten fast wie die Evolutionsforscher Schichten eines sprachlichen, philosophischen und theologischen Entwicklungsprozesses bis zu seiner derzeitigen Endgestalt freilegen. Die Offenbarung im jüdisch-christlichen Verständnis hat also eine Entwicklungsgeschichte, sie durchläuft gewissermaßen eine kulturelle Evolution, die womöglich so alt ist wie die Religiosität der Menschen. Sie umfasst das sich in konkreten kulturellen Kontexten entwickelnde Verständnis des Menschen von Gott und legt es in Artefakten (z. B. Kultobjekten) und schließlich in den Hl. Schriften nieder. Die Offenbarung kennt unterschiedliche ne-

[3] Goethe, J.W., Gedichte von letzter Hand. Gott und Welt. Prooemion, 1827.
[4] Vgl. Lüke (2007), 100–167.

beneinander existierende Niveaus der narrativen oder philosophisch-theologischen Reflexion, die in den Hl. Schriften bis heute zu finden sind. Auch die philosophisch-theologische Reflexion, wie sie sich im Dogmenbestand herauskristallisiert hat, dekretiert nicht das endgültig gewordene Feststehen einer Offenbarung, sondern hat ihrerseits Prozesscharakter.

Neben dem „Buch der Schrift“ ist aber auch das „Buch der Natur“ nach christlichem Verständnis eine Form der Offenbarung, eine Überlegung, die sich bei so unterschiedlichen Personen wie Thomas von Aquin, Galileo Galilei, Teilhard de Chardin, Johannes Paul II.[5] und vielen anderen findet.

Es gibt also eine Evolution der Offenbarung, wie sie sich in Schrift und theologischer Lehre einerseits und in der Natur und ihrer Erschließung andererseits findet.

Auf welche Weise und in welche Richtung die Offenbarung und die sich auf sie beziehende Offenbarungstheologie evolviert sind, ist historisch rekonstruierbar. In welche Richtung sie evolvieren werden, darüber kann man wie in der Biologie allenfalls Mutmaßungen anstellen. Der Kern dessen, was zu einer bestimmten Zeit zunächst als mündlich tradierte Offenbarungserzählung und später dann als Offenbarungsschrift in Geltung ist, erfährt deutende Erweiterungen aber auch korrigierende Streichungen.

So ist es z. B. ein sich über Jahrhunderte hinziehender Erfahrungs- und Denkprozess, in dem aus polytheistischen Vorstellungen das monotheistische Gottesbild Israels entstanden ist. Die Spuren der Überarbeitung und Umarbeitung, der Ergänzung und Streichung im und am alten ursprünglichen Textbestand liefern dafür nach Auskunft der Exegeten reiches Belegmaterial. Die Offenbarungstheologie evolviert z. B. mit der Identifikation bestimmter typischer Textgattungen innerhalb der Hl. Schrift des Alten und Neuen Testamentes. Literarkritik, Gattungskritik, Formkritik, Redaktionskritik oder auch die tiefenpsychologische wie die kanonische Bibelinterpretation sind nur einige Stichworte aus dem Kontext einer wachsenden hermeneutischen Aufmerksamkeit, einer wachsenden Wahrnehmungs- und Urteilsfähigkeit. Die Offenbarungstheologie evolviert auch in Bezug auf die rationale, philosophisch-theologische Konsistenz und Kohärenz von Gottesbildern.

---

[5] Johannes Paul II. (1998), 25: „Es wird also eine erste Stufe der göttlichen Offenbarung anerkannt, die aus dem wunderbaren ‚Buch der Natur‘ besteht; liest der Mensch dieses Buch mit den seiner Vernunft eigenen Mitteln, kann er zur Erkenntnis des Schöpfers gelangen.“

2.3. Offenbarung der Evolution?

Der Begriff Evolution bezeichnet eine kosmische, chemische, biologische Drift, in deren Verlauf sich im Vorhinein unprognostizierbare Phänomene, Potenzen und Prozesse offenbaren. Der ursprünglich nur auf belebte Systeme angewandte Begriff der Evolution muss auch auf den Bereich des Unbelebten ausgeweitet werden.

Der Begriff Evolutionstheorie bezeichnet die fortentwickelten Theorien über die diesen Phänomenen zugrunde liegenden Mechanismen (Mutation, Selektion, Gendrift, Radiation etc.). Darüber hinaus gibt es zweifelsfrei eine Weiterentwicklung und Differenzierung, eine Art Evolution der Evolutionstheorien, wie man sie mit den Stichworten Lamarckismus, Darwinismus, Neodarwinismus, Synthetische Theorie etc. auf den Begriff gebracht hat. Wenn auch die Entwicklung dieser Theorien einer inneren Logik folgt, ist doch das, was sie jeweils zutage fördern, nicht einfach nur die überraschungsfreie Fortschreibung dessen, was man seit Darwin schon prinzipiell gewusst hätte, sondern hat zumindest teils die Charakteristika des unprognostizierbar Neuen. Schließlich ist die Entdeckung des Archaeopteryx, des Urvogels aus dem oberen Jura, den man in den Solnhofener Plattenkalken bei Eichstätt gefunden hat, eine Art Offenbarung der Übergangsform zwischen Reptilien und Vögeln. Da wird etwas offenbar, das vorher nicht ge- bzw. bedacht worden, oder bestenfalls eine reine, durch nichts belegte Hypothese war. Man kann also, ohne übernatürliche Wirkungen in Rechnung zu stellen, umgangssprachlich sagen: Im Verlauf der Evolution offenbart sich etwas, das nicht einfach die Bestätigung einer Prognose, sondern das Aufscheinen von etwas unprognostizierbar Neuem ist, das im Nachgang natürlich mit dem der Biologie zur Verfügung stehenden rationalen Denkprozess analysiert werden kann.

Schon jetzt deutet sich an, dass das, was derzeit unter dem Stichwort Epigenetik verhandelt wird, nicht nur der Genetik sondern auch der derzeit gängigen Evolutionstheorie und den von ihr akkreditierten Mechanismen eine essentielle Kritik angedeihen lassen und einen essentiellen Entwicklungsschub verpassen wird.

Es ist also denkbar, dass der Prozess der Evolution etwas zunächst Verborgenes und Unerwartetes, der Materie aber gleichwohl Inhärentes auch durch die naturwissenschaftliche Nachforschung („Inquisition“) offenbart. Demnach wären auch die Evolution und die Methoden ihrer Analyse in gewisser Weise Offenbarungsphänomene; denn sie zeigen etwas, was unabhängig vom aktuellen menschlichen Bewusstseinsstand Fakt ist.

Die zumeist katholischerseits aber gelegentlich auch evangelischerseits vertretene Theorie von der Erkennbarkeit Gottes gerade auch durch die Phänomene der Natur, die als geschaffene Dinge interpretiert werden, erklärt implizit auch die Evolution zu einem Ort der Offenbarung Gottes. Evolution der Offenbarung – Offenbarung der Evolution, wie ist das zusammen zu denken?

2.4. Verbindung von Offenbarung und Evolution aus theologischer Perspektive

Zahlreiche Theologen des 19. und 20. Jahrhunderts (Newman, Rosmini-Serbati, Teilhard de Chardin, Rahner etc.) hatten die Vereinbarkeit von Evolution und Schöpfung herausgestellt und betont. Die päpstliche Bibelkommission hatte hingegen fünfzig Jahre nach Erscheinen von Darwins *Origin of Species* 1909 den historischen Charakter der ersten Kapitel der Bibel betont[6] und damit indirekt gegen Evolution votiert. Auch wenn sich offizielle päpstliche Dokumente explizit erst 1950[7] mit der Evolutionstheorie befassen, so hatte doch das I. Vatikanische Konzil bereits im Jahre 1870 dogmatisch dekretiert, *„dass Gott, der Ursprung und das Ziel aller Dinge, mit dem natürlichen Licht der menschlichen Vernunft aus den geschaffenen Dingen gewiss erkannt werden kann, ‚das Unsichtbare an ihm wird nämlich seit der Erschaffung der Welt durch das, was gemacht ist, mit der Vernunft geschaut‘ (Röm 1,20).“*[8] Die Hl. Schrift selbst wird damit zum Zeugen für das Offenbarungspotential der dort Geschöpfe genannten Produkte der Evolution.

Wenn das stimmt, hätte das Konsequenzen. Es würde bedeuten, die Naturphänomene, für den gläubigen Menschen die geschaffenen Dinge, sind ein bzw. enthalten einen Hinweis auf Gott. Das würde bedeuten, die naturwissenschaftlichen Recherchen nach den Anfängen der Materie und des Lebens, die Fragen nach dem Von-Woher müssten in letzter Konsequenz einen Hinweis auf Gott enthalten, der der Ursprung von allem ist. Das würde bedeuten, die wissenschaftlichen Extrapolationen auf das Woraufhin und Ende unseres Kosmos müssten in letzter Konsequenz einen Hinweis auf Gott enthalten, der dieser dogmatischen Formulierung zufolge das Ziel von allem ist. Das würde schließlich bedeuten, das *„natürliche Licht der menschlichen Vernunft“* sei im Prinzip

---

[6] Vgl. Antwort der Bibelkommission DH 3512–3519.
[7] Vgl. Enzyklika Humani generis, DH 3896 ff.
[8] Vgl. Dogmatische Konstitution Dei Filius DH 3004.

ausreichend, um Gott erkennen zu können.[9] Mit einem anderen als dem *„natürlichen Licht der menschlichen Vernunft"* gehen die Naturwissenschaftler schließlich auch nicht zu Werke, ja ziehen es gar nicht erst in Betracht.

Und genau vor diesem Tribunal einer naturwissenschaftlichen Rationalität soll nach Auffassung des Konzils eine Offenbarung möglich sein, nämlich die Offenbarung aus dem Buch der Natur. Man darf wohl feststellen, dass dem Konzilstext bei der Themenfrage eine Art Brückenfunktion zukommt. Die Interdependenz von, wie wir es heute nennen würden, wissenschaftlicher oder naturwissenschaftlicher Erkenntnis und theologischer Erkenntnis hatte im Gefolge seines Lehrers Albertus Magnus schon Thomas von Aquin betont: *„Ein Irrtum über die Welt wirkt sich aus in einem falschen Denken über Gott."*[10] Wen oder was offenbart die Evolution und ihre jeweilige Evolutionstheorie? Zunächst einmal offenbart sie dem Menschen diese ganze Welt als ein Objekt im Werden, und sie offenbart den Menschen selbst als ein prozessuales, als ein Werdewesen, deutungsoffen für Selbstzuschreibungen in Bezug auf das Woher und Wohin seiner Existenz und offen für Selbstbestimmungen im jeweiligen Jetzt in Bezug auf das Woraufhin.

Könnte es sein, dass die (nicht notwendig nur weltjenseitig, sondern auch weltdiesseitig zu verstehenden) Begriffe Transzendenz bzw. Selbsttranszendenz eine vermittelnde Rolle zwischen den Kategorien Evolution und Offenbarung spielen?

Das Element der Transzendenz macht das zu betrachtende Objekt zum Akteur in einem kosmischen, chemischen, abiotischen Evolutionsprozess. Das Element der Selbsttranszendenz macht aus einem selbstbewussten biologischen Objekt einen im Falle des Menschen selbstbewussten Akteur in einem biotischen ggf. kulturellen Evolutionsprozess.

Wenn man den Begriff Transzendenz biologisch ausbuchstabiert, ließe sich sagen: Die menschliche Ontogenese wird zur modifizierenden Fortschreibung der Phylogenese. Die Ontogenese ist keineswegs die Rekapitulation der Phylogenese, wie Haeckel mit einem weit über seinen Kenntnisstand hinausreichenden Nachdruck gemeint hatte. Gleichwohl hat sie einen retrognostrischen Erkenntniswert für die Phylogenese. Die Ontogenese ist darüber hinaus die Antizipation oder gar Präfiguration einer spezifischen Phylogenese. Sie zeigt mit einem Möglichkeitsspektrum im Jetzt, was im Später Wirklichkeit sein oder werden kann, aber

[9] Zur genaueren Analyse des Dogmas vgl. Lüke (2002), 153–167.
[10] Thomas von Aquin, Summa contra gentiles 2, 3.

sie zeigt es nicht im Modus prognostischer Gewissheiten. Die Ontogenese hat insofern eine Hinweisfunktion.

3. Versuch einer Problemlösung – Die Philosophie des Nikolaus von Kues

3.1. Skizze der Erkenntnislehre bei Nikolaus von Kues

Das Denken des Nikolaus von Kues erscheint uns heute erstaunlich modern. Wohl deshalb und nicht nur, weil er chronologisch an der Schwelle zur später sogenannten Neuzeit steht, hat man ihn (im Anschluss an Haubst) den „Pförtner der Neuzeit" genannt.

Aus der Physik und Mathematik ist ihm das Problem des Unendlichen bekannt, und eben dieses findet er auch im philosophisch-theologischen Bereich bei der Frage nach Gott. Die Mathematik entwickelt bestimmte Operationen, um das Unendliche dem Denken irgendwie zugänglich zu machen, auch wenn sie es definitiv nicht umgreift. „*Die Mathematik zeigt gewissermaßen mit dem Finger auf das Unendliche; man ahnt, was gemeint ist, kann seiner gedanklich aber niemals Herr werden.*"[11] So ähnlich sieht Nikolaus auch die der Philosophie und Theologie mit der Gottesfrage gestellte Aufgabe, und dann werden viele seiner Überlegungen verständlich, wenn man in ihnen nach ihrem Verweischarakter sucht.

Gott ist das Urbild, der Mensch sein Abbild. Gott bringt die realen Dinge hervor, der Mensch die rationalen Dinge. „*Wie die reale Welt aus der unendlichen göttlichen Vernunft, so gehen entsprechend die Mutmaßungen aus unserem Geist hervor. Indem nämlich der menschliche Geist, das hohe Abbild Gottes, an der Fruchtbarkeit der Schöpferin Natur, soweit er vermag, teilhat, faltet er aus sich, als dem Gleichnis der allmächtigen Form, als Abbild der realen Dinge die rationalen aus. Der menschliche Geist ist daher die Form der mutmaßlichen Welt, wie der göttliche die Form der realen.*"[12] Die realen Dinge sind also wiederum das Urbild, das in den rationalen Dingen, den Gedankendingen seinerseits ein Abbild findet. Das liefe naturwissenschaftlich etikettiert als Modellbildung. Damit haben wir eine doppelte Parallelität vor uns: Gott und der Mensch stehen ebenso in einem Urbild-Abbild-Verhältnis wie die realen und die rationalen Dinge. Gottes Geist ist die Form der realen, des Menschen Geist die Form der rationalen Dinge (Abb. 1).

---

[11] Borsche (1995), 242.

[12] Nikolaus von Kues, De coniecturis, Pars prima, Capitulum I, 7.

Gott ist das Urbild
Gottes Geist = Form der realen Dinge

→ **Mensch** ist das Abbild
Menschlicher Geist = Form der rationalen Dinge

Gott
schafft die
realen Dinge Urbilder

→ **Der Mensch**
schafft die
rationalen Dinge Abbilder
(naturwissenschaftliches Modell)

Verbindung von „anima-forma-corporis-Lehre" (Aristoteles)
und „Urbild-Abbild-Lehre" (Platon)

Davon ausgehend legt Nikolaus von Kues ein dreistufiges Erkenntniskonzept vor. Es beginnt bei den Sinnen (sensus), führt über den Verstand (ratio) und endet bei der Vernunft (intellectus).

Wenn man einmal voraussetzt, dass die Unterscheidung sensus, ratio, intellectus zumindest als vorläufige Annäherung sinnvoll ist, dann ließe sich folgende Zuordnung vornehmen: Was mit den Sinnen und durch die Sinne geschieht (sensus), ist die Basis für alle Erkenntnis der äußeren Welt. Diese Basisdaten bedürfen der kritischen rationalen Analyse, und die wird durch Wissenschaft allgemein, insbesondere aber durch die Naturwissenschaften geleistet und mit den sich steigernden Gewissheitsgraden Hypothese, Theorie und Gesetz versehen.

Der Verstand (ratio) beschäftigt sich mit dem Zählbaren, Messbaren, Definierbaren, dem Vielen und Gegensätzlichen. Für den diskursiv vorgehenden Verstand sind das Kontradiktionsprinzip, das Prinzip des zu vermeidenden Widerspruchs und die darauf aufbauende formale Logik unabdingbar.

Aber dies diskriminierende Vorgehen, bei dem nach logischem Kalkül Dinge und Sachverhalte geschieden, unterschieden, entschieden werden, hat als unhintergehbare Voraussetzung das Wissen um das Eine bzw. um die Einheit. Auch die Bildung der Zahlenreihe ist etwas Sekundäres, da in ihr die Eins und also die Einheit (unitas, unum) als Bedingung ihrer Möglichkeit je schon vorausgesetzt ist.

„Daraus wird einsichtig, ‚dass jenes, durch das, aus dem und in dem alles Zählbare gezählt wird, durch die Zahlen nicht erreichbar ist.' Dieser Sachverhalt gilt grundsätzlich. Der Ursprung aller Dinge ist das wodurch, woraus und worin alles aus einem Ursprung Entspringbare – omne principiabile – entspringt, das aber selbst durch kein Hervorgebrachtes erreichbar ist. Dieses Prinzip ist es, durch das, in dem und aus dem alles Intelligible erkannt wird und das trotzdem der Vernunft unerreichbar bleibt."[13]

Das Viele wird, indem man es mit der Ratio wahrnimmt, voneinander separiert, nummeriert, terminiert, lokalisiert, identifiziert etc. Zugleich aber verweist diese Art der Wahrnehmung implizit auf das aller Separierung, Nummerierung, Terminierung, Identifizierung zugrunde- und vorausliegende Eine. Und genau damit ist man nach Nikolaus auch an der Grenze der Leistungsfähigkeit des Verstandes (ratio) angelangt und damit, folgt man Hegel, bereits über sie hinaus (Abb. 2).

3.2. Vom diskursiven zum konkursiven Denken

Jenseits der Möglichkeit des Verstandes (ratio) liegt der Bereich der Vernunft (intellectus). Ihr erst ist der Gedanke einer *„coincidentia oppositorum"* zugänglich. Maximum und Minimum fallen für sie zusammen. *„So wird die coincidentia oppositorum zum Erkenntnisprinzip der schauenden Vernunft, die auf eine Wirklichkeit gerichtet ist, welche nie definierbares Objekt sein kann, die unbegrenzter Ursprung, letzte, selbst nicht mehr bedingte Bedingung ist. So gesehen ist die coincidentia oppositorum das Fundament der Logik der schauenden Vernunft."*[14]

Der Mensch als Endlicher, der im Kleinen wie im Großen unabweisbar auf Unendlichkeit verwiesen ist, der sowohl vom unendlich Großen wie vom unendlich Kleinen ausschließlich negative Aussagen machen kann, er ist schließlich genötigt, mindestens ahnungsweise diesem Unendlichen die Koinzidenz von unendlich Großem und unendlich Kleinem zuzusprechen.

Bei Nikolaus von Kues findet die Annahme einer solchen Koinzidenz folgende Begründung:

„Da das schlechthin und absolut Größte, dem gegenüber es kein Größeres geben kann, zu groß ist, als dass es von uns be-

[13] Heinzmann (1992), 283.
[14] Ebd., 285.

griffen werden könnte – ist es doch die unendliche Wahrheit –, so erreichen wir es nur in der Weise des Nichtergreifens. Da es nämlich nicht zu den Dingen gehört, die ein Mehr oder Weniger zulassen, steht es über allem, was durch uns begriffen werden kann. [...] Infolgedessen ist das absolut Größte ganz und gar aktuell, da es all das ist, was es sein kann. Wie es nicht größer sein kann, so kann es aus demselben Grunde nicht kleiner sein, ist es doch alles, was es sein kann. Das Kleinste aber ist das, dem gegenüber ein Kleineres nicht möglich ist. Da nun das Größte von der oben geschilderten Art ist, so ist einsichtig, dass das Kleinste mit dem Größten zusammenfällt. [...] Das Größte ist ja ebenso ein Superlativ, wie das Kleinste ein Superlativ ist. Die absolute Quantität ist folglich nicht in stärkerem Grad die größte Quantität als sie die kleinste ist, da in ihr das Kleinste koinzidierend das Größte ist. Gegensätzliche Bestimmungen kommen nur den Gegenständen zu, die ein Mehr oder Weniger zulassen [...] Über allem diskursiven Vermögen des Verstandes schauen wir demnach in einer nicht ergreifenden Weise die Unendlichkeit der absoluten Größe, die keinen Gegensatz kennt und mit der das Kleinste koinzidiert."[15]

Und an anderer Stelle formuliert er: *„Das Größte ist jenes, dem nichts gegenübergestellt werden kann, bei dem auch das Kleinste das Größte ist."*[16]

Der menschliche Verstand (ratio) denkt stets im Horizont des Mehr oder Weniger, des zu vermeidenden Widerspruchs und in den Kategorien der einander ausschließenden Gegensätze. Diesem analysierenden, differenzierenden, diskursiven Denken korrespondiert notwendig und unumgehbar ein synthetisierendes, ein konferierendes, ein konkursives Denken. Differenz ist nur denkbar, wo auch Einheit denkbar ist. Im Zusammenfall der Gegensätze (coincidentia oppositorum), der sich nur der Vernunft (intellectus) erschließt, ereignet sich aber für Nikolaus von Kues erst die entscheidende Gotteserfahrung:

„In ihm ist alles eins, unterschiedslos, ohne Andersheit, aber der Grund aller möglichen Unterscheidungen; namenlos und unsagbar, aber der Grund aller Worte; weder seiend noch nichtseiend, aber der Grund allen Seins und Nichtseins."[17]

[15] Nikolaus von Kues, Philosophisch-theologische Werke Bd. 1, De docta ignorantia I. Cap. IV, 16–19.
[16] Nikolaus von Kues, De docta ignorantia II, Cap. III, 23.
[17] Borsche (1995), 246 .

Sensus/ Sinneswahrnehmung

Tätigkeiten:

Affizieren
unkritische Wahrnehmung mit und in den Sinnen
optische, akustische, haptische, olfaktorische etc.
Täuschungen möglich

Ratio/ Verstand

Methoden: analytisch, diskursiv

Kontradiktionsprinzip, Prinzip des zu vermeidenden Widerspruchs, formale Logik

Tätigkeiten:

Separieren, Terminieren, Lokalisieren, Differenzieren, Nummerieren, Identifizieren, Diskriminieren etc.
Tätigkeitsfeld Naturwissenschaft, Evolutionsbiologie etc.

Gegenstand:

Zählbares, Messbares, das Viele, das Vergleichbare

Intellectus/ Vernunft

Methoden: synthetisch, konkursiv

Tätigkeiten: philosophisch-spekulativ

coincidentia oppositorum
Wechselspiel von complicatio-explicatio
Maximum-Minimum-Identität
Winkel-Gerade-Identität
Kreis-Gerade-Identität
Vieleck-Kreis-Identität

Einheit (unitas) als Ausgangs- und Zielpunkt des Denkens

→ Zerlegung der Einheit durch Leistung des analytisch-diskursiv arbeitenden Verstandes (ratio) im Rahmen aristotelischer Logik

→ Wiedergewinnung der Einheit durch Leistung der synthetisch-konkursiv arbeitenden Vernunft (intellectus) als logisch zwingend notwendige Ergänzung der Verstandestätigkeit (ratio)

Auch der Weg aus numerischen Kategorien des Weniger und Mehr, wie sie dem menschlichen Verstand (ratio) gegeben sind, nötigt nach Nikolaus also zur Annahme einer Einheit, wie sie letztlich nur der Vernunft (intellectus) zugänglich ist. Damit nötigt sich dem Verstand mit seiner aristotelischen Logik gerade in deren konsequenter Verfolgung eine Vernunft auf, die der Verstand nicht mehr versteht. Die im Sinne einer konsequenten Verfolgung verstandene Exekution der Verstandesanweisungen führt zu einer im Sinne von Auslöschung zu verstehenden Exekution der Verstandesanweisungen. Nikolaus versucht das durch das via Ratio zu bewerkstelligende Aufsteigen und Absteigen in der Zahlenreihe zu belegen: „*Man muss deshalb mit Notwendigkeit bei der Zahl an ein Kleinstes kommen, zu dem es kein Kleineres mehr geben kann, wie das die Einheit ist. Und da es nichts kleineres geben kann als die Einheit, so muss die Einheit das Schlechthin kleinste sein, das auf Grund des eben geführten Nachweises mit dem Größten zusammenfällt. Die Einheit kann aber nicht Zahl sein, denn die Zahl lässt ein mehr oder weniger zu und kann deshalb unmöglich ein schlechthin Kleinstes oder Größtes sein. Die Einheit ist vielmehr als Kleinstes Prinzip jeglicher Zahl, sie ist als Größtes Grenze jeglicher Zahl. Die absolute Einheit, der gegenüber es keinen Gegensatz gibt, ist die absolute Größe selbst, welche der benedeite Gott ist.*“[18] Nikolaus versteht das aber keinesfalls als einen Gottesbeweis mit den Mitteln der Ratio, sondern als einen Hinweis der Ratio auf das, was sie selber übersteigt, dem sie nicht beikommt, was sie an die Grenze ihrer Möglichkeit bringt und bei deren Überschreiten letztlich außer Kraft setzt.

Das Anselmsche „credo, ut intelligam“ – ich glaube, damit ich verstehe – und die Formulierung „cogito, ergo credo“ – ich denke, also glaube ich – leuchten das zwischen Glauben und Denken bestehende Beziehungs- und Bedingungsverhältnis nur aus unterschiedlichen Perspektiven aus. Wer auch immer denkt und wann auch immer jemand denkt, stets macht er gedanken- und bedenkenlos Anleihen beim Unbedachten. Soweit man die Grenzen verstandesmäßigen Denkens, also der ratio des Cusanus, auch hinausschiebt, es behält die Funktion eines Subsystems in einem als Glauben zu bezeichnenden umfassenderen Ganzen, das sich der eher meditierenden Vernunft, also dem intellectus des Cusanus, ahnungsweise erschließt. Auch Kreis und Gerade, die vom Verstand (ratio) unterschieden werden und unterschieden werden müssen, oder er hätte von beidem keine Vorstellung, können von der Vernunft ahnungsweise identifiziert werden.

Mit Analogien aus dem Bereich der Mathematik bzw. Geometrie veranschaulicht Nikolaus von Kues in *De docta ignorantia* diese „*coincidentia oppositorum*“: Der Kreis ist das Gegenteil einer Gerade, aber der Kreis mit dem unendlichen Radius ist die Gerade. Die Gerade realisiert in sich die Koinzidenz von kleinstem (0°) und größtem Winkel (180° bzw. 360°) und ist, eine weitere Koinzidenz der Gegensätze, doch eigentlich alles andere als ein Winkel. Im Dreieck, dessen Winkelsumme 180° ist, fallen der größte Winkel, nämlich 180°, und der kleinste Winkel, nämlich 0°, zusammen.

---

[18] Nikolaus von Kues, De docta ignorantia I, Cap. V, 23.

Im Zusammenfall der Gegensätze ereignet sich die Gotteserfahrung für die Vernunft (intellectus); denn in Gott sind auch noch die Unterschiede der unendlichen Begriffe aufgehoben.

3.3. Versuche zur Evolution der Offenbarung am Beispiel des Gottesbegriffs

Ein erster gedanklicher Anweg zu einem Begriff von Gott sieht diesen in neuplatonischer Weise als Wahrheit von allem und in allem. Alle Dinge und auch der menschliche Geist besitzen ihre letzte und tiefste Wahrheit nur in Gott. Aber wegen ihrer in Gott verborgenen Wahrheit gilt für alle Dinge:

> „Weil alles, was gewusst wird, besser und vollkommener gewusst werden kann, wird nichts so gewusst, wie es wissbar ist.“[19]

Diese Wahrheit ist also immer nur symbolisch bildhaft, niemals aber in der ihr angemessenen Genauigkeit zu bezeichnen. Methodisch nähert sich der Mensch durch Annahmen und Mutmaßungen (coniecturae) der Wahrheit Gottes, ohne ihrer je gewiss sein zu können.

Aus der Perspektive des Verstandes (ratio) spricht der Mensch in einer positiven affirmativen Theologie von Gott, indem er ihm bestimmte für vollkommen erachtete Eigenschaften zuordnet, z. B. Gott ist mächtig, gerecht, groß, gut etc.

Aus der Perspektive der Vernunft (intellectus) bedient sich der Mensch einer negativen Theologie, die alle positiven Begriffe von Gott negiert, wozu sie natürlich in gewisser Weise schon vorausgesetzt werden müssen.

Die Negation der positiven Begriffe von Gott heißt allerdings nicht, dass diese einfach in ihr Gegenteil verkehrt werden könnten. Dann wäre Gott anstelle von mächtig, gerecht, groß und gut lediglich machtlos, ungerecht, klein und böse. Auch das wären ja positive, wenn auch nicht in wertendem Sinn positive Zuschreibungen an die Adresse Gottes.

Die negative Theologie bestreitet vielmehr die Gültigkeit der Alternative und versucht so auf dem Wege der „coincidentia oppositorum“ der Wahrheit Gottes etwas näher zu kommen.

Auch wenn Nikolaus von Kues jeder Bezeichnung und jedem Namen für Gott eine bleibende und eklatante Unfähigkeit, das Gemeinte angemessen treffen zu können, attestiert, so unter-

---

[19] Nikolaus von Kues, De venatione sapientiae, Cap. XII, 51. Vgl. auch Borsche (1995), 246 und Heinzmann (1992), 284.

nimmt er doch seinerseits zahlreiche Versuche, Gott Namen zu geben. Das aber sind Bemühungen im Feld der Vernunft (intellectus), nicht mehr im Feld des Verstandes (ratio), ohne dass damit die Vorleistung des Verstandes diskreditiert würde. Er ist sich bewusst, hier ein allenfalls approximatives und aporetisches Unternehmen zu starten, was dann aber einerseits eine Vielzahl von Ansätzen und andererseits die Entgrenzung der Sprache durch Bildung von Neologismen zur Folge hat.

Borsche bemerkt dazu: *„Es scheint eine besonders reizvolle Form der Andacht für ihn gewesen zu sein, neue Gottesnamen zu erfinden und ihre logischen Konsequenzen durchzuspielen. Jeder dieser Namen ist ein anderer Weg zu Gott – vorausgesetzt, seine Bedeutung vergeht in der Wahrheit des Unendlichen, etwa so, wie der Laut in der Kundgabe des Begriffs verklingt.“*[20]

So meditiert er philosophierend oder philosophiert er meditierend als Namen für Gott „idem absolutum“ (das absolute Selbe), „posse ipsum“ (das Können selbst), „ipsum idem“ (das Selbe selbst), „ipsum unum“ (das Eine selbst), „principium“ (Ursprung).[21]

Auch der Begriff „unitas“ (Einheit) ist wichtig, denn in ihm ist auch das absolut Größte mitimpliziert. Die absolute Einheit ist die Einfaltung (complicatio) von allem und also das Größte. *„Die unendliche Einheit ist demnach die Einfaltung von allem.“*[22]

Zugleich aber ist von dieser Einheit Gott her auch die Ausfaltung von allem zu denken. *(„Quommodo complicet et explicet omnia inintelligibiliter.“)* Gott als Einheit (unitas) ist – und auch dies ist ein Beispiel für die „coincidentia oppositorum“ – zugleich Einfaltung (complicatio), insofern er alles umfängt und alles in ihm ist, als auch Ausfaltung (explicatio), insofern alles aus ihm hervorgeht und er in allem ist, was begegnet.

> „Da es sich so verhält, dass Gott das absolute Möglichsein und Wirklichsein und beider Verknüpfung und somit jedes mögliche Sein wirklich ist, so ist klar, dass er eingefaltet alles ist. Alles nämlich, was irgendwie ist oder sein kann, ist im Ursprung selbst eingefaltet, und alles, was geschaffen ist oder geschaffen werden wird, wird von dem entfaltet, in dem eingefaltet es ist.“[23]

Wenn schlechthin alles Einfaltung und Ausfaltung Gottes ist, ist auch die Neuentdeckung naturwissenschaftlicher Sachverhalte

---

[20] Borsche (1995), 248f.
[21] Ebd., 249.
[22] Nikolaus von Kues, De docta ignorantia II, Cap. III, Nr. 102, 23.
[23] Nikolaus von Kues, Trialogus de possest, Nr. 8, 11.

z. B. auf dem Feld der Evolutionsforschung theologisch relevant. Alles, was entdeckt wird, hat einen im Felde des Verstandes (ratio) auf den Begriff zu bringenden naturwissenschaftlichen Gehalt, und es hat einen nur über die Vernunft (intellectus) abzugreifenden theologischen Bedeutungsüberschuss. Man kann sich als Naturwissenschaftler und Evolutionsforscher an diesem Bedeutungsüberschuss uninteressiert zeigen, bestreiten kann man ihn mit ausschließlich naturwissenschaftlichen Mitteln nicht.

In seinen letzten Lebensjahren bezeichnet Nikolaus von Kues Gott auch als „possest", als das Können-Ist. Damit will er zum Ausdruck bringen, dass bei Gott die Diastase zwischen Sein und Können undenkbar ist. In Gott sind Sein und Können, Erkennen und Wollen, Möglichkeit und Wirklichkeit, Akt und Potenz vollkommen und identisch. Aber man muss mit den Mitteln des Verstandes (ratio) die Diskrepanz, die Differenz, die Diastase zwischen den genannten Paarbegriffen erst realisiert haben, um sie mit den Mitteln der Vernunft (intellectus) überbrücken bzw. zusammenfassen zu können.

> „Und wann wir versuchten, ihn über Sein und Nichtsein zu sehen, vermochten wir nicht zu verstehen, auf welche Weise der sichtbar wäre, der über allem Einfachen und Zusammengesetzten ist, über allem Einzelnen und Mehrfachen, über jeder Grenze und Unendlichkeit, ganz überall und nirgends, zugleich allförmig und von keiner Form und gänzlich unaussagbar, in allem alles, in nichts nichts, und alles und nichts in ihm er selbst, unversehrt, ungeteilt in jedem beliebigen noch so kleinen und zugleich in keinem von allen."[24]

Das sind Formulierungen, die wir ansonsten nur aus der Mystik kennen.

Ein weiterer etwas näher zu betrachtender Gottesname ist der des „non aliud" (Gott als das Nichtandere). Max Horkheimer, ein Philosoph der Frankfurter Schule des 20. Jahrhunderts, hat Gott als den ganz Anderen bezeichnet.[25]

Gedanklich knüpft Cusanus für die Entwicklung dieses Gottesnamens bei den Transzendentalien an. Neben den Begriffen unum, bonum, verum steht in der scholastischen Tradition auch noch das aliquid. Jedes „ens" ist ein „aliquid", d. h. ein „indivisum in se", – ein ungeteiltes in sich selbst, eine Ganzheit also – und zugleich ein „divisum ab omni alio" – ein von allem Übrigen getrenntes. Es ist

[24] Ebd., Nr. 74, 91; vgl. auch ebd. Nr. 8, 11.
[25] Horkheimer (1970).

ein „aliud quid", ein anderes Etwas, das nur aufgrund seiner inneren Einheit und aufgrund seines Getrenntseins von allem anderen als es selbst erkennbar wird.

Diese zur Kenntlichkeit des angezielten Erkenntnisgegenstandes führende Separierung, Diskriminierung, Lokalisierung, Terminierung, Identifizierung im Felde undifferenzierter Vielheit ist eine Leistung des Verstandes (ratio), der in Bezug auf seinen Gegenstand schließlich von einem „aliud" sprechen kann.

Aber gerade mit diesem Verstandeszugang ist Gott nicht zu erfassen, nicht als ein „aliud" zu identifizieren. So bleibt nur, ihn mittels der Vernunft (intellectus) als das „non aliud", das Nichtandere zu bezeichnen, das nicht ein vom anderen abgegrenztes und begrenztes Für-Sich ist, sondern unabgegrenzt und unbegrenzt in allem gegenwärtig ist.

So kann Nikolaus von Kues schließlich in „De non-aliud" formulieren:

> „Wer sieht, dass auf Grund dessen, dass das Nicht-Andere sich selbst definiert, das Nicht-Andere nichts anderes ist als das Nicht-Andere und auf Grund dessen, dass es alles und jedes definiert, es in allem alles und im Einzelnen das Einzelne ist, der sieht, dass das Nicht-Andere das Andere des Anderen ist und dass es dem Anderen nicht entgegengesetzt ist. Das ist ein Geheimnis ohnegleichen.
>
> Wer sieht, dass mit der Aufhebung des Nicht-Anderen weder das Andere noch das Nichts bleiben, da das Nicht-Andere das Nichts des Nichts ist, der sieht fürwahr, dass das Nicht-Andere in allem alles und in nichts nichts ist."[26]

Auch hier stoßen wir am Ende der Überlegungen des Nikolaus von Kues auf Formulierungen, die aus der Hand eines Meister Eckhart oder anderer Mystiker stammen könnten.

Gott existiert in absoluter Jenseitigkeit zu allem, was von Seiten des Menschen denkbar und sagbar ist. In *De visione dei* kann Nikolaus von Kues darum so formulieren:

> „Denn die Trennung <des Verstandes> und die Verbindung <der Vernunft> bilden zusammen die Mauer der Koinzidenz, und jenseits von ihr bist du, losgelöst von allem, das gesagt und gedacht werden kann."[27]

---

[26] Nikolaus von Kues, De non aliud, Propositio VI u. VII, 557.
[27] Nikolaus von Kues, De visione dei, cap. 11, 140/141 (eigene Übersetzung).

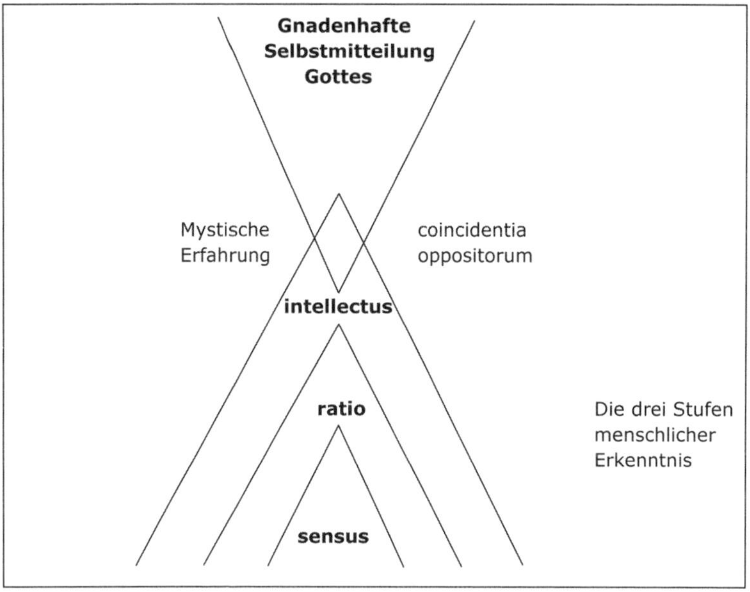

Diese die Leistungsfähigkeit des Verstandes wie auch die Vernunft übersteigende Erfahrung, dieses Jenseits der Mauer der Koinzidenz ist aber angemessen nur noch als mystische Erfahrung zu bezeichnen.

Alle Gottesnamen, die sich der docta ignorantia auf dem Wege der coincidentia oppositorum zeigen, liegen im Grenzbereich menschlichen Verstehens und führen *„den Betrachtenden über allen Sinn, Verstand und alle Vernunft hinaus zur mystische Schau, in welcher der Aufstieg jeder erkennenden Kraft sein Ende und die Enthüllung (Offenbarung) des unbekannten Gottes ihren Anfang hat.“*[28] (Abb. 3)

Die mystische Schau markiert den Grenzbereich dessen, was Verstand und Vernunft mit der ihnen eigenen Stringenz und Konsequenz zuwege bringen. Aber so wichtig auch der Anweg über Verstand und Vernunft ist, eigentlich ist diese mystische Schau des Menschen weniger ein selbst veranlasstes Erschauen als vielmehr das von menschlicher Seite her unveranlassbare, unverfügbare Sich-Zeigen des Göttlichen, die Offenbarung Gottes von diesem selber her.

Man kann hier in Bezug auf die Gottesfrage schon etwas von dem erahnen, was der frühe Wittgenstein meinte, wenn er schrieb: *„Es gibt allerdings Unaussprechliches. Dies zeigt sich, es ist das*

[28] Nikolaus von Kues, Trialogus de possest, Nr. 15, 18–19.

Mystische. […] Meine Sätze erläutern dadurch, dass sie der, welcher mich versteht, am Ende als unsinnig erkennt, wenn er durch sie – auf ihnen – über sie hinausgestiegen ist. (Er muss sozusagen die Leiter wegwerfen, nachdem er auf ihr hinaufgestiegen ist.) Er muss die Sätze überwinden, dann sieht er die Welt richtig. Wovon man nicht sprechen kann, darüber muss man schweigen."[29]

Auch wenn am Ende aller Sprach- und Denkbemühungen die Einsicht in die Unbegreiflichkeit Gottes bleibt, so lässt sich mit Nikolaus von Kues doch auch sagen, dass man ihn nicht nichtfinden kann: „*Wenn er nur in rechter Weise gesucht wird, ist es unmöglich, ihn der überall ist, nicht zu finden.*"[30]

Aber zum richtigen Finden Gottes gehört eben auch der Überstieg vom Tätigkeitsbereich des Verstandes zu dem der Vernunft. Und mit Augustinus ließe sich – die Grenzen des Verstandes im Blick und die Möglichkeiten der Vernunft zumindest erahnend – sagen: Es ist besser, Gott „*im Nichtfinden zu finden als im Finden nicht zu finden.*"[31]

Indem Cusanus die Gottesfrage aus dem Geltungsbereich des Verstandes und damit aus dem streitbaren Diskurs der Gegensätze herausnimmt, sie dann der Einheit erahnenden Vernunft anvertraut, die des Gedankens einer coincidentia oppositorum fähig ist, und schließlich der Mystik zuführt oder auf Mystik hin öffnet, erreicht Nikolaus von Kues im wissenschaftlich-theologischen wie im ökumenisch-praktischen Bereich so etwas wie eine Transzendierung der Gegensätze, eine Irenik durch Mystik.

4. Fazit: Ins Offene Gottes?

Die Vernunft (intellectus) ist nicht unter Umgehung des Verstandes (ratio) zu haben, sondern baut auf den Distinktionen des Verstandes auf, zeigt aber zugleich deren Grenzen auf. Die Vernunft kann nicht auf die Vorleistungen des separierenden, lokalisierenden, terminierenden, diskriminierenden, identifizierenden Verstandes verzichten. Und der Verstand bedarf notwendigerweise der ihm und seinem Tun vorausgehenden undifferenzierten Einheit und der ihm und seinem Tun folgenden Integrations- und Vereinigungsleistung der Vernunft.

---

[29] Wittgenstein (1987), 115.

[30] Nikolaus von Kues, De quaerendo deum I., 582–583 „… non potest non reperiri, si recte quaeritur, qui ubique est."

[31] Aurelius Augustinus „Was soll es mir, wenn einer das nicht fassen kann? … Er freue sich auch so und möge es mehr lieben, dich im Nichtfinden zu finden als im Finden nicht zu finden.", Confessiones Buch I, 26 f.

Wo also die Physik, reduktionistisch betrachtet, als die Basiswissenschaft der Naturwissenschaften einen Allzuständigkeits- bzw. Alleinzuständigkeitsanspruch erheben würde und eine Gesamtinterpretation der Welt vorlegen zu können beanspruchte, da würde sie zur Metaphysik.

Wo die Evolutionstheorie, integrationalistisch betrachtet, als die Vereinigung der Naturwissenschaften einem Allzuständigkeits- bzw. Alleinzuständigkeitsanspruch erheben würde und eine Gesamtinterpretation der Welt vorlegen zu können beanspruchte, da würde auch sie zur Metaphysik. Aber eine naturwissenschaftliche Theorie, z. B. die Evolutionstheorie, die eines ihrer Elemente, z. B. die Mutation, oder die sich selbst als Ganze metaphysiziert, metafüsiliert sich als Naturwissenschaft. Sie verließe das Sprachspiel und die Sprachregeln der Tätigkeit des Verstandes (ratio) und wechselte zum Sprachspiel und zu den Sprachregeln der Vernunft (intellectus).

Naturwissenschaftliche Evolutionsforschung ist in der Diktion des Kusaners primär dem Verstand (ratio) zuzuordnen. Sie ist methodisch hoch reflektiert und international kontrolliert, sie zielt nicht ins Beliebige und nicht ins Ungefähre. Und wo das doch passiert, wird sie bald gestellt, kritisiert und korrigiert von den Fachkollegen. Sie zielt auch nicht ins Blaue, auch wenn sie keinen letzten Ort endgültig gesicherter Erkenntnis angeben kann. Sie zielt auf die umfassendere Tätigkeit der Vernunft

Das Offenbarungsdenken der Theologie ist in der Diktion des Kusaners der Vernunft (intellectus) zuzuordnen. Aber wenn man im Kontext dieses Offenbarungsdenkens einen Schöpfergott annimmt, hat man dann nicht das, was zuvor Natur hieß, heimlich auf den Namen Schöpfung getauft? Ist das intellektuell redlich? Es ist dann redlich, wenn erstens der rationale oder Verstandesdiskurs nicht umgangen, sondern durchlaufen wurde und wenn diese begründete Sicht der „Natur als Schöpfung“ zweitens offen gelegt wird als eine Deutung der Vernunft.

Die genau gegenteilige Position, die eingangs kurz erwähnt wurde, glaubte ja mit der stillschweigenden Behauptung, den rationalen Diskurs gar nicht verlassen zu haben und auch gar nicht verlassen zu müssen, der Natur – „auf Teufel komm heraus“ – Sinnleere und Ziellosigkeit unterstellen zu können. Auch das ist eine nur nicht als solche deklarierte Deutung, auch das ist eine Taufe, nur eben keine christliche.

Wenn die dem Verstande verpflichtete wissenschaftliche Forschung nicht ins Beliebige, nicht ins Ungefähre und nicht ins Blaue zielt, wohin zielt sie dann? Alle wissenschaftliche Forschung, die geistes- wie die naturwissenschaftliche Forschung, zielt letztlich ins unabsehbar Offene. Mit einem Diktum von Edith Stein könnte man auch sagen: *„Wer die Wahrheit sucht, der sucht Gott, ob es ihm klar ist oder nicht."* Der Spur folgend ließe sich intellektuell redlich, aber eben erst im Horizont der deutenden konkursiven Vernunft und nicht schon im Horizont der Leistungen des diskursiven Verstandes sagen: Alle wissenschaftliche Forschung, die geistes- wie die naturwissenschaftliche Forschung, zielt letztlich ins unabsehbar Offene des unendlichen Gottes.

Vielleicht beschreiten die, die über Offenbarung, und die, die über Evolution nachdenken, nicht zwei zentrifugale Wege, also zwei Wege, die sie immer weiter von einander wegführen. Vielleicht sind es zwei zentripetale Wege, eine Art Sternmarsch ins Offene Gottes, der die auf diesen Wegen mehr oder weniger mühsam Fortschreitenden einander näher bringt.

Sinnvoller erscheint mir diese Vorstellung: Wir haben es mit zwei notwendigen Etappen eines Weges zu tun, deren erster Teil vom diskursiv arbeitenden Verstand, also der ratio, und deren zweiter Teil von der anschlussfähigen konkursiv arbeitenden Vernunft, also dem intellectus, bewerkstelligt wird. Dabei ist die Denkfigur der coincidentia oppositorum von Bedeutung.

Dabei kommt die Erfahrung der Unvollständigkeit und Unmöglichkeit einer Selbst- und Letztbegründung des rationalen verstandesbedingten Denkens als Erstbegründung des vernunftgeleiteten Denkens und des Glaubens in Betracht oder einer Erstbegründung des vernunftgeleiteten Denkens und des Glaubens wenigstens nahe. Das vernunftgeleitete Denken und der darin aufscheinende umfassendere Glaube seinerseits wäre die Bedingung der Möglichkeit rationaler Denkoperationen und die rationalen Denkoperationen lieferten die Kriterien seiner Glaubwürdigkeit. Aber diese Erstbegründung der Vernunft des Glaubens, die man in der Unmöglichkeit einer eigenständigen Letztbegründung des Denkens sehen kann, steht nicht unangefochten für sich, sondern muss sich letztlich vor dem Tribunal des Denkens und den von dort herbeigezogenen Kriterien rechtfertigen.

Wo der separierende, lokalisierende, terminierende, identifizierende Verstand tut, was er kann, erkennt er nahezu zwangsläufig, was er nicht kann, und hebt sich im dreifachen Hegelschen Sinne zur Vernunft hin auf. In der Vernunft werden die verstandestypischen objektbezogenen Eingrenzungen und Gegensätze in einem beendenden Sinne aufgehoben, sie bleiben in einem bewahrenden Sinne gut aufgehoben und sie werden in ein einigendes Gesamtverständnis hinaufgehoben.

Das Ergebnis der Überlegungen des Kusaners, in holzschnittartiger Vergröberung auf den hier thematisch vorgegebenen Punkt gebracht, lautet: Evolution und Offenbarung sind keine zentrifugalen divergierenden Wege, sondern eher zwei zentripetale also konvergierende Wege. Oder noch präziser: Evolution und Offenbarung bezeichnen einen Weg in den zwei Etappen von Verstand (ratio → Evolution) und Vernunft (intellectus → Offenbarung). Wir haben es mit einer aus der Verstandestätigkeit notwendig erwachsenden Vernunfttätigkeit und also nicht mit Vernunft gegen Verstand, sondern mit Vernunft wegen Verstand zu tun.

Wir haben es mit einem in zwei Abschnitte, nämlich einen diskursiven und einen konkursiven Abschnitt, zu unterteilenden Weg zu tun. Das über beide Teilabschnitte hinweg angesteuerte gemeinsame Ziel, das sich zwar allen definitorischen Beweisen entzieht, aber doch deiktischem Hinweisen erschließt, lautet: Evolution und Offenbarung zielen nicht ins Beliebige, nicht ins Blaue, nicht ins Ungefähre, nicht ins Sinnlose, sondern ins Offene Gottes.

Literatur

Borsche T. (1995), Nikolaus von Kues, in Niewöhner F. (Hg), Klassiker der Religionsphilosophie, München 1995.

Goethe J.W. (1827), Gedichte von letzter Hand. Gott und Welt, Stuttgart 1827.

Heinzmann R. (1992), Philosophie des Mittelalters. Grundkurs der Philosophie Bd. 7, Stuttgart/Berlin/Köln 1992.

Horkheimer M. (1970), Die Sehnsucht nach dem ganz Anderen, Hamburg 1970.

Johannes Paul II. (1998), Enzyklika „Fides et ratio" Nr. 19 vom 14. IX. 1998, Verlautbarungen des Apostolischen Stuhls 135.

Junker Th./ Paul S. (2009), „Der Darwin-Code". Evolution entschlüsselt unser Leben, München 2009.

Kutschera U. (2009), Tatsache Evolution. Was Darwin nicht wissen konnte, München 2009.

Lenzen M. (2009), FAZ 18.2.2009, Nr. 41, 28.

Lüke U. (2002), Der Beitrag der Naturwissenschaften zur natürlichen Theologie und Gotteserkenntnis, in Lüke U., Mensch – Natur – Gott. Naturwissenschaftliche Beiträge und theologische Erträge, Münster 2002, 153–167.

Lüke U. (2007), Das Säugetier von Gottes Gnaden, Freiburg 2007[2].

Nikolaus von Kues, De coniecturis, in Happ W./ Koch J. (Hg), Philosophisch-theologische Werke, Hamburg 2002[3].

Nikolaus von Kues, De docta ignorantia, in Gabriel L. (Hg), Philosophisch-theologische Schriften, Lateinisch-Deutsch, Bd. I, Wien 1964.

Nikolaus von Kues, De non aliud, in Gabriel L. (Hg), Philosophisch-theologische Schriften, Lateinisch-Deutsch, Bd. II, Wien 1966.

Nikolaus von Kues, De quaerendo deum I., in Gabriel L. (Hg), Philosophisch-theologische Schriften, Lateinisch- Deutsch, Bd. II, Wien 1966.

Nikolaus von Kues, De venatione sapientiae, in Gabriel L. (Hg), Philosophisch-theologische Schriften, Lateinisch-Deutsch, Bd. I, Wien 1964.

Nikolaus von Kues, De visione dei, in Gabriel L. (Hg), Philosophisch-theologische Schriften, Lateinisch-Deutsch, Bd. III, Wien 1967.

Nikolaus von Kues, Trialogus de possest, in Happ W./ Koch J. (Hg), Philosophisch-theologische Werke, Bd. 3, Hamburg 2002^{3}.

Wittgenstein L. (1987), Tractatus logico-philosophicus. Logisch-philosophische Abhandlung, 1987^{15}.

Offenbarung in/neben/aus/trotz der Evolution?

von Christina Aus der Au

Offenbarung und Evolution sind zwei Konzepte, welche im amerikanischen und europäischen Kontext jeweils eine einflussreiche Wirkungsgeschichte gehabt haben. Sowohl die Anwendung des Evolutionsgedankens auf Dynamiken in natürlichen und kulturellen Kontexten als auch die Berufung auf eine göttliche Offenbarung vor unterschiedlichen religiösen Hintergründen haben das Denken der letzten zwei Jahrhunderte stark geprägt.[1] Wo es aber um einen Zusammenhang zwischen den beiden geht, geschieht dies oft genug in antagonistischen Beziehungen, insbesondere dort, wo es sich spezifisch um die Evolution des Lebens bzw. der Kultur und die Offenbarung des christlichen Schöpfergottes handelt.

Mittlerweile haben sich unterschiedliche Arten von Verhältnisbestimmungen herauskristallisiert, die allerdings ein sehr unterschiedliches Verständnis von Evolution, Offenbarungsgeschehen und dem geoffenbarten Gott implizieren. Mit den vorliegenden Ausführungen sollen diese und auch die theologischen Konsequenzen dieser Verhältnisbestimmungen sichtbar gemacht werden.

1. Offenbarung – Evolution

Bereits 1966 hatte Jürgen Hübner eine typologische Zuordnung dieser Verhältnisse skizziert.[2] Er unterscheidet fünf Typen, von denen die ersten drei[3] theologisches und naturwissenschaftliches

---

[1] Die Relevanz des Evolutionsgedankens in unterschiedlichen Kontexten zeigt nicht zuletzt die neu herausgegebene Buchreihe „The International Library of Essays on Evolutionary Thought“ (Levy 2010), die bisher folgende Titel umfasst: Philosophy of Evolutionary Biology, Evolutionary Psychology, Evolutionary Ethics, The Evolution of Culture, Intelligent Design and Religion as a Natural Phenomenon.

[2] Hübner (1966).

[3] Typ I stellt alle biblischen Aussagen auf dieselbe Ebene wie naturwissenschaftliche Aussagen, für Typ II sind Teile der biblischen Texte v.a. dort relevant, wo keine naturwissenschaftliche Erkenntnis (mehr) möglich ist, Typ III versucht, die biblischen Gedanken und die naturwissenschaftlichen Forschungsergebnisse in einer monistisch-idealistischen Perspektive zu verbinden.

Denken sich auf dieselbe ontologische Ebene beziehen lassen, während der vierte Typ zwar die biblischen Texte nicht als Tatsachenaussagen liest, aber letztlich dennoch alle kausalanalytischen Interpretationen teleologisch überformen will. Hübner kritisiert an den ersten drei Typen, dass damit die Theologie einem ständigen Prozess neuer Weltanschauungsbildung ausgesetzt ist, dem der aktuelle Stand der Forschung stets voraus sei.[4] Der vierte Typ neige zu theologischen Grenzüberschreitungen, die ihrerseits der Sache der Theologie nicht förderlich seien.[5] So sieht er lediglich in Typ fünf die Möglichkeit einer eigenständigen und sachentsprechenden Arbeit. Dieser trennt konsequent zwischen den beiden Arbeitsgebieten und Methoden. Gegen den Vorwurf der Schizophrenie argumentiert er, dass die Zusammengehörigkeit der beiden Zugänge „im einheitlichen Vollzug der Existenz selbst, im Lebensvollzug gesehen werden [kann], der von der ihrerseits partikularen Reflexion über diesen Vollzug unterschieden werden muss."[6]

Im Unterschied zu Hübners Ausführungen wird hier allerdings nicht nach dem Verhältnis von Evolution und *Theologie*, sondern von Evolution und *Offenbarung* gefragt. Um dabei nicht ins Unendliche auszuufern, soll dies auf eine ganz bestimmte Sichtweise zugespitzt werden, nämlich auf die Frage nach zwei Möglichkeiten, die Frage nach der Herkunft bzw. der Entstehung der Erde und des Menschen zu beantworten. Es zeigt sich natürlich, dass sich hier die Unmöglichkeit einer positionellen Neutralität schon im Suchbild abzeichnet. Fragt man nach den kausalen Mechanismen der Entstehung des biologischen Lebens, nach „Zufall und Notwendigkeit",[7] welche zum Menschen und vielleicht sogar zu Geist und Kultur geführt haben soll? Oder fragt man nach einem transzendenten Ursprung von Ordnung und System, nach dem alttestamentlichen Schöpfergott oder sogar dem christlich-dreieinigen Gott-Mensch-Geist?

Auch wenn innerhalb dieser beiden grundsätzlichen Alternativen noch viel differenziert werden könnte, und wohl auch müsste, so soll es hier lediglich um das Verhältnis der zwei fundamental bipolaren Betrachtungsweisen gehen: Wie geht man damit um, dass es eine Weltsicht gibt, die den Menschen unter Absehung Gottes

[4] Vgl. Hübner (1966), 235.

[5] Ebd., 240f.

[6] Ebd., 242.

[7] So der Titel des einflussreichen Buches von Jacques Monod, in dem er argumentierte, dass der Mensch als Zufallsprodukt der Evolution betrachtet werden könne und Religion sei nur der verzweifelte Versuch, diese Zufälligkeit zu leugnen.

denken will und kann, und eine andere Weltsicht, die daran festhält, dass dies grundlegende Aspekte des Menschseins ignoriert? Und gibt es eine Möglichkeit, irgendwie beiden Weltsichten gerecht zu werden?

Die Sicht der *Offenbarung* kann so z. B. für das Rechnen mit einem biblischen Schöpfergott stehen, der absichtsvoll und seinem Schöpfungswerk persönlich zugewandt das Universum, die Erde, die Vielfalt des Anorganischen und des Lebendigen und insbesondere den Menschen erschaffen haben soll. Offenbarung kann aber umgekehrt auch bedeuten, dass man in dieser natürlichen Vielfalt und Schönheit etwas zu erkennen glaubt (seien dies nun moralische Werte oder die Strukturen einer universalen Vernunft), was über die rein naturwissenschaftliche Betrachtungsweise hinausführt und was sich nicht in erster Linie (oder nicht nur) in den biblischen Texten offenbart, sondern auch aus dem Studium der Natur und ihrer Gesetze erkennbar ist.

Die Sicht der *Evolution* bezieht ihre Prägung aus der Theorie und Lehre der Evolution, von Darwin über die Architekten der großen Synthese[8], bis hin zu einem ideologischen Evolutionismus, wie er von Daniel Dennett, Richard Dawkins und Susan Blackmore in unterschiedlichen Ausprägungen vertreten wird. Der Begriff bezeichnet den mit Hilfe dieser Theorie erschlossenen dynamischen Prozess in der Natur (und darüber hinaus auch der Kultur), der auf seine Kausalmechanismen hin durchsichtig gemacht werden soll. Damit steht diese Sichtweise generell für eine naturwissenschaftliche Perspektive auf die Welt *etsi deus non daretur.*[9]

Als mögliche Verhältnisse dieser beiden Phänomene[10] möchte ich drei Typen gleichsam topologisch[11] unterscheiden, nämlich Offenbarung *in*, *neben* und *aus* der Evolution. Die beiden Weisen der

---

8 Damit ist die Verschmelzung der Erkenntnisse von Darwin und Mendel mit der Populationsgenetik gemeint, die vor allem mit den Namen Mayr, Dobzhansky, Stebbins und Haldane verknüpft ist (vgl. die Ausführungen bei Andreas Beyer in diesem Band).

9 „Wie wenn es Gott nicht gäbe", so wollte ursprünglich Hugo Grotius (1584–1645) sein Völkerrecht möglichst kontext- und ideologieunabhängig begründet wissen. Der Satz wurde von Dietrich Bonhoeffer wieder aufgenommen, der damit die Mündigkeit der Welt stark machte (Bonhoeffer 1980, 177).

10 Es sind in diesem Verständnis beides buchstäblich „Phänomene" (von griech. phainomai, sich zeigen, erscheinen), d. h. es erschließt sich der Betrachterin in der jeweiligen Sichtweise ein Geschehen *als etwas* (als Zeugnis eines Schöpfergottes bzw. als von Zufall und Notwendigkeit getriebenes Evolutionsgeschehen), das in seiner Betrachtung durch den darin prägend implizierten Denkstil – s. zu diesem Begriff Fleck (1935) – schon gedeutet wird.

11 Diese erhellende Bezeichnung verdanke ich Hans-Joachim Sander.

Weltwahrnehmung lassen sich damit entweder a) kongruent übereinanderliegend, b) ohne Schnittmenge nebeneinander oder c) ineinander überführend darstellen.

Es soll im Folgenden gezeigt werden, dass alle drei ihre Vorteile, aber auch ihre Defizite haben. Ausgehend von einer Selbstoffenbarung Gottes, welche den so Angeredeten in ihrer Offenbarungskraft überkommt, sollen diese vor allem auch als theologisch unhaltbar aufgewiesen werden. So schlage ich zum Schluss ein viertes, grundsätzlich anderes Verhältnis vor, nämlich Offenbarung *trotz* Evolution.

2. Offenbarung in der Evolution

Hinter dieser Position verbirgt sich eine Version des Barbour'schen Integrations-Modells,[12] sie geht aber letztlich darüber hinaus. Ihre Vertreter sind der Meinung, dass in der Evolution, d. h. im naturwissenschaftlichen Betrachten der Welt, das Wesen des dahinter wirksamen Gottes wahrgenommen werden kann. Das heißt, in den evolutionären Prozessen, in der Dynamik und Kreativität des Lebens, in der Entfaltung der Vielfalt offenbart sich letztlich Gott als kreativer Liebhaber des Lebens und der Fülle oder als intelligenter Baumeister und Garant von Ordnung.

Diese Sichtweise hat eine Tradition, die in ihrer Begrifflichkeit bis zu Bonaventura und Augustin zurückreicht und sich auf den Römerbrief berufen kann: „Denn was von ihm [sc. Gott, CA] unsichtbar ist, seine unvergängliche Kraft und Gottheit, wird seit der Erschaffung der Welt mit der Vernunft an seinen Werken wahrgenommen".[13] Das Buch der Natur erzählt damit dieselbe Geschichte wie das Buch der Offenbarung.[14] Allerdings kann die Metapher vom Buch der Natur erst dort aufkommen, wo sich die Abgrenzung gegenüber einer naturfeindlichen Gnosis zu einer eigenen Haltung verselbständigt. Während die Metaphorik auf Augustin und Bonaventura zurückgeführt werden kann, ist die Position selbst ausgesprochen nachaufklärerisch. Sie bedingt genau genommen, dass die Gottesvorstellung von der biblischen Offenbarung losgelöst werden muss, damit sie als damit identische in den Erkenntnissen der Naturwissenschaften wiedergefunden wer-

[12] Barbours vier Modelle der Beziehung von naturwissenschaftlichen und theologischen Lehren sind klassisch geworden. Neben der Integration identifiziert er Konflikt, Unabhängigkeit und Dialog, vgl. Barbour (2006).

[13] Röm 1,19.

[14] Zur Metaphorik des Buches siehe Blumenberg (1981).

den kann. So steht dahinter als *tertium comparationis* nicht eine christliche, sondern eine theistische Gottesvorstellung. Gott wird vorgestellt als das möglichst Allgemeine, das Prinzip des Lebens, der Dynamik oder der Inbegriff der Naturgesetze. Die Naturwissenschaft stellt so ebenfalls einen Weg zur Gotteserkenntnis dar und deren Ausübung entspricht sogar der wahren Frömmigkeit.

So formuliert Albert Einstein: „Ich glaube an Spinozas Gott, der sich in der Harmonie alles Bestehenden offenbart, nicht an einen Gott, der sich mit dem Schicksal und den Taten einzelner Menschen beschäftigt."[15] Entsprechend ist Einstein davon überzeugt, „dass wir die wahre Frömmigkeit [...] nur durch das Streben nach rationaler Erkenntnis erreichen."[16]

Gottes Wesen ist gekennzeichnet durch seine höchste Universalität, losgelöst von jeglicher kultureller Einfärbung – und was wäre universaler als die Gesetze, die auch die Natur bewegen? Die ontologische Version dieser Position finden wir bei Baruch Spinoza, der in seiner Ethik argumentiert, dass es nur eine unendliche Substanz geben könnte, denn mehrere Substanzen könnten nicht miteinander kausal interagieren.[17] Diese eine Substanz nennt er „Gott oder Natur". Alles was ist, ist eine Ausprägung Gottes, und wenn wir – so die moderne Variante dieses Spinozismus – die Strukturen und Gesetze der Natur erkennen, erkennen wir dadurch das Wesen Gottes.

Bei Werner Heisenberg heißt dies „die zentrale Ordnung", die sowohl im objektivierbaren Bereich der Wirklichkeit als auch im subjektiven Bereich wirksam sei: „In der Naturwissenschaft ist die zentrale Ordnung daran zu erkennen, dass man schließlich solche Metaphern verwenden kann wie ‚die Natur ist nach diesem Plan geschaffen'. Und an dieser Stelle ist mein Wahrheitsbegriff mit dem in den Religionen gemeinten Sachverhalt verbunden."[18] Es geht nicht mehr um den Planer, sondern der Plan nimmt die Stelle Gottes ein. Damit ist es nicht mehr nötig, hinter den kausalen Mechanismen eine göttliche Intentionalität zu postulieren, denn die Intention hat sich aufgelöst in Struktur und Determination.[19]

---

[15] Zitiert in Bresch (1990), 21–23, 23.

[16] Einstein (1952), 35.

[17] Spinoza (1999).

[18] Heisenberg (1969), 291.

[19] Daran ändert auch die Quantenphysik nichts. Mit Determination ist hier nicht gemeint, „es kann nur so herauskommen", sondern „es ist, wie es ist".

Naturwissenschaftler und -wissenschaftlerinnen, welche dieser Ansicht nahestehen, betrachten die Naturwissenschaft als ein Unternehmen, welches Einsicht in das Wesen der Dinge vermittelt. Gott als Schöpfer aller Dinge hat der Schöpfung im Schöpfungsakt seinen Stempel aufgedrückt, die Dinge der Natur können nicht anders als nach denjenigen Gesetzen funktionieren, die dem Wesen Gottes entsprechen. Diese Betrachtung ist aber auch umkehrbar: Gott muss dem entsprechen, was wir aus dem Studium der Natur erkennen. Dieser Gott der Naturgesetze ist dann entweder ein unpersönlicher, statischer Gott, welcher naturgesetzliche Notwendigkeiten exemplifiziert (so sehen ihn Einstein und Heisenberg) oder aber ein dynamischer und sich entwickelnder Gott, für den die Evolution (auch der Naturgesetze) charakteristisch ist und dessen Seinsweise vor allem durch Unabgeschlossenheit charakterisiert ist. Auf diese Art ist z. B. die Kosmologie und Theologie des britischen Mathematikers und Philosophen Alfred North Whitehead lesbar, und tatsächlich war er selber davon überzeugt, dass die Erkenntnisse der Naturwissenschaft direkte Konsequenzen für unser Denken über Gott und Welt haben sollten.[20]

Die Sicht von Offenbarung *in* der Evolution offenbart Einsicht in das Wesen Gottes. In der Untersuchung der evolutionären Prozesse in der Natur geschieht dies indirekt über die Erforschung des Lebendigen, in der Lektüre der biblischen Texte geschieht dies genauso indirekt in Erzählungen, nämlich über die Geschichte des Volkes Israel und die Lehre Jesu von Nazareth. Gemeinsam ist beiden Zugängen, dass Gott als Objekt menschlichen Erkennens und Wissens gedacht werden muss. Offenbarung ist auf beide Arten ein informationsvermittelndes Geschehen: Es geht bei beidem um einen Bestand an Aussagen über Gott und die Welt.

Damit konzentriert sich dieser Offenbarungsbegriff auf einen Aspekt, der zwar im Offenbarungsverständnis der christlichen Tradition auch vorhanden ist, nämlich den Inhalt der Selbst-, Welt- und Gotteserkenntnis, aber der dort nicht der vorherr-

[20] So kann Whitehead z. B. schreiben: „Die Kosmologie muss sowohl dem Atomismus [sc. der modernen Quantentheorie, CA], der Kontinuität, der Kausalität, dem Gedächtnis, der Wahrnehmung als auch qualitativen und quantitativen Formen der Energie und der Ausdehnung gerecht werden" und „Gott [darf, CA] nicht als eine Ausnahme von allen metaphysischen Prinzipien behandelt werden", Whitehead (1979), 437, 613. Er selber grenzt sich aber explizit von einer theistischen Philosophie ab und verweist für seine Gottesvorstellung auf den „galiläischen Ursprung des Christentums" (ebd., 613), also auf die Offenbarung in den biblischen Texten.

schende Aspekt ist. Daneben, mehr noch: *davor* musste und konnte die Offenbarung dort nämlich die Gottesgewissheit ermöglichen und begründen.[21] Im Offenbarungsgeschehen öffnet der Heilige Geist die Augen, so dass das über Gott Gewusste auch als Wahrheit erkannt und bekannt werden kann. In diesem Modell dagegen verengt sich der Offenbarungsbegriff auf ein Wissen von Gott, welches in unterschiedlichen Sprachen (der biblischen, der mathematischen oder der evolutionstheoretischen) ausgesagt werden kann.

2.2. Reicht dann nicht eine Sprache?

Solange Gott ein selbstverständliches und unhinterfragtes Element auch der naturwissenschaftlichen Weltsicht ist, ist diese Position fähig, Offenbarung und Evolution als sich überlappende, wenn nicht sogar gleichwertige Zugänge zur Gotteserkenntnis zu betrachten. Sie werden sich nicht in die Quere kommen, sondern in unterschiedlichen Sprachen dieselbe Geschichte erzählen, nämlich wer und wie Gott ist. Wo aber diese Selbstverständlichkeit wegfällt, ist es nur ein kleiner Schritt bis zum Versuch, den einen Zugang durch den anderen zu vereinnahmen. Der sogenannte „neue Atheismus“, wie er z. B. durch Richard Dawkins, Daniel Dennett und Pascal Boyer vertreten wird, beansprucht für die Naturwissenschaften, den einen umfassenden und prinzipiell vollständigen Zugang zur Wirklichkeit zu bieten. Offenbarung ist demgegenüber nicht nur unnötig, sondern sogar schädlich. Umgekehrt, aber strukturähnlich, vertritt der Kreationismus die Auffassung, dass es die Offenbarung ist, welche ebenso prinzipiell einen vollständigen Zugang zur relevanten und eben nur durch Offenbarung erkennbaren Wirklichkeit darstellt, und die Naturwissenschaften bestenfalls davon einzelne Details erhellen können.

Die implizite Voraussetzung dieser Position ist also, dass Welt- *und* Gotteserkenntnis idealerweise in einem kognitiv erfassbaren Wissen bestehen, und dass dazu bestenfalls zwei unterschiedliche Zugänge bestehen, man aber damit zu demselben Wissen kommt. Die beiden Bücher der Bibel und der Natur haben einen propositional fassbaren Inhalt, auch Offenbarung vermittelt ein fass- und formulierbares Wissen um Gott, von dessen Inhalt unabhängig von der jeweiligen „Leserin“ und vom Prozess des „Lesens“ sinnvollerweise gesprochen werden kann. Wo aber zwei Bücher dasselbe erzählen, liegt es nahe, dass eines davon überflüssig ist –

[21] Vgl. dazu Herms (1995), 146–210, 146ff.

zumal wenn das eine die Geschichte detaillierter und angeblich voraussetzungsärmer erzählt. Wenn zudem eine Sprache ausstirbt, so wie es die Religionskritiker für die religiöse Sprache vorhersagen oder zumindest wünschen, bleibt doch das darin Ausgesagte in der anderen Sprache bewahrt. Es heißt nur nicht mehr Gott, sondern Natur. Das Modell der Integration kann demjenigen des Konfliktes sehr nahe kommen, wie die Diskussion um den neuen Atheismus anschaulich zeigt.

3. Offenbarung neben der Evolution

Die nur auf den ersten Blick diametral entgegengesetzte Position besteht in der Auffassung, dass das Buch der Natur und das Buch der Offenbarung zwei verschiedene Bücher sind, die nichts miteinander zu tun haben. Beide sind in sich vollständige Zugänge zur Erkenntnis einer – wenngleich nicht derselben – Wirklichkeit. Mit „vollständig" ist gemeint, dass offene Fragen innerhalb des grundsätzlichen Paradigmas „Wissen" bzw. „Glauben" beantwortet werden können (und müssen), und dass innerhalb des einen Paradigmas nichts existiert, was den Menschen dazu bewegen würde, den Schritt vom einen zum anderen zu tun, weil das eine Denken ist und das andere Glauben. Es sind zwei unterschiedliche und inkommensurable Paradigmata im Sinne von Thomas Kuhn[22] oder zwei unterschiedliche Sprachspiele im Sinne Wittgensteins, die auch in unterschiedlichen Praxisbezügen beheimatet sind und insofern eine bestimmte Funktion haben.[23]

Zu den Vertretern dieser Position gehört der Evolutionsbiologe *Steven Jay Gould*, der in seinem Buch „Rocks of Ages" „two nonoverlapping magisteria"[24] identifiziert, d. h. zwei sich nicht-überlappende Herrschaftsbereiche der Religion und der Naturwissenschaft. Schon Immanuel Kant spricht davon, dass er „das Wissen beschränken [musste], um dem Glauben Platz zu machen."[25] Karl Barth vertritt dies aus theologischer Perspektive, wenn er in einem Brief an seine Nichte schreibt: „Hat euch im Seminar niemand

[22] Damit bezeichnet Kuhn die Menge von typischen Problemen und typischen Problemlösungen, die in einer Wissenschaftsgemeinde in einem bestimmten Zeitintervall diskutiert oder angewendet werden (vgl. Kuhn 1976). Inkommensurabel heißt, es gibt keine objektiven Kriterien für eine vergleichende Bewertung der beiden Paradigmata.
[23] „Ich werde auch das Ganze der Sprache und der Tätigkeiten, mit denen sie verwoben ist, das ‚Sprachspiel' nennen." (Wittgenstein 2001, § 7).
[24] Gould (1999).
[25] Kritik der reinen Vernunft, Vorrede zur zweiten Auflage, B XXX.

darüber aufgeklärt, dass man die biblische Schöpfungsgeschichte und eine naturwissenschaftliche Theorie wie die Abstammungslehre so wenig miteinander vergleichen kann wie, sagen wir: eine Orgel mit einem Staubsauger! – dass also von ‚Einklang' ebenso wenig die Rede sein kann wie von Widerspruch?"[26]

Die Naturwissenschaft wird hier als rein deskriptives, hypothetiko-deduktiv verfahrendes Unternehmen verstanden, bei dem die Mechanismen der Natur in der Sprache von Ursache und Wirkung erforscht werden sollen. Offenbarung betrifft demgegenüber den Bereich von Sinn, Ethik, Intentionalität und Transzendenz. Sie kann sowohl so verstanden werden, dass sie hierbei Informationen über Gott und/oder ein göttlich begründetes Werteuniversum übermittelt oder aber auch als Selbstoffenbarung Gottes gesehen werden. Ein Mensch kann problemlos beide Zugänge zur Wirklichkeit in seiner Existenz miteinander vereinbaren, weil es Zugänge zu unterschiedlichen Wirklichkeiten sind. Das eine betrifft die Erkenntnis „how to go to heaven", das andere die Erkenntnis „how the heavens go", wie es Galileo in Anlehnung an einen hochstehenden Kirchenmann formulierte.[27]

3.1. Schizophrenie oder folgenlose Irrelevanz?

In einer säkularisierten Welt allerdings, in welcher der Weg in den Himmel nicht mehr so relevant ist und Religion und Religiosität nicht mehr selbstverständlich Teil der eigenen Identität darstellen, wird dieser zweite Bereich der Ethik und der Intentionalität zunehmend der Philosophie übertragen.[28] Auch hier ist die Konsequenz, dass die religiöse Weltsicht überflüssig wird. Umgekehrt sind für einen entsprechenden innerreligiösen bzw. innertheologischen Diskurs die Erkenntnisse der Naturwissenschaften völlig irrelevant. Das ist nicht nur für Gläubige v.a. katholischer Provenienz (Theologen und Naturwissenschaftlerinnen mit eingeschlossen) schwer zu akzeptieren, sondern provoziert auch den Vorwurf der Schizophrenie: Wie kann ich als Mensch in *einer* Welt leben und denken, wenn ich ständig zwischen diesen zwei Wirklichkeiten hin und her wechseln muss?

Ironischerweise führt die auf den ersten Blick radikale Gegenposition zum Integrationsmodell, nämlich das Unabhängigkeitsmodell, in extremis zu ähnlichen Konsequenzen wie ersteres, näm-

[26] In einem Brief an Christine Barth, in Barth (2006), 291f.
[27] Zitiert aus Drake (1978), 440.
[28] So z. B. bei Richard Dawkins.

lich zur Irrelevanz des jeweilig Anderen für die für das eigene Leben als vorrangig betrachtete Weltsicht. Jürgen Hübner, der in seinen Ausführungen dieses Modell favorisiert,[29] gelangt schließlich allerdings auch zum Schluss, dass das „objektivierende Denken, das in sich selbst wertneutral und ateleologisch, richtungsneutral ist, und das macht seine natürliche Eigengesetzlichkeit aus, (...) erst im Bereiche der Anwendung seiner Erkenntnisse die Qualifikation [erfährt], die den Menschen in seiner Existenz trifft und dann auf die Sinnfrage verweist. (...) So wurzelt zwar auch das objektivierende Denken als eine Weise ihres Vollzuges in der menschlichen Existenz. Die ihm eigene Selbständigkeit wird jedoch dirigiert von der Bestimmtheit dieser Existenz, die außerhalb dieses Denkens liegt."[30] Er spricht dabei von einem „Paradox"[31] und kommt dabei demjenigen, was hier dann im letzten Typus beschrieben werden soll, sehr nahe.

4. Offenbarung aus der Evolution

Diese Position ähnelt zunächst dem Integrationsmodell insofern, als die naturwissenschaftliche Betrachtung der Naturprozesse der Denkmöglichkeit Gottes nicht entgegensteht.[32] Wo aber im Integrationsmodell damit auch alles über Gott gesagt ist, weist in diesem Modell die Naturerkenntnis, wenn sie denn ernsthaft und fortgeschritten genug ist, über sich hinaus und ruft sozusagen nach einer Ergänzung außerhalb ihrer selbst.

Das heißt in diesem Fall: Aus der unvoreingenommenen Betrachtung der Evolution heraus wird man notwendigerweise in einem zweiten Schritt zur Offenbarung geführt. Aus dem Staunen über die Wunder der Natur kommt man zur Überzeugung, dass das nicht alles sein kann.

So kann z. B. Teilhard de Chardin Evolution als Offenbarung betrachten, dies allerdings nur, weil er erkenntnistheoretisch den umgekehrten Weg geht, nämlich von der Offenbarung aus zur Betrachtung der evolutionären Naturprozesse. Er skizziert zwar

[29] Vgl. Hübner (1966), 241ff.
[30] Ebd., 299.
[31] Ebd., 296, 299.
[32] Barbour zählt denn auch beide Zugänge (bei ihm als „natürliche Theologie" und „Theologie der Natur" bezeichnet) zum Integrationsmodell (vgl. Barbour 2006, 141ff). Es scheint mir allerdings sinnvoll, hier zu differenzieren, da Offenbarung in diesem Fall eben gerade nicht restlos in die naturwissenschaftliche Erkenntnis integrierbar ist.

Grundgesetze der Evolution (Verflechtung, Verinnerlichung, Differenzierung, Personalisierung, Amorisierung, Irreversibilität), die dann auf eine Orthogenese verweisen sollen. Die Evolution hat eine Richtung – und das wirft dann die Frage nach dem Wohin auf. Bei Teilhard de Chardin ist dies bekanntlich der Punkt Omega. Aber dass dieser Punkt Omega ein Punkt ist, auf den alles zuläuft und dass dieser letztlich mit dem kosmischen Christus zusammenfällt, dies hat Teilhard de Chardin nicht aus der Betrachtung der Natur, sondern aus seinem Glauben an die biblische Offenbarung.[33]

Die Evolution ist für ihn Stütze, Verstärkung und Erweckungskraft der Offenbarung,[34] und umgekehrt ist die Offenbarung (bei ihm die Idee des Christus Universalis) dasjenige, was „die Idee der Evolution vor sich selbst“,[35] nämlich vor ihrer metaphysischen Verabsolutierung, schützt. Durch die „Erziehung der Augen“ lernt man, Gott überall zu sehen, man sieht dann nämlich das Durchscheinen Gottes im Universum, der „sich euch durch die ungeheuren Schichten des Geschaffenen hindurch überall fassbar und wirkend“ zeigt.[36] Diese Erziehung muss aber zum quasi ungeschulten Auge des Naturwissenschaftlers hinzukommen, damit er lernt, „Gott in und durch das in Evolution befindliche Universum hindurch [zu] lieben“.[37]

Diese Sichtweise berührt sich mit dem Denken eines anderen Biologen, nämlich Adolf Portmann, der über seine wissenschaftliche Arbeit hinaus argumentierte, wer nur das Funktionieren der Einzelteile in den Blick nehme, verpasse die Gestalt, die Ganzheit, und damit das Eigentliche der Organismen. Dies aber könne nur in der Perspektive der wissenden Liebe[38] gesehen werden, die allerdings für Portmann mitnichten eine spezifisch christliche Perspektive war.

Aber letztlich ist es auch dasjenige, was das Vaticanum I lehrt: „Die Kirche hält fest und lehrt, dass Gott, der Ursprung und das Ziel aller Dinge mit dem natürlichen Licht der menschlichen Ver-

---

[33] So sieht er seine Ausführungen explizit als Beiträge zu einer „fides quaerens intellectum“, bzw. als „praesentire cum Ecclesia“, vgl. Teilhard de Chardin (1972), 207f.

[34] Ebd., 215.

[35] Ebd., 109.

[36] Teilhard de Chardin (1966), 21.

[37] Teilhard de Chardin (1972), 222.

[38] „Wissende Liebe, so möchte ich die Antriebskraft nennen, welche das Sagen und Hören und das gemeinsame Verschaffen dieser Tagung bewegt. Wir weben alle mit an einem Bilde, an einem Sinngefüge, in dem die Kräfte der Einbildung mit denen des Verstandes wie Zettel und Einschlag das Ganze zu verwirklichen suchen.“, Portmann (2000), 153.

nunft aus den geschaffenen Dingen gewiss erkannt werden kann. (…) Jedoch ist die Offenbarung nicht aus diesem Grund unbedingt notwendig zu nennen, sondern weil Gott aufgrund seiner unendlichen Güte den Menschen auf ein übernatürliches Ziel hinordnete, nämlich an den göttlichen Gütern teilzuhaben, die das Erkenntnisvermögen des menschlichen Geistes völlig übersteigen."[39]

Der Unterschied zwischen dem „Offenbarung *in* der Evolution" und „Offenbarung *aus* der Evolution" entspricht dogmatisch gesehen dem Unterschied zwischen natürlicher Theologie und Theologie der Natur. Ersteres knüpft die Gotteserkenntnis nahtlos an die Naturerkenntnis an und identifiziert, wie oben ausgeführt, die Strukturen der Naturprozesse mit den Wesenseigenschaften Gottes. Letzteres verweist darauf, dass zusätzlich zur Erkenntnis aus der Natur eine Offenbarung kommen müsse, welche diese Erkenntnis allererst auf Gott hin lesbar macht. Christlich gesprochen: Die Offenbarung in Christus ist unabdingbar, denn erst von hier aus sieht man die Offenbarung des Schöpfergottes auch in den Entwicklungsprozessen der Natur.

4.1. Evolution als Wegbereiterin der Offenbarung?

Damit wird die Naturwissenschaft als vorläufig und ergänzungsbedürftig betrachtet, jedenfalls was ihre metaphysische Aussagekraft anbelangt. Sie ist die „ancilla theologiae" – und wenn man dieses Wort des Kardinals Petrus Damiani (1007–1072) so auf die Naturwissenschaften ummünzen will, dann müssten dieser auch das Haar (ihre Theorien) und die Nägel (ihre abergläubischen Werke) beschnitten und die alten Kleider (ihre heidnischen Mythen) genommen werden.[40] Umgekehrt kann hier durchaus im kantischen Sinne offen bleiben, ob sie der Theologie die Schleppe hinterher oder ihr die Fackel vorausträgt,[41] d. h. ob sie nachträglich das Gotteslob mit Details über die faszinierende Schöpfung ausstattet oder vorgängig den Boden für das Bekenntnis zum Schöpfergott bereitet.

Die Offenbarung auf der anderen Seite kann auch hier immer noch instruktionstheoretisch verstanden werden,[42] sie vervollständigt einen Bestand an Aussagen über das Göttliche. Dieses Göttliche sodann nicht als das ganz Andere verstanden, sondern als

---

[39] Denzinger/Hünermann (1991), 3004, 3005.
[40] Vgl. Damiani (1943).
[41] Vgl. Kant I., Der Streit der Fakultäten, A 26.
[42] S.a. Bongardt (2005), 83.

eine Verlängerung des Natürlichen, im Sinne von Thomas von Aquins Dictum, dass die Gnade die Natur nicht aufhebt, sondern vollendet.[43]

4.2. Evolution als Königinnenmörderin?

Auch diese Position ist vor allem in einer Zeit plausibel, in der die Realität Gottes nicht bezweifelt wird und die Naturwissenschaften zur Ehre Gottes betrieben wurden. Heute, da gerade dies nicht mehr einmal strittig ist, sondern die Eigengesetzlichkeit der Naturwissenschaften für selbstverständlich gehalten wird, ist eine solche Sicht wenig plausibel – und wenn, dann auch hier nur für diejenigen, für die es von Anfang an „mehr“ gibt. Die Magd der Theologie hat sich längst verselbständigt, hat die Königin gestürzt und sich in einem relativ unauffälligen Staatsstreich selber auf den Thron gesetzt.

Es ist allerdings auffällig, dass sich im Umfeld des Diskurses über „science and religion“, wie er sich vor allem in den angelsächsischen Ländern zeigt, diese Position der Zuordnung großer Beliebtheit erfreut. Das erstaunt nicht, wenn man bedenkt, dass es vor allem Leute mit einer vorgängigen und existenziellen Offenheit für Religion sind, für die dieser Diskurs eine große Relevanz hat. John Polkinghorne und Ian Barbour, zwei der einflussreichsten Vertreter dieses Diskurses, sind sowohl Physiker als auch Theologen. „Harte“ Naturwissenschaftler stehen diesem Thema eher gleichgültig gegenüber oder wenden sich, wenn überhaupt, lediglich gegen (vermeintliche oder tatsächliche) Übergriffe seitens religiöser Gemeinschaften.

Wenn aber diese Position auch solche überzeugen will, die nicht immer schon dieser Meinung waren, wird die Gefahr groß, dass man sich zu deren Plausibilisierung auf die Lücken in den naturwissenschaftlichen Erklärungen konzentriert. Diese gibt es natürlich – es wird allerdings sehr strittig bleiben,[44] ob solche Lücken mit naturwissenschaftlichen oder religiösen Erklärungen gefüllt werden sollen.

---

[43] „Cum enim gratia non tollat naturam, sed perficiat, oportet quod naturalis ratio subserviat fidei“, Thomas von Aquin, Summa Theologiae I, q. 1 art. 8, ad 2.

[44] Diese Frage bleibt meist im konkreten Fall auch unentscheidbar, weil nämlich von den beiden Seiten nicht dieselben Anforderungen an mögliche Antworten gestellt werden.

5. Offenbarung trotz der Evolution

Wenn in einer säkularen Zeit die Zuordnung von Offenbarung und Evolution – oder genereller: von einer Weltsicht mit und einer ohne Gott – geklärt werden soll, dann bleiben meiner Ansicht nach in den ersten drei Modellen zu viele Fragen offen. Entweder können sie den Naturwissenschaften (Bonhoeffers „Mündigkeit der Welt") oder der Theologie (dem christlichen Bekenntnis zum welterschaffenden Schöpfergott) nicht gerecht werden. So schlage ich also ein viertes Modell vor, das aus den topologischen Zuordnungen ausbricht: weder *in* noch *neben* noch *aus*, sondern *trotz*!

Trotz der Tatsache, dass die allermeisten Evolutionsbiologinnen und -biologen auch angesichts noch zahlreicher offener Fragen keinen Grund sehen, in ihrem Erklärungssystem auf göttliche Einwirkung zu rekurrieren, *trotz* der Tatsache, dass viele Menschen auch ohne religiös (und gar christlich) „musikalisch" zu sein,[45] ein erfülltes und moralisch hochstehendes Leben führen können, *trotz* des hier auch gar nicht bestrittenen Anspruches, dass auch andere Paradigmen als das religiöse eine befriedigende Selbst- und Welterkenntnis leisten können – *trotz* alledem hält die Theologie als die zwar immer wieder auch selbstkritische, aber grundsätzlich sich dazu bekennende Reflexion von Offenbarung und Glaube daran fest, dass das Geschehen von Offenbarung in seinem das Was und das Wie umfassenden Anspruch alle anderen Paradigmata und Erkenntnisperspektiven in sich aufhebt und überbietet.

5.1. Die Vollständigkeit der naturwissenschaftlichen Welterklärung

Die Theorie der Evolution stellt die gegenwärtig unbestreitbar überzeugendste naturwissenschaftliche Theorie des Entstehens von Leben dar. Es ist sinnvoll und für bestimmte Fragestellungen sehr fruchtbar, diese Perspektive auf das Leben, d. h. auf natürliche wie auch kulturelle Vorgänge, einzunehmen, und es ist zumindest nicht unvernünftig, diese Perspektive mit dem Verweis auf „Occam's razor" für die einzig nötige und vollständige zu halten. Die meisten Naturwissenschaftler und -schaftlerinnen sind sich aber einig, dass mit Aussagen über die Möglichkeit bzw. Unmöglichkeit von Glaube und Religion die Zuständigkeit einer naturwissenschaftlichen Theorie überschritten ist.

---

[45] So die Wiederaufnahme einer glücklichen Metapher Max Webers durch Jürgen Habermas.

„Vollständigkeit" bedeutet hier nicht, dass schon alles erkannt und entdeckt sei, sondern dass es widerspruchslos möglich und im Rahmen naturwissenschaftlicher Forschungen sogar geboten ist, offene Fragen im Rahmen des evolutionären Paradigmas beantworten zu wollen. Auch Phänomene wie Ethik, Emotionen, Kunst oder Religion, ja sogar Selbstbewusstsein und Subjektivität können als evolutionär wirksame Erscheinungen untersucht und bestimmt werden. Das Gegenargument, diese Phänomene würden so gerade nicht in ihrer Komplexität wahrgenommen, sondern auf ihre Beschreibbarkeit reduziert, überzeugt nur diejenigen, welche hier von vornherein von einem Überschuss des Phänomenalen ausgehen bzw. daran festhalten, dass es Fragen und Konzepte gibt, die innerhalb der Naturwissenschaft sinnlos sind.[46]

Es ist aber durchaus möglich und intellektuell redlich, was die Fragestellung „Evolution – Offenbarung" anbelangt, in der Beobachterperspektive zu bleiben und darüber hinaus eine agnostische Haltung einzunehmen. Oder – wenn man sozusagen „von Hause aus" eine Beziehung zu Religion und/oder Kirche hat – man löst das Problem mit der Position „Offenbarung neben Evolution", d. h. „Ich bin Naturwissenschaftler … und ich bin daneben noch gläubiger Christ."

Ich meine allerdings trotz alledem, dass jedenfalls die Theologie demgegenüber einen darüber hinausgehenden realistischen Anspruch haben müsste, nämlich dass sie eine umfassendere Perspektive einzunehmen hat, von welcher aus die naturwissenschaftliche Perspektive ihrerseits als Abstraktion erkannt wird. Die Argumente dafür sind weder evolutionsbiologisch noch theologisch, sondern von erkenntnistheoretischer Art.

Dazu ist es hilfreich, den Anspruch und die Perspektive der unterschiedlichen Zugänge zu betrachten.

5.2. Was will und kann die Evolutionstheorie?

Die Evolutionstheorie besteht aus einem Bündel von Theorien und Synthesen, welche versuchen, Vorgänge in der Natur (und manchmal auch in der Kultur) im Rahmen eines bestimmten Paradigmas und formuliert vor dem Hintergrund bestimmter Vorkenntnisse, d. h. vor dem Hintergrund eines bestimmten Denk- und Sprachstils zu systematisieren.

Diese Einschränkung ist keinesfalls abwertend gemeint, auch nicht dort, wo es die kreativen Versuche betrifft, die große Synthe-

[46] Vgl. dazu Metzinger (2003) als einen allerdings sehr eindrücklichen Versuch, genau solchen Gegenargumenten zu begegnen.

se von Evolutionstheorie, Genetik und Entwicklungstheorien noch um Kultur- und Religionstheorien zu erweitern. Ihrem Anspruch nach umfassen solche Theorien den Menschen sowohl in seiner Körperlichkeit und Geistigkeit, als auch in den Grundlagen seiner subjektiv erfahrbaren Leiblichkeit[47] und seiner Kognition und Emotionalität, inklusive seiner Religiosität.

Die Systematisierung der Wirklichkeit anhand evolutionärer Kategorien führt zu Wissen über die Entstehung der Arten, der Vielfalt des Lebens und des Menschen als Tier. Diese Perspektive nimmt die Funktionen und Mechanismen aus der Sicht des unbeteiligten Beobachters in den Blick, und dies in der Sprache von Kausalmechanismen und unter Absehung von Subjektivität und Personalität.

Dort wo diese Sichtweise allerdings mehr sein will als eine mögliche, wenn auch fruchtbare Beschreibung von dynamischen Prozessen im Rahmen eines bestimmten Paradigmas, wird sie zum Evolutionismus, der über einen hypothetischen Realismus hinaus in eine Naturphilosophie oder gar Naturmetaphysik übergeht. Dies geschieht dort, wo Evolution sich anschickt, die Rolle der Offenbarung zu übernehmen bzw. diese für überflüssig zu erklären. Sie muss dann auch deren Anspruch erfüllen, nämlich letztgültige *Wahrheiten* über Gott und den Menschen auszusagen und darüber hinaus deren Überzeugungskraft zu garantieren.

So kann die naturwissenschaftliche Perspektive zwar für sich beanspruchen „vollständig" zu sein, nämlich zu erkennen, dass es „auch für diese Fragen [sc. von Tod, Leiden und Schuld, CA] menschliche Antworten gibt, die von Gott ganz absehen können. Menschen werden faktisch – und so war es zu allen Zeiten – auch ohne Gott mit diesen Fragen fertig."[48] Aber sie kann dies als Theorie lediglich hypothetisch tun.

5.3. Was will und kann Offenbarung?

Biblische Texte sprechen selten von Offenbarung, umso mehr von Erfahrungen, die in der Reflexion als Begegnungen mit Gott erfahren werden. Offenbarung ist also ein theologischer Begriff, der dazu dient, einem Zugestoßenes im Rahmen von vorgegebener Tradition und Begrifflichkeit einzuordnen und für die eigene Selbst- und Weltdeutung fruchtbar zu machen.

---

[47] Vgl. z. B. dazu die mittlerweile unübersehbar angewachsene Auseinandersetzung zum Thema Geist und Gehirn.
[48] Bonhoeffer (1980), Brief vom 25.5.1944, 155.

Im deutschen Sprach- und Denkraum hat sich dazu in der Auseinandersetzung mit dem philosophischen Positivismus und den empirischen Wissenschaften ein Verständnis von Offenbarung durchgesetzt, das „die Zumutung aus[schließt], Lehren – als offenbarte – für wahr halten zu wollen, die man doch noch nicht als Wahrheit denken kann."[49] Offenbarung ist damit nicht identisch mit dem Sachgehalt der Aussagen der Offenbarungsurkunden, sondern umfasst das zur Anerkennung von dessen Wahrheit führende Verstehen des biblischen Zeugnisses selber. Gott offenbart nicht etwas, sondern sich selbst in der überwältigenden Kraft seines Geistes, und dies geschieht nicht im luftleeren Raum, sondern für den hier und jetzt glaubenden Menschen in der Situation seiner konkreten Existenz. Nicht Wissen über Gott a-se, sondern die Erfahrung Gott pro-me begegnet in einem Offenbarungsgeschehen, welches das glaubende Subjekt[50] dazu befähigt, sich selber in unbezweifelbarer Gewissheit[51] in seiner beziehungsgewirkten Existenz vor Gott zu erkennen.[52]

5.4. Scheinbare Gemeinsamkeiten

Etwas „als Offenbarung" zu verstehen, bedeutet demzufolge die nachträgliche Reflexion dessen, was man erfahren hat. Es ist ein „Erschließungsgeschehen", wie es Reinhold Bernhardt in seinem ersten Beitrag[53] in diesem Band formuliert hat. Ist nicht auch Evolutionstheorie ein Erschließungsgeschehen, vor allem vor dem Hintergrund von Dobzhanskys Diktum: „Nothing makes sense in biology, except in the light of evolution"?[54]

Etwas „als Evolution" verstehen ist auch eine nachträgliche Reflexion und ebenfalls gedankliche Ordnung und Kategorisierung dessen, was geschehen ist oder – daraus extrapoliert – geschehen wird. Beides ist also der Beobachtung bzw. der Erfahrung nachgängiges, reflektives, konstruktives Interpretament, und sowohl die theologische Reflexion geschieht vor dem Hintergrund eines Vorgegebenen, nämlich der Tradition der biblischen Texte und

---

[49] Herms (1995), 193.

[50] Das zugleich Objekt des Offenbarungsgeschehens ist, indem es sich nicht als Urheber dieses Geschehens verstehen kann.

[51] Damit ist nicht Sicherheit gemeint.

[52] Dies meint nicht theoretische Erkenntnis, sondern praktische Erkenntnis. Zum Unterschied vgl. Fischer (1989).

[53] Evolution der Offenbarung – Offenbarung der Evolution, 17–26.

[54] So der Titel eines Essays von Theodosius Dobzhansky von 1973 (publiziert in American Biology Teacher, vol 35, 125–129).

ihrer Interpretation, wie auch die biologische Reflexion, nämlich dem Vorwissen, der existierenden Sprache und dem herrschenden Denkstil.

5.5. Unterschiede

Im Verständnis von Offenbarung als Selbstoffenbarung Gottes zeigt sich allerdings schon ein grundsätzlicher Unterschied zwischen dem Wissen *von etwas* und der Begegnung *mit jemandem*. Letzteres nimmt uns als erlebende Subjekte mit hinein und verändert uns dadurch. Wir haben es nicht mehr „im Griff" – umso weniger noch, wenn die reformatorische Tradition den Geschenkcharakter dieser Begegnung betont. Es widerfährt uns und nimmt uns in dieser Erfahrung mit hinein in ein Geschehen, das wir ohne unsere existentielle Beteiligung nicht beschreiben können.

Michael Bongardt beginnt seine „Einführung in die Theologie der Offenbarung" mit dem Satz: „Gott, wenn es ihn gibt, ist kein Konstrukt des Menschen."[55] Offenbarung verweist notwendigerweise auf ein *extra nos*, auf etwas außerhalb unserer selbst. Aber von Offenbarung erzählen können wir nur *pro me*, nur von dem, was mich getroffen und ergriffen hat. Dieses Geschehen betrifft nicht unsere Interpretation der Phänomene, hier trifft uns aber auch nicht das Noumenon, d. h. das kantische Ding an sich, sondern uns als Seienden begegnet der Grund allen Seins. Dies beansprucht nicht nur, hypothetischer Realismus zu sein, sondern es ist die Begegnung mit der Essenz von Realität überhaupt.

Offenbarung ist also so verstanden nicht ein mehr oder weniger notwendiges Konzept von Religiosität, kein subjektives Gefühl, sondern die nachträgliche, theologische Reflexion einer Erfahrung und die systematische Einbettung dieser Erfahrung in etwas Vorgegebenes: „die Erfahrung mit der Erfahrung",[56] d. h. die Interpretation von Erfahrungen *als* etwas, nämlich als Begegnung mit dem lebendigen Gott und damit die Grundierung dessen, der erfährt im Grund des Seins.

Das heißt aber keinesfalls, dass solche Erfahrungen auf andere Weise unerklärbar wären. Zum Offenbarungsgeschehen gehört, dass es zwar für den von der Offenbarung Überwältigten eine eindeutige Zuordnung erzwingt, für den außenstehenden Beobachter aber ambivalent bleibt. Exemplarisch ist hier die Auferstehungsgeschichte. Während wir bei Markus lesen, dass die Frauen nach

[55] Bongardt (2005), 9.
[56] So Jüngel (1977), XIII, s.a. 40f.

der Begegnung mit dem auferstandenen Jesus „starr vor Angst und Entsetzen“ waren und niemandem etwas davon erzählten (Mk 16,8), laufen sie bei Matthäus zwar voller Furcht, aber auch mit großer Freude davon, um es den Jüngern zu berichten (Mt 28,8). Bei Lukas eilt Petrus auf diese Nachricht davon, um es sich selber anzuschauen und geht angesichts des leeren Grabes „voller Verwunderung“ nicht etwa zu den Jüngern zurück, um es diesen zu erzählen, sondern nach Hause (Lk 24,12).

Will man nicht, um eine wörtliche Inspiration und Tatsachenwahrheit biblischer Texte zu retten, mehrere Grabbesuche postulieren, zeigt dies, dass es den ersten Autoren schon darum ging, dass die Vieldeutigkeit der Interpretationsmöglichkeiten keine Widerlegung darstellt. Nimmt man zudem den Anspruch ernst, dass es hier nicht um Seiendes, sondern um den Grund allen Seins geht, der die hörende Person in ihrem Sein und Erkennen erfasst, dann zeigt sich, dass diese Geschichte einen ultimativen Realitätsanspruch beinhaltet, demgegenüber jede menschliche Perspektive eine Verobjektivierung, und damit eine Abstraktion darstellt.

5.6. Vom „trotz“ zum „aus“

Dieser Ansatz, Offenbarung trotz der Evolution, führt dann sekundär zum anderen, Offenbarung aus der Evolution. *Wenn* Gottes Schöpfertum erkannt, offenbar wird, *dann* wird dieses auch in der Natur, in der Evolution gesehen. Nicht weil die Betrachtung selber dazu führen würde oder weil dort plötzlich die Naturgesetze durchbrochen würden. Sondern gerade in den Naturgesetzen und durch die Naturgesetze offenbart sich Gott. Dies nicht, weil in der Natur, der Evolution, etwas über sich hinausweisen würde, sondern weil im Licht der Offenbarung das Ganze in einer anderen Realität – in der Realität schlechthin – verankert wird. Die Naturwissenschaft bzw. Evolutionstheorie kann damit als Abstraktion von der konkreten Existenz und als heuristisches Instrument einer Beschreibung von Phänomenen in sich kohärent und vollständig erscheinen.

Offenbarung auf der anderen Seite heißt Selbstoffenbarung Gottes in der Begegnung. Es ist die Einbettung dessen, des man sich bemächtigen kann, in ein Beziehungsgeflecht, von dem man ergriffen ist. Man selber wird dadurch zum anderen; aber es sind die Voraussetzungen, nicht die Inhalte, welche sich ändern.

Diese Sichtweise ändert nichts an der Weise, Naturwissenschaft zu treiben, wohl aber an der Art, wie man ihre Resultate einbettet in das individuelle, soziale und politische Leben. Der Weg, Naturwissenschaften als den Königsweg zur Wirklichkeit zu sehen, ist dann verbaut. Die Beobachterperspektive ist eine abgeleitete Möglichkeit der Existenz. Der Mensch kann sich als Er bzw. als Sie verstehen, der sich selber und seine Umwelt verobjektivieren kann. Aber diese Möglichkeit besteht nur, weil der Mensch zuerst ein Ich ist. Man kann versuchen, dieses Ich-Sein in seiner evolutionären oder neuronalen Genese herzuleiten, d. h. auch hier in rein naturwissenschaftlicher Begrifflichkeit auf sein Er- bzw. sein Es-Sein zurückzuführen. Aber auch damit wird lediglich sozusagen die Außenseite des Ich-Seins erreicht, nicht aber Subjektsein selber, welches jeder Perspektiveneinnahme vorangeht. Die biblische Offenbarung beinhaltet, dass der Mensch ein Ich nur ist, weil er in der Anrede Gottes als Du erschaffen wurde.

Dass dies nur demjenigen einleuchtet, der diese ich-schaffende Anrede am eigenen Leibe erfahren hat,[57] ist Teil der Ambivalenz, welche dem Offenbarungsgeschehen eigen ist. Dass hingegen trotz dieser Ambivalenz, trotz der anerkannten Mündigkeit der Welt und trotz dem Eigenrecht und der Vollständigkeit der naturwissenschaftlichen Weltsicht aus der Offenbarung heraus alles andere als menschliche Möglichkeit, und das heißt, letztlich als Abstraktion erkannt wird, gehört zur gelassenen Gewissheit, in welcher theologischerseits ernsthaft über Paradigmen *etsi Deus non daretur* nachgedacht werden kann.

Literatur

Barbour I. (2006), Wissenschaft und Glaube, Göttingen 2006².

Barth K. (2006), Briefwechsel 1930–1968, Gesamtausgabe, Abt. V, Zürich 2006.

Blumenberg H. (1981), Die Lesbarkeit der Welt, Frankfurt/Main 1981.

Bongardt M. (2005), Einführung in die Theologie der Offenbarung. Darmstadt 2005.

Bonhoeffer D. (1980), Widerstand und Ergebung, Gütersloh 1980¹¹.

[57] Dies braucht keine so theatralische Konversion zu sein wie bei Saulus/Paulus (Apg 9), sondern kann sich auch einfach als unumstößliche Gewissheit manifestieren.

Bresch C. (1990), Einführung: Die alte und die neue Offenbarung der Schöpfung, in Bresch C./ Daecke S.M./ Riedlinger H. (Hg), Kann man Gott aus der Natur erkennen?, Freiburg 1990.

Damiani P. (1943), De divina omnipotentia, Firenze 1943.

Denzinger G./ Hünermann P. (1991), Kompendium der Glaubensbekenntnisse und kirchlichen Lehrentscheidungen, Freiburg u. a. 1991[37].

Drake St. (1978), Galileo at Work. His scientific biography, Chicago 1978.

Einstein A. (1952), Aus meinen späten Jahren, Stuttgart 1952.

Fischer J., Glaube als Erkenntnis. Zum Wahrnehmungscharakter des christlichen Glaubens, München 1989.

Fleck L. (1935), Entstehung und Entwicklung einer wissenschaftlichen Tatsache. Einführung in die Lehre vom Denkstil und Denkkollektiv, Basel 1935.

Gould St.J. (1999), Rocks of Ages: Science and Religion in the Fullness of Life, New York 1999.

Heisenberg W. (1969), Der Teil und das Ganze, München 1969.

Herms E. (1995), Art. „Offenbarung V", TRE Bd. 25.

Hübner J. (1966), Theologie und biblische Entwicklungslehre, München 1966.

Jüngel E. (1977), Gott als Geheimnis der Welt, Tübingen 1977.

Kuhn Th. (1976), Die Struktur wissenschaftlicher Revolutionen, Frankfurt/Main 1976[2] (orig. 1962).

Levy N. (Hg) (2010), The International Library of Essays on Evolutionary Thought, Ashgate 2010ff.

Metzinger Th. (2003), Being No One: The Self-Model Theory of Subjectivity, Cambridge MA/London 2003.

Portmann A. (2000), Biologie und Geist, Göttingen 2000[3].

Spinoza B. (1999), Ethik in geometrischer Ordnung dargestellt, Hamburg 1999.

Teilhard de Chardin P. (1966), Das Göttliche Milieu, Olten 1966[6].

Teilhard de Chardin P. (1972), Mein Glaube, Olten 1972.

Whitehead A.N. (1979), Prozess und Realität, Frankfurt/Main 1979 (orig. 1929).

Wittgenstein L. (2001), Philosophische Untersuchungen, Frankfurt/Main 2001 (orig. 1953).

Die Macht der Evolution und die Ohnmacht der Offenbarung

Das heterotope Indizierungsdefizit der Schöpfung

von Hans-Joachim Sander

Für Meister Eckhart gibt es drei Bedingungen, um den Eigenschaften der göttlichen Natur teilhaftig zu werden: die Nacktheit der Seele, ein reines Herz und die Freiheit vom „Nicht". Eine Seele, die nackt ist, gönnt dem unbekannten Menschen jenseits des Meeres so viel Gutes wie den Menschen, die ihr selbst nahe stehen. Das reine Herz ist etwas, „das alle Geschöpflichkeit zunichte gemacht hat." Diese beiden Bedingungen sind zwar nicht selbstverständlich, aber sie sind noch einigermaßen erfüllbar. Aber die dritte Größe, die Freiheit vom „Nicht", stellt an einen Theologen außerordentlich hohe Anforderungen. Der Meister sagt dazu: „Drittens musst du frei sein vom ‚Nicht'. Man fragt, was in der Hölle brennt. Die Meister antworten alle: das tut der Eigenwille. Ich aber sage wahrheitsgemäß, daß das ‚Nicht' in der Hölle brennt. Höre dazu ein Gleichnis: Man nehme ein glühende Kohle und lege sie auf meine Hand. Würde ich nun sagen, die Kohle brenne meine Hand, so täte ich ihr sehr unrecht. Soll ich genau sagen, was mich brennt? Es ist das ‚Nicht', denn die Kohle hat etwas in sich, was meine Hand *nicht* hat. Seht, eben dieses ‚Nicht' brennt mich. Hätte meine Hand all das in sich, was die Kohle ist und leisten kann, dann hätte sie ganz und gar die Natur des Feuers. Nähme einer dann alles Feuer, das je gebrannt hat, und schüttete es auf meine Hand, es könnte mich nicht schmerzen. Ebenso sage ich: weil Gott und alle, die Gott anschauen, im seligen Zustand etwas in sich haben, was jene nicht haben, die von Gott getrennt sind, deshalb peinigt dieses ‚Nicht' die Seelen in der Hölle mehr als Eigenwille oder irgendein (wirkliches) Feuer. Ich sage wahrheitsgemäß: soviel dir vom ‚Nicht' anhaftet, so weit bist du unvollkommen. Deshalb (sage ich): wollt ihr vollkommen sein, dann müßt ihr vom ‚Nicht' frei sein."[1] Wer also die Hölle vermeiden will, sollte

[1] Predigt 5b: „In hoc apparuit caritas Dei in nobis" zu 1 Joh 4,9, in Meister Eckhart (1958), 88–90, 450, Übersetzung zit. n. Mieth (2008), 122–123.

das „Nicht“ vermeiden. Das ist aber für einen Theologen ziemlich schwer, weil das kleine Wort „nicht“ zu den Lieblingsworten in der Theologie gehört. Es ist vor allem in der Offenbarungstheologie zentral. Ohne das „nicht“ ist keine Theologie der Abwesenheit Gottes zu machen, die so wichtig in der theologischen Tradition ist und die zu außerordentlichen sprachlichen Verdichtungen im Ansagens ihrer Wahrheiten führt.[2]

Die Sache mit dem „Nicht“ trifft das Thema Evolution und Offenbarung an einem neuralgischen Punkt. Das Thema ist voll gestellt mit mehr oder minder verlockenden Argumenten, was die Evolution alles nicht hat, was aber die Offenbarung hat, was der Evolutionslehre alles mangelt, was die Offenbarungslehre dagegen auszeichnet, was für Irrwegen evolutionäre Wissenschaften bereits aufgesessen sind, was Theologien der Offenbarung dagegen vermeiden.[3] Alle diese Argumente *nicht* aufzugreifen, ist gar nicht so leicht. Die Kohlen naturwissenschaftlicher Erkenntnisse brennen seit Beginn der Neuzeit auf der Hand der Theologie – und sie schmerzen. Aber Meister Eckhart zufolge hilft das nichts.[4] Ich muss dieses Nicht nichten. Erst dann ist der Weg frei hin zu Gott. Das verlangt nach der Überwindung eines klassischen Duopols.

---

[2] „However, as a long and important traditions [sic] of Christian theology has shown, God's revelation means precisely that God *makes himself absent as God in a distinctive and determinative way:* God reveals his presence *sub contrario* by becoming present as absent on the cross of Jesus, and absent as present in the resurrection of Jesus Christ. Accordingly, the sense of God's *presence* is not denial or negation of God's absence but, on the contrary, a sense of *God's* presence is possible only because of it: Only because God is absent (i.e. cannot be identified) in a worldly way, God can be acknowledged in the world to be present *as God*. Similarly, the sense of God's absence is not merely an indication of human limitation and incompetence, but rather a way of becoming aware of the presence of God *as God*: By becoming present in the world as absent, God makes it possible for humans to acknowledge God to be present *as God* without confusing or severing God and world.“ (Dalferth 2009, 16).

[3] Vgl. bes. Brush (2008), Kessler (2010) sowie Barbour (2010). Die Möglichkeiten, die sich bieten, erkundet Anderwald (2007).

[4] Ein epochaler Praktiker des nicht negativen, also positiven Verhältnisses, Nikolaus Kopernikus, hat dieselbe Einsicht im Vorwort seiner *De revolutionibus Orbium Caelestium* gegenüber dem Papst seiner Zeit auf diesen Punkt gebracht: „Zur Genüge kann ich, Heiliger Vater, Folgendes voraussehen: Wenn bestimmte Leute davon Kenntnis erhalten, daß ich in diesen meinen Untersuchungen, die ich über die Umläufe der Weltkugeln geschrieben habe, dem Erdball bestimmte Bewegungen zuspreche, werden sie sogleich lautstark geltend machen, ich müsse mit dieser Ansicht scharfe Missbilligung erfahren. Ich bin ja auch von meinen Aufstellungen nicht so eingenommen, daß ich nicht in Erwägung ziehe, was andere darüber für ein Urteil abgeben werden. Und wiewohl ich weiß, daß die Überlegungen eines Wissenschaftlers dem Urteil der großen Masse unerreichbar sind, da sein Eifer doch darauf gerichtet ist, in allen Dingen die Wahrheit – soweit dies von Gott menschlicher Vernunft gestattet ist – zu suchen, so meine ich trotzdem: Ansichten fern von aller Richtigkeit müssen streng gemieden werden.“ (Kopernikus 1990, 67). Vgl. dazu Clévenot (1994), 22–27.

Evolution und Offenbarung haben etwas gemeinsam, was sie beide relativiert: Sie sind Diskurse. Sie sind nicht weniger als das, aber auch nicht mehr. Es handelt sich zudem um Diskurse, die eine lange Tradition der strikten Unterscheidung voneinander und eine quälende Geschichte des Disputes gegeneinander haben. Sie argumentieren von Haus aus gegeneinander um eine Art intellektueller Vorherrschaft. Das galt schon in der Antike, als Natur noch als ein Metaphysicum behandelt wurde und Geschichte, vor allem die Geschichte von Anderen und Anderem, als zweitklassige Kulturgröße galt. Erkenntnis bedeutete geistig-innerlichen Aufstieg, der von der übergeordneten Wahrheit des obersten Metaphysicum per Emanation, also einer Form von Offenbarung, den Wenigen ermöglicht wurde, die der Erkenntnis teilhaftig wurden. Elementare Bestandteile von Evolution – Veränderung und Pluralität, Prozess und Konkurrenz – wurden gegenüber Einheit, Singularität, Stabilität und Idealität herabgestuft. Nur die garantierten heilvolles Wissen.

Die christliche Religion hat ihren Aufstieg hauptsächlich in der Antike erreicht und sich entsprechend diesen diskursiven Vorgaben angepasst. Sie startete von Positionen aus, die man in Analogie zum Kleinbürgertum der modernen Gesellschaft setzen kann. Die christliche Theologie war entsprechend ein *underdog* und ihre Ausbildung kam in den antiken Städten für die Elite nicht in Frage. Ein aufsteigendes Kleinbürgertum hat in der Regel einen Heidenrespekt vor dem herrschenden Stil, der von ihm als angesagt angesehen wird. Das war damals der Habitus des hellenistischen Diskurses, das Ideale immer dem Materialen und das Statische stets dem Veränderlichen vorzuziehen. Auf all das, was diesem Habitus entgegensteht und als anormal angesehen werden muss, reagiert der Habitus des aufsteigenden Kleinbürgers sehr schnell mit Ressentiments. Ihm fehlt die Gelassenheit gegenüber anderen Stilen und den anderen Habitus des Lebens, Denkens, Arbeitens. Sie mutieren ihm schnell zu gefährlichen Positionen.[5]

Die antike Ordnung des Diskurses prägte zumindest das katholisch-theologische Offenbarungsverständnis bis in die jüngste Zeit

[5] So die Analyse von Bourdieu (1987): „Ihr berufliches und persönliches Heil erwartet die neue Kleinbourgeoisie von der Durchsetzung neuer ethischer Heilslehren und übernimmt deswegen die Avantgarderolle in den Auseinandersetzungen, bei denen es um Fragen des Lebensstils geht.“ (575).

hinein. Bis zur Offenbarungskonstitution des Zweiten Vatikanischen Konzils *Dei verbum* argumentierte es ungeschichtlich und statisch. Die natürliche Offenbarung wurde von der übernatürlichen Offenbarung getrennt und letztere streng ungeschichtlich angesetzt. In der Neuzeit mussten die Selbstverständlichkeiten der Offenbarung dem wissenschaftlichen Naturdiskurs, für den Materie, Masse und Bewegung immer wichtiger wurden, umso schärfer entgegentreten, je mehr dieser sich jener verschämten diskursiven Elemente bediente. Dessen Vorlieben für Mathematik statt Metaphysik und für Experiment statt autoritativen Ansagen wurden als intellektuelles Sakrileg wahrgenommen. Mit dem diskursiven Erbe aus dem früheren Aufstieg im theologischen Kleinhirn pochte die Kirche geradezu zwangsläufig mit allen zur Verfügung stehenden Machtmitteln auf ihrer Position. Denn wie jede Aufsteigerin kann die Kirche einem Abstieg nicht gelassen entgegensehen. Ihr fehlen die anderen Kapitalien, um anderweitig einen Wiederaufstieg zu erreichen. Wie das moderne Kleinbürgertum trumpfte die neuzeitliche Kirche umso sichtbarer mit Ressentiment gegen die Konkurrenz der neuen Welteinsichten auf, je mehr sie den Abstieg des Wahrsagens ihrer Offenbarung fürchten musste. Das jedoch hat deren Abstieg nur beschleunigt.[6]

Hinzu kommt, dass sich Erkenntnis mit der Aufklärung gleichsam demokratisiert, so dass für sie nicht mehr die Initiation mittels Autorität in höhere Wissensbestände ausschlaggebend ist. Die prinzipielle allgemeine Nachvollziehbarkeit ist gefordert; Objektivität ist also subjektiviert. Das gilt immer noch, obwohl in der wissenschaftlichen Praxis für die entscheidenden Erkenntnisse durchaus eine Form von mathematischen und/oder experimentellen Initiationen erforderlich ist, die wegen ihrer Komplexitäten am Ende doch nur den wenigen Kundigen vorbehalten ist. Aber im Prinzip gilt, dass Erkenntnis erstens allen offen steht und dass sie zweitens von einer inneren Evolution der falsifizierbaren und unweigerlich hypothetischen Erkenntnisse bestimmt ist.

Dadurch verschiebt sich Macht von der Offenbarung auf das Wissen, von der Monarchie des einzigen allmächtigen Gottes auf die Demokratie der vielen Erkennenden. Entsprechend hat eine höhere Erkenntnis aufgrund einer Mitteilung einer höchsten Autorität heute die Position, die in der Antike der Veränderung und dem evolutionären Prozess zukam. Von der Fundstelle der großen Ausnahme vagabundiert die Wahrheit hin zur Überzeugungskraft

[6] Eine Neuauflage findet der Vorgang im Intelligent Design, vgl. Hemminger (2009), sowie die rein auf das intellektuelle Moment beschränkte Analyse von Krohs (2008).

einer allgemein-gültigen Regel. Das führt zum Abstieg der christlichen Offenbarungsposition, die prinzipiell nicht auf Augenhöhe mit moderner Wissenschaft zu stehen kommen kann. Die beste Position, die sie erreichen kann, ist eine, an der sie deren Diskurs nicht im Wege steht. So lange sie es noch versucht, wird sie Zug um Zug unglaubwürdiger.

Offenbarung und Evolution sind dann in eine binäre Codierung verstrickt. Das, was für den einen Pol spricht, muss dem anderen genommen werden. So gesehen, ist die Offenbarung dann die Konkurrentin der Evolution und muss von dieser in Sachen Erklärung der Geschichte des Lebens auch in die Niederlage getrieben werden. Denn die Evolution hat alles in der Ordnung der Dinge für sich, was gegen die Offenbarung spricht. Und die Evolutionstheorie kann das dann auch beweisen, wenn jene an der Realität scheitert. Das geschieht auch, wenn sie sich schließlich an dem großen „Nicht" verschluckt, mit dem sie sich gegen die Erklärungen der Evolution wehrt. Das ist ein geradezu zwangsläufiges Ergebnis für eine Theologie, die Meister Eckharts Warnungen in den Wind schlägt.

Erst ohne das große „Nicht" des prinzipiellen Einwandes und die vielen kleinen „Nicht" eines Besserwissens angesichts mancher Fehleinschätzungen über Evolution kann die Rede von Gott auf der diskursiven Ebene bleiben, auf der sich die Auseinandersetzung eigentlich abspielt. Dort geht es nicht einfach um Wissensbestände, sondern um Wissensformen, also um ein Wissen, das sich seiner Abhängigkeit von der jeweils herrschenden Ordnung der Dinge klar ist. Die Wahrheiten, um die es in Evolution und Offenbarung geht, sind relativ zur Ordnung des Diskurses, dem Wahrheitsproduktion zugetraut wird.

Dann begreifen Evolution und Offenbarung nicht einfach Realitäten, sie ergreifen vielmehr Sprachformen für Realitäten. Für die Offenbarung ist das sogar eine elementare Wahrheit. Sie sagt Wahrheit an, sie ist ein Wahr-Sagen. Sie taucht überhaupt nur im Modus des Sagens auf, weswegen andererseits Widersprechen auch so nahe liegt. Offenbarungen sind ja keine Ereignisse, sondern liegen nur als Berichte über Ereignisse oder Widerfahrnisse vor: Tanach, christliche Bibel, Koran. Dort wird Offenbarung besprochen, besungen, belegt mit Selbstdeklamationen Gottes, und in der Regel werden diese Offenbarungen wider andere Offenbarungsansprüche gesagt. Die Wahrheiten werden Leuten gesagt, die sich damit anlegen müssen, Mittelsmännern wie Mose oder Muhammad oder Johannes, oder sie werden direkt mit einer Person verbunden, die selbst als Wort vorgestellt wird wie im Johannes-Evangelium für Christus. Dieser sagt sich im ego-eimi-Modus selbst u. a. als Weg, Wahrheit und Leben an. In keinem Fall liegen Offenbarungen mit einer religionsgeschichtlichen Geltung jenseits eines Wahr-Sagens vor.

Bleiben wir bei der christlichen Offenbarung, um es nicht zu kompliziert zu machen. Sie reflektiert die Relativierung, die in ihrem Wahr-Sagen liegt. Ihre Wahrheiten treffen Personen wie die Propheten oder Paulus. Sie haben dann ein ziemliches Stück Arbeit vor sich, um vor diesen Wahrheiten nicht davonzulaufen und die nötigen Konsequenzen zu ziehen. Sie müssen umkehren. Sie werden konfrontiert, nicht erhoben und schon gar nicht enthoben. Das Wahr-Sagen der Offenbarung verstört also besonders jene, die damit handeln. In keinem Fall gibt es die Wahrheiten ohne Relativierungen derer, die sie ansagen. Paulus nennt sich selbst etwa eine „Missgeburt". Das unterscheidet diese Offenbarung auch von anderem Wahr-Sagen, das zur Machtsteigerung derer führt, die es betreiben. Bei der christlichen Offenbarung ist das nicht vorgesehen. Sie führt zur Ohnmacht gegenüber der eigenen Lebensgeschichte und angesichts der Geschichte von Anderen.

Die Wissensform der christlichen Offenbarung tritt damit einerseits geschichtsbezogen und auf Umkehrgeschichten bezogen auf. Sie ist gerade nicht naturbezogen. Zum anderen ist sie nicht im Modus der Macht auf Geschichte bezogen. Sie widersteht vielmehr Machtkonstellationen der Geschichte, wie es am Christenverfolger Saulus/Paulus zu erkennen ist. Der Hinweis auf Offenbarung ist deshalb stets ein Versuch, Mächte und Gewalten, denen man nicht ausweichen kann, mit Hilfe der Gegenwart Gottes zu zivilisieren.

Dabei tritt diese Gegenwart selbst mit Ohnmacht auf. Am deutlichsten ist das mit dem Kreuz gegeben; es ist ein Ort der Macht von Gewalt und ein Ort der Offenbarung Gottes in der Ohnmacht. In der Kreuzigung Jesu findet eine Offenbarung statt, die denen, die sie wahrnehmen, gerade nicht die Ohnmacht erspart, sich diesem Kreuz auszusetzen.

Als Wissensformen haben es Evolution und Offenbarung mit Macht zu tun, aber in einem sehr unterschiedlichen Sinn. Evolution versammelt eine Macht des Wissens über die Geschichte des Lebens, die sich für Eingriffe in elementare Zusammenhänge des Lebens eignet. Offenbarung ist dagegen mit Geschichten des Lebens verknüpft, denen Menschen wegen der Ohnmacht nicht ausweichen können, mit der sie dort belegt werden. Daraus resultiert eine sehr unterschiedliche Repräsentanz von Wissen. Auf Seiten der Offenbarung ist prinzipiell Ohnmacht in den Diskurs eingetragen, auf Seiten der Evolution dagegen eine Akkumulation von

Wissen, das mehr Macht verheißt. Aber gerade die Ohnmacht ermöglicht es der Offenbarung, sich vom „Nicht“ zu befreien und sich positiv auf Evolution beziehen zu können. Die wird dabei allerdings zu so etwas wie ihr diskursives Schicksal.

2. Ikon – Index – Symbol: der semiotische Zusammenhang von Evolution und Offenbarung

Ich gehe davon aus, dass sowohl Evolution wie Offenbarung etwas repräsentieren, was sie nicht selbst sind, also Referenzpunkte in einem Außen haben. Als Diskurse bauen sie Universen aus Zeichen auf, die allerdings nicht in sich ruhen, sondern auf anderes verweisen. Auf sie und auf ihr Verhältnis kann man deshalb semiotische Überlegungen anwenden. Ich möchte das mit Theoremen tun, die aus der Semiotik von Charles S. Peirce stammen, einem der beiden Begründer der modernen Zeichentheorie.

Peirce unterscheidet eine Vielzahl von Zeichenklassen, die jeweils in sich aus drei Gruppen bestehen. Peirce arbeitet stets mit Triaden, speziell mit dem semiotischen Dreieck Subjekt-Zeichen-Objekt. Die triadische Struktur wird von den Fundamentalkategorien seiner Philosophie bestimmt, die Peirce *firstness, secondness, thirdness* oder auch *the First, the Second, the Third* nennt.[7] Peirce löst damit Zweiwertigkeiten, also binäre Codierungen, ab, die das Denken der Moderne geprägt haben wie Subjekt-Objekt, Gewinn-Verlust, links-rechts, Mann-Frau etc. Durch Dreiwertigkeiten werden die Probleme der Nullsummenspiele in den modernen Binaritäten gelöst und Relativierungen ziehen als elementare Struktur des Denkens und als Ordnung des Diskurses ein. Denn das jeweilige Dritte erzeugt eine Relativität zwischen den anderen beiden Größen; keine kann mehr allein für sich behandelt werden, sondern verlangt danach, jeweils vom anderen her begriffen zu werden.

Eine der Hauptklassen von Zeichen bezieht sich auf das Verhältnis zwischen Zeichen und Objekt. Sie hält sich bis heute als Beschreibungskategorie jenseits des engeren Peirceanischen Diskurses. In dieser Zeichenklasse finden sich die Gruppen von Ikon, Index und Symbol. Sie umschreiben Zeichen bezüglich des Modus, wie im Zeichen die jeweiligen Objekte dargestellt werden.[8] Bei

---

[7] Peirce (1986–1993). Für seine weitere Philosophie vgl. Peirce (1982).

[8] Vgl. nur Eco (1972) und die Bandbreite der Anwendungen in Anderson/Merrell (1991). Als zeitgenössischen Versuch, mit der Peirce'schen Semiotik Grundthemen der Theologie zu beschreiben, vgl. Robinson (2010).

Peirce hat diese Klassifizierung keine zufällige Bedeutung und erklärt sich nicht aus bloß pragmatischen Gründen. Wie die anderen Klassifizierungen auch sind sie Scharniere, um sich überhaupt einen Begriff von Realität zu machen. Ikon, Index und Symbol unterscheiden sich nicht in ihrer Funktion als Zeichen; alle drei sind im vollen Sinn Zeichen. Wohl aber unterscheiden sie sich darin, mit welchen Realitätsbereichen sie Beziehungen ermöglichen. Die Breite der möglichen Repräsentation variiert dann natürlich nach dem jeweils konkreten Ikon, Index und Symbol.

„*Ikon*" benennt ein Zeichen, das aufgrund einer an ihm selbst bestehenden Ähnlichkeit auf das bezeichnete Objekt verweist. Dessen Faktizität ist natürlich für die Zeichenfunktion nicht entscheidend, sondern seine Repräsentanz. Die Merkmale des Ikons sind von der Kategorie des Ersten her begriffen: „An *Icon* is a sign which refers to the Object that it denotes merely by virtue of characters of its own, and which it possesses, just the same, whether any such Object actually exists or not. It is true that unless there really is such an Object, the Icon does not act as a sign; but this has nothing to do with its character as a sign. Anything whatever, be it quality, existent individual, or law, is an Icon of anything, in so far as it is like that thing and used as a sign of it."[9] Ein Ikon spricht aus sich selbst heraus.

„*Index*" benennt ein Zeichen, das aufgrund der Gegenüberstellung mit einem Objekt auf eine bestehende Beziehung verweist. So zeigt der Wetterhahn nicht einfach darauf hin, dass der Wind bläst – das wäre seine ikonische Qualität –, sondern aus welcher Richtung er bläst. Er weist auf die Beziehung hin, die zwischen Wind und seinem Standort existiert. Die Merkmale des Index werden von der Kategorie des Zweiten her begriffen: „An *Index* is a sign which refers to the Object that it denotes by virtue of being really affected by that Object. It cannot, therefore, be a Qualisign, because qualities are whatever they are independently of anything else. In so far as the Index is affected by the Object, it necessarily has some Quality in common with the Object. It does, therefore, involve a sort of Icon, although an Icon of a peculiar kind; and it is not the mere resemblance of its Object, even in these respects which makes it a sign, but it is the actual modification of it by the Object."[10] Indizes benötigen, um als solche repräsentieren zu können, Ikonen.

„*Symbol*" benennt ein Zeichen, das aufgrund einer gegebenen Konstellation von Subjekten und Objekten auf diese Konstellation

[9] Peirce (1960), 2.247:= Bandnummer.Textstücknummer.
[10] Ebd., 2.248.

selbst verweist. Darin werden Verhaltensgewohnheiten der Subjekte, Eigenschaften und Möglichkeiten der Objekte, verabredete und mögliche Beziehungen zwischen beiden angesprochen. Das Symbol ist daher das am weitesten abstrahierende Zeichen. Seine Merkmale werden von der Kategorie des Dritten her begriffen: „A *Symbol* is a sign which refers to the Object that it denotes by virtue of a law, usually an association of general ideas, which operates to cause the Symbol to be interpreted as referring to that Object. It is thus itself a general type or law, that is, is a Legisign. As such it acts through a Replica. Not only is it general itself, but the Object to which it refers is of a general nature. Now that which is general has its being in the instances which it will determine. There must, therefore, be existent instances of what the Symbol denotes, although we must here understand by ‚existent', existent in the possibly imaginary universe to which the Symbol refers. The Symbol will indirectly, through the association or other law, be affected by those instances; and thus the Symbol will involve a sort of Index, although an Index of a peculiar kind. It will not, however, be by any means true that the slight effect upon the Symbol of those instances accounts for the significant character of the Symbol."[11] Symbole benötigen, um als solche funktionieren zu können, Indizes, die wiederum Ikonen benötigen. Von daher ist eine symbolische Aussage über ein Objekt daran gebunden, dass sie Indizes in sich aufnehmen kann, wo auch immer diese herkommen.

Die Triade Ikon-Index-Symbol bedeutet keine gegenständliche, sondern eine logische Unterscheidung. Sie gehört zur Grammatik der Zeichen und erlaubt Klassifizierungen an Gegenständen. Sie markiert eine Struktur der Semiotik und die drei Zeichenarten markieren jeweils einen semiotischen Aspekt an dem, was analysiert wird. Vom Ikon über den Index zum Symbol ist eine aufsteigende Linie, was die Universalisierung betrifft. Aber vom Symbol, das Indizes benötigt, über den Index, der Ikonen benötigt, gibt es zugleich eine Relativierung dieser Linie als regelrechtes Repräsentationsbedürfnis, dem nicht auszuweichen ist. Die pragmatische Kraft eines Zeichens steigt mit der Verschränkung in diese Triade. „The value of an icon consists in its exhibiting the features of a state of things regarded as if it were purely imaginary. The value of an index is that it assures us of positive fact. The value of a symbol is that it serves to make thought and conduct rational and enables us to predict the future. It is frequently desirable that a representamen should exercise one of those three functions to the

[11] Ebd., 2.249.

exclusion of the other two, or two of them to the exclusion on the third; but the most perfect of signs are those in which the iconic, indicative, and symbolic characters are blended as equally as possible.“[12]

Es kann durchaus sein, dass dasselbe Zeichen ein Ikon, ein Index und ein Symbol ist, aber dann wird jeweils anderes am Objekt markiert. Man nehme etwa ein Passphoto. Wenn es nicht gerade Jahre alt ist, dann zeigt das Bild hinreichend genau den Kopfteil der Person, die es bezeichnet. Zugleich ist es aber auch ein Index, es dient dazu, dass diese Person sich mit den Daten ausweisen kann, die auf dem Ausweis stehen; dann funktioniert das Foto in der Gegenüberstellung zur realen Person, die sich ausweist. Das Photo hat dann nur einen Sinn im Hinblick auf die einzig mögliche Person, die es repräsentiert. Und wenn es sich um ein biometrisches Photo handelt, dann hat es auch symbolische Funktion. In ihm wird die Bedrohung durch internationalen Terrorismus angezeigt, wie auch der Überwachungswahn staatlicher Sicherheitsdienste; in dieser Hinsicht ist das Foto eine politische Konstellation.

Dieselbe Realität lässt sich also ikonisch, indexikalisch, symbolisch repräsentieren. Für die Geschichte des Lebens entfällt das Ikon-Zeichen, obwohl es die Zeichengruppe ist, mit der Menschen am liebsten arbeiten. Eine Ikone ist am leichtesten verständlich und sie schafft auf den ersten Blick die wenigsten Repräsentationsprobleme; man denke nur an den Erfolg von Google-Earth oder Google-Street-View. Gleichwohl sind vor allem Ikone anfällig für andere, indexikalische und symbolisch arbeitende Machtintentionen; unter den Google-Ikonen wabern Sammelwut, Schlüssellochblick, Big-Brother-Ökonomie.

Zum Glück entfällt das Ikonische weitgehend für die evolutionäre Naturgeschichte. Trotz Steven Spielberg wissen wir nicht, wie Dinosaurier wirklich ausgesehen haben, wie ihre Stimmen gedröhnt haben, wie sie gestunken haben. Wir haben ungefähre Vorstellungen. Aber indexikalisch funktioniert die Repräsentation schon viel besser – angefangen von den wunderbaren Skeletten, die man in Museen für Naturgeschichte zu sehen bekommt. Die Evolutionstheorie ist eine indexikalische Repräsentation der Geschichte des Lebens auf diesem Planeten. Sie funktioniert nur, weil sie ein Datenmaterial verwendet und interpretiert, das es tatsächlich gibt. Dieses Datenmaterial weist also hohe ikonische Qualitäten auf und deshalb ist die Evolutionstheorie auch ein so gutes Theorem. An diesem Material angelehnt kann sie ständig

[12] Ebd., 4.448.

umgestaltet und verfeinert werden. In der Evolutionstheorie gibt es natürlich auch symbolische Repräsentationen, die ihrerseits allerdings auf ihrer Index-Fähigkeit beruhen, wie der Gesamtanspruch, damit trotz aller *missing links* die Naturgeschichte des Lebens insgesamt beschreiben zu können.

Die Offenbarung ist dagegen nicht in der Lage, Ikone der Welt- und Lebensentstehung zu liefern, obwohl man das lange dachte. Ganz ähnlich wie Google heute hat die Kirche über Jahrhunderte die Sehnsucht nach ikonischer Repräsentanz komplexer Tatsachen genährt und verteidigt. Mit der Kurzsichtigkeit des intellektuellen Kleinbürgers hat sie den schweren Fehler gemacht, sich an die von ihr propagierten Ikonen der Schöpfung so sehr zu binden, dass es sie die semiotische Autorität gekostet hat. Noch Pius XII. hat den Monogenismus als selbstverständliches Dogma einschärfen wollen und nahm dafür äußerst bemüht die Erbsündenlehre in Anspruch.[13] Wie lange sich derlei Ikonographien halten, zeigt sich auch daran, wie in traditionalistisch-kirchlichen Zirkeln weiterhin gerne von den sündigen Töchtern Evas die Rede ist, ohne dass die durchaus nicht weniger sündenfalligen Söhne Evas erwähnt werden. Die Vererbungstheorie der Sünde von Augustinus, das Überspringen der Ursprungssünde durch den Geschlechtsakt, gehört ebenfalls in die ikonische Sehnsucht eines gläubigen Wahr-Sagens. Ikonen stehen aber nicht zur Verfügung für Offenbarung, noch nicht einmal der Berg Sinai taugt dafür, ebenso wenig wie das tatsächliche Kreuz, an dem Jesus starb. Es gibt diese Größen allein in symbolischer Repräsentanz.

Das ist auch das eigentlich theologische Problem in Sachen Leben. Die Offenbarung hat nicht nur keine Ikonen, sondern auch keine Indizes zu bieten für die Geschichte des Lebens. Noch nicht einmal der Ort des Paradieses als Ursprungsplatz des Lebens ist indexikalisch tauglich. Es ist verschlossen und wir sind definitiv vertrieben, sagt die Bibel. Also dort, wo das Leben wirklich entstand, darüber gibt die Offenbarung nichts preis. Sie kennt kein Zeichen, das ein klares Gegenüber dazu aufweist. Das hat zwar auch seine Vorteile, weil es zu überaus kunstvollen Garten-Eden-Repräsentationen geführt hat – vom heilvoll geordneten Kloster-

[13] Enzyklika *Humani generis* von 1950, DH 3897. Dieser Papst fürchtete, ohne realen Stammvater Adam, also eine ikonische Repräsentanz des Urmenschen, hinge die Erbsündenlehre in der Luft. Prinzipiell gegen die Evolutionstheorie war er nicht. Lüke (2008) bescheinigt dieser Enzyklika treffend, „in ihrer etwas gouvernantenhaft anmutenden Diktion kein besonderes Dokument der evolutionstheoretischen Weitsicht und souveränen theologischen Übersicht" (137) zu sein. Das Gouvernantenhafte resultiert aus der Abstiegsangst, die diesen Papst durchaus umtrieb.

garten über den barocken Lustgarten zum ökologisch gestalteten Nationalpark und zu Bible-Worlds mit Eintrittspreisen. Ähnlich wie der Ort, hängt auch die Zeit der Entstehung des Lebens offenbarungstheologisch in der Luft. Der Kalender der sieben Tage ist biblisch zu ungewiss, um ihn zu datieren – wenn man kreationistische Fiktionen außer Acht lässt.

In der Offenbarung gibt es keine Indizes des Lebens und deshalb taugt die Offenbarung auch nicht, die Geschichte des Lebens als Naturgeschichte zu markieren und der Evolutionstheorie irgendetwas Realistisches gegenüberstellen zu können. In der Offenbarung gibt es vielmehr so merkwürdige Lebensrepräsentationen wie den ego-eimi-Satz des Johannes „ich bin der Weg, die Wahrheit und das Leben", sowie die Darstellung des Lebens im Modus eines Toten, des Gekreuzigten, woraus dann die Lebensform der Auferstehung resultiert. All das sind leider keine Indizes, auch wenn sich ein Theologe danach sehnt, weil er erst im Besitz von Indizes mit den anderen universitären Wissenschaften mithalten könnte. Dann wäre Theologie Wissenschaft, die Experimente machen kann wie die naturwissenschaftliche Wissensform. Das ist sie aber nicht. Ihre Wissensform ist geschichtsbezogen, also stets mit Konstellationen verknüpft, in denen sich soziale, politische, religiöse und auch existentielle Machtfragen spiegeln, die unausweichlich sind, also Ohnmacht darstellen.

Theologie ist nicht realistisch, sondern sie ist auf reale Macht bezogen. Von dieser Ebene kommt Offenbarung und von ihr kommt die Theologie der Offenbarung nicht weg. Entsprechend können Theologien sehr wohl Experimente machen. Sie basieren allerdings auf Symbolen, nicht auf Indizes oder Ikonen. Experimente mit symbolischen Zeichen sind geradezu das Wohl und Wehe der Theologie – etwa ob es einen Unterschied im Leben macht, wenn ein Mensch sich als Geschöpf begreift, wenn jedes Exemplar der Spezies Mensch der Rechtfertigung bedürftig ist und wenn alle am Ende der Zeit unabhängig von ihrer einstigen irdischen Bedeutung gemeinsam vor Gott stehen. Stärken diese Konfrontationen mit Ohnmacht einen Menschen oder verlocken sie dazu, dagegen mit Macht aufzutrumpfen?

Mit der Offenbarung setzt man sich nicht einem Wissen aus, wie die Evolution des Lebens sich auf diesem Planeten entwickelt hat, sondern dem Macht- und Ohnmachtgehalt in dem, wie die Evolution beschreibt, dass sich das Leben entwickelt hat. Sie sind mit dem Theorem Evolution unausweichlich geworden, insofern es die Bedeutung des individuellen Exemplars einer Spezies zugunsten der jeweiligen Population relativiert und das naturgeschichtliche Scheitern von Spezies als Fortschrittsindikator des Lebens ansetzt. Es hat einen Zugriff auf die Identität vieler Menschen, ja einer ganzen Spezies, eben der Menschheit. Sie ist von dieser Theorie mindestens so sehr gepackt, wie es die Leute im Alten Orient waren, wenn die Götterkampfgeschichten erzählt wurden, aus denen Welt, Mensch, Herrschaft hervorgegangen ist und die die exilierten Juden zu einer Spitzenproduktion ihrer Theologie nötigten, der 7-Tage-Schöpfung der Priesterschrift. Entsprechend verbietet sich ein schiedlich-friedliches Aufteilen auf zwei unterschiedliche Bühnen – hier die Evolution mit der Natur, da die Offenbarung mit der Schöpfung. Deshalb steht die Offenbarung durch die Evolution auf dem Prüfstand: Hat sie etwas dazu zu sagen oder muss sie darüber schweigen?

3. Falsche Repräsentationen der Offenbarung: Ikonenanspruch und Indexbehauptung

Aus dem Zeichenprozess kann man nicht aussteigen, es gibt immer Zeichen von Zeichen, Zeichen von Zeichen von Zeichen und so fort. Peirce nennt diesen permanenten Zug der Zeichen Interpretanten. Jedes Zeichen erzeugt neue Zeichen und jedes Zeichen ist von anderen Zeichen ausgelöst. Alle diese Zeichen von Zeichen haben pragmatische Valenz, sie umzäunen den Habitus, mit dem auf eine Sachlage reagiert wird. Und mit diesen Zeichen hat die Theologie einige Experimente gemacht, die fehlgeschlagen sind und die deshalb sehr lehrreich sind.

Zunächst gilt das von dem ikonischen Experiment, die Schöpfungsaussage als eine Beschreibung von tatsächlichen vergangenen Vorgängen zu begreifen. Es handelt sich um den Versuch, die Lebensentwicklung nach dem 7-Tage-Schema des Schöpfungsberichts und des Herrschaftsauftrags der Genesis zu begreifen. Dafür gab es niemals auch nur einen Hinweis, der mit Tatsachen hätte aufwarten können. Das war eben auch als Beschreibungsgeschichte realer Abläufe nur so lange zu glauben, wie die Autorität heiliger Überlieferung einfach den Tatsachen übergeordnet wurde. Als Erkenntnisse auf der Basis der Konfrontation mit Tatsachen an Fahrt gewannen, weil immer genauere Theoreme aus ihnen einen sinnvollen Zusammenhang machten, war jene Autorität nur mehr mit Macht zu verteidigen. Daran ist sie zerbrochen; es war stets der Todesstoß für Autorität, Tatsachen zu verleugnen.

Das ikonische Experiment mit der Schöpfung war spätestens mit Darwins evolutionärer Entdeckung ins Wanken geraten und es ist danach einfach an der Fülle der Fakten zerstoben. Eine Ikonographie der Schöpfungsaussage wird entsprechend auch nur in fundamentalistischen Zirkeln gehalten; denn diese sind nicht an Erkenntnis, sondern an Macht interessiert. Sie wird dort „die Wahrheit“ im Singular genannt. Fundamentalistische Wahrheitsbehauptungen gewinnen Macht aus dem Widerspruch zu jeder Relativierung, gleich, ob sie weiterführend ist oder nicht. Hier gilt allein: „A Testimony to the Truth!“ Wahr-Sagen wird zum Bekenntnis mit Macht, also zu einer Semiose, die das Sagen leugnet, mit dem sie auftritt und die so der Ohnmacht des Bekennens ausweicht. Ein ähnliches ikonisches Problem hat übrigens auch die Evolutionstheorie. Wenn das für ein Abbild der Realität gehalten wird, was sie hypothetisch sagt, dann lauert der Sozialdarwinismus politisch um die Ecke.

Damit bleibt noch das indexikalische Experiment. Das ist für die Offenbarung sehr schwer aufrecht zu erhalten. Dafür müssten zum einen die Begleitumstände der Lebensentstehung erdgeschichtlich fixierbar sein, wie sie in den Schöpfungsberichten genannt sind. Die Kreationisten versuchen das mit kruden Ausgrabungen zu erreichen. Dazu kann man mit einem schönen Aphorismus von Elazar Benyoëtz sagen: „Finden macht das Suchen leichter.“ Zum anderen müsste das indexikalische Experiment positiv mit dem verteidigt werden, wonach diese Lebensgeschichten der Offenbarung verlangen: die Herrschaft des Menschen über alles Leben auf diesem Planeten. Diese Herrschaft scheint die menschliche Spezies tatsächlich angetreten zu haben. Aber so etwas wie Gottes gute Schöpfung ist dabei nicht zu erkennen; es herrscht die Gier der menschlichen Spezies nach noch mehr Macht. Man wird beim besten Willen nicht sagen können, die Lebensformen dieses Planeten hätten sehnsüchtig darauf gewartet, dass endlich der Mensch die Führung übernimmt. Seine Machtstellung repräsentiert viel eher die andere große Einsicht der Schöpfungsoffenbarung: den Sündenfall, also den selbstgerechten Machtgebrauch, der an der Spezies der Menschen hängt. Selbst bei bestem Wissen und Gewissen sind die heutigen Entscheidungen dieser Spezies in der Lage, Fürchterliches anzurichten.

Das, was mit der Wissensform des Glaubens funktioniert, sind symbolische Experimente mit der Offenbarungsaussage vom Leben, das Gott gestiftet und erzeugt hat. Die gibt es tatsächlich und sie funktionieren auch mit den Mitteln der Vernunft. Die Symbole sind aber nicht auf die Vergangenheit bezogen, also die Naturgeschichte der Erde, und sie sind auch nicht auf die Gegenwart bezogen wie bei den Datenmaterialien, die indexikalisch die Evolutionstheorien befeuern.

Die geschichtsverschränkte Wissensform der Offenbarung hat power für die Lebensgeschichte von Menschen; sie ist also auf die menschliche Existenz bezogen und deckt damit das Projekt eines ganzen Lebens ab. Sie ist ein Integral seiner Vergangenheit, Gegenwart und Zukunft und sie muss sich entsprechend auf allen drei Zeitebenen bewähren. Die Offenbarungsaussage macht Identitätsaussagen mit den Symbolen, die sie bereitstellt; sie macht keine Naturaussagen. „Thus the mode of being of the symbol is different from that of the icon and from that of the index. An icon has such being as belongs to past experience. It exists only an image in the mind. An index has the being of present experience. The being of a symbol consists in the real fact that something surely will be experienced if certain conditions be satisfied. Namely, it will influence the thought and conduct of its interpreter.“[14]

Damit aber die Symbole überhaupt aussagefähig sein können, benötigen sie funktionierende Indizes, in denen funktionierende Ikone am Werk sind; denn Indizes verlangen nach Ikonen und Symbole nach Indizes, um als Repräsentationen von Objekten einsetzbar zu sein. Das sagen zumindest die Zeichenanalysen von Peirce (s.o.). Von daher verlangt die Schöpfungsaussage nach Konkretionen dieser Schöpfung, wie sie schlichtweg nur von einer Natur bereitgestellt werden können, die indexikalisch aufgearbeitet wird. Die Schöpfung kann gar nicht rein auf der symbolischen Ebene verbleiben – gerade weil sie strikt auf der symbolischen Ebene angesiedelt ist. Das bedeutet aber, dass sie ein prinzipielles Defizit hat: das Defizit des Symbols, das nach Indizes verlangt. Die Offenbarungsaussagen haben ein Index-Defizit, das sie ohne eine realistische, nachprüfbare und falsifizierbare Theorie über die Natur nicht füllen können. Die Offenbarung über die Schöpfung verlangt aus inneren theologischen Gründen nach einem Begriff von Evolution, der die Natur und deren Geschichte wenigstens halbwegs realistisch beschreiben kann. So gesehen, ist die Evolutionstheorie ein Gottesgeschenk an die Offenbarung, sich nicht in ihren Beschreibungsdefiziten über die Natur zu verlieren.[15] Die evolutio-

---

[14] Peirce (1960), 4.447.

[15] Insofern überschreitet diese Sicht den Versuch, Evolution *als* Offenbarung anzusehen wie bei Bresch/Daecke/Riedlinger (1990). Über diese Parallelität hinaus geht Haught (2007, 2008). Er verfolgt die Idee, in Gott und der Evolution regelrechte natürliche Verbündete eines dramatischen Lebensprozesses zu sehen. Dabei geht die göttliche Vision des Lebens wie ein Same in der kreativen Mitschöpferschaft der Lebensformen auf. Darüber hinaus geht wiederum die Reformulierung des Programms

nären Indizes zur Naturgeschichte sind hingegen eine Plattform, um die Schöpfung auf den Punkt des Glaubens zu bringen, der den Machtgehalten der Evolution standhalten kann.

Die Not des Symbols, auf funktionierende Indizes zurückgreifen zu müssen, ist ein gewichtiger argumentativer Vorteil für das Verhältnis von Evolution und Offenbarung. Für die Offenbarung werden Indizes benötigt, keine alternativen Symbole. Diese Indizes stehen nicht in Konkurrenz zur Offenbarung. Diese tritt erst auf, wenn von Indizes, die wissenschaftlich vertretbare Erkenntnis erzeugend, auf Symbole gewechselt würde, die sich den Macht-Ohnmacht-Problemen der menschlichen Lebensgeschichte widmen. Das gibt es durchaus in evolutionsbiologischen Aussagen über Diskurse wie den Sinn des Lebens etc. Aber dann geht es um die adäquatere symbolische Repräsentanz der jeweiligen Diskurse, nicht um ihren Realitätsgehalt. Für Indizes, die die Evolutionstheorie tragen, gibt es diese Konkurrenz jedenfalls nicht.

Zum zweiten lässt sich durch die Drittklassigkeit von Symbolen, die eben auf Indizes und über diese Indizes auf Ikonen angewiesen sind, ein weiterer Vorteil gewinnen. Die symbolischen Repräsentanzen sind stets in der Versuchung, das Index-Defizit und die ikonische Not zu verstecken, und zu suggerieren, dass sie allein aus sich heraus Repräsentanz erzeugen. Das geschieht vor allem dann, wenn es darum geht, mit den Symbolen Macht auszuüben. Ein notorisches Beispiel dafür ist die Verwechslung des Geldscheins mit dem Geld, dem er Geltung verschafft; kein Geldschein kann Inflation oder Deflation verhindern, die von den ökonomischen Indizes

---

„Creative Mutual Interaction" von Robert Russell durch Clayton. Die kreative Wechselseitigkeit wirkt als Regulatorium gegenüber fehlgeleiteten Verhältnisbestimmungen: „Thus my thesis: just as the idea of God serves as the regulative ideal for reason according to Kant, *CMI expresses the regulative ideal for the theology-science debate.* […] relating theology and science such that each can make contributions to the project of the other. Anything less than this fails to establish a full complementary relationship between these two fundamental human activities." (Clayton 2006, 60). – Alle drei Ansätze haben den großen Vorteil, damit jegliche Machtabsicht – wie etwa im Fall des Intelligent Designs – zu entlarven, Gott gegenüber der Naturwissenschaft zu beanspruchen. Sie relativieren theologische Geltungsansprüche in kreativer Form. Sie haben den Nachteil, dass die Kontroverse zwischen beiden Diskursen nicht nachvollziehbar ist, weil der Relativierungsgehalt der Evolution für die Offenbarung sich einfach auflöst. Er ist aber ein historisches Faktum des Disputes und hat einen systematischen Stellenwert für das Verhältnis von beiden. Dem versucht die hier vertretene semiotische Alternative gerecht zu werden. In der Evolution und der zu ihr gehörenden Theorie ergeben sich Bedingungen der Möglichkeit, die Offenbarung von der Schöpfung in eine Sprache zu bringen, die den Machtproblemen im Komplex der Entstehung des Lebens standhalten kann. Offenbarung bewegt sich nicht einfach auf derselben repräsentativen Ebene wie Evolution, sondern kommt sachlich erst danach zum Zug. Sie bedarf der Evolution, um überhaupt auf ihr Indexproblem zu stoßen.

abhängen, die den Wert des Geldes hervorbringen. In den kirchlichen Lebensaussagen wird mit Symbolen gearbeitet, die ihrerseits auf Indizes angewiesen sind, die diese Aussagen nicht schon garantieren können. In der klassischen Christologie sind das etwa die Hoheitstitel. Es ist aber eine innere und äußere Herausforderung, dieses Angewiesen-Sein auf Repräsentationen, die man nicht selbst kontrollieren kann, einzugestehen. An ihr sind schon manche Theologie und mancher kirchliche Demonstrationswille gescheitert; Ohnmacht ist nun einmal eine schmerzliche Größe. Wird diese Herausforderung aber nicht bestanden, dann entsteht in der Verwendung der Symbole ein Habitus von Selbstgerechtigkeit. Die Symbole sind dann stets gefährdet, anderen Wissensformen gegenüber besserwisserisch aufzutreten, obwohl sie nicht über hinreichende Indizes verfügen. Aber dabei verlieren sie gerade die Überzeugungskraft, auf der sie basieren. Die Autorität einer Offenbarungsaussage, die das verschleiert, wird sich auflösen. Weiterführendes hat sie dann nicht mehr zu sagen.

Steht die Offenbarungsaussage zu jenen indexikalischen Defiziten, die sich erst durch die Evolutionsaussage aufheben lassen – weitere gibt es natürlich auch wie kosmologische Aussagen[16] –, dann gewinnt sie eine Autorität, mit der sie widerständig wirkt. Dann kann sie ihr symbolisches Kapital einbringen, das die evolutionären Indizes als Indizes deutlich macht, also als Repräsentationen einer Realität in der Natur, die unausweichlich sind. Aber mit diesen Indizes ist noch nicht die Verarbeitung dieser Realität in den Identitäten gegeben, die auf symbolische Repräsentationen angewiesen sind. Konkret kann das bedeuten: Auch wenn die Evolution deutlich macht, dass es nicht auf den einzelnen Menschen ankommt, bedeutet das noch nicht, dass es auf den einzelnen Menschen in der Geschichte des Lebens nicht ankommt. Der einzelne

[16] Auf diesem Feld dreht Lüke die hier vertretenen unterschiedlichen Repräsentationsebenen mit dem Begriffpaar „unvordenklich“ versus „nachdenklich“ um und zeigt der naturwissenschaftlichen Kosmologie ein strukturell nicht aufhebbares Argumentationsdefizit auf der Ebene der Bedingungen der Möglichkeit von Ordnung auf: „Die creatio continua ist wie die creatio ex nihilo eben wegen der Identität beider die unvordenkliche Bedingung der Möglichkeit für jede zwangsläufig an bereits konstituierter Ordnung orientierte nachdenkliche Naturwissenschaft. Sie ist nicht ein naturwissenschaftlich zu rechtfertigender und zu belegender Eingriff in die Ordnung, sondern die naturwissenschaftlich nicht einholbare Bedingung für diese Ordnung und also auch die Bedingung der Möglichkeit jeglicher Beschreibung dieser Ordnung.“ (Lüke 2004, 51). Es bleibt aber fraglich, ob Theologie die transzendentale Argumentation als ihr ureigenes Metier beanspruchen kann; schließlich galt diese ihr lange nicht als unvordenklich unstrittig. Sie hat zudem die Not, den Machtgehalt der Kontroversen nur ideal fassen zu können, und die Tendenz, den Pragmatismus der Dispute zu unterschätzen.

Mensch trägt nicht die Evolution, aber er ist auch nicht ihr Knecht. Das Herr-Knecht-Problem stellt sich hier gar nicht. Die Identität eines Menschen hängt nicht von der Anerkennung der Evolution ab und umgekehrt. Die menschliche Identität hängt vom Leben ab, das dieser Mensch tatsächlich führt. Insofern ist der Ort, an dem das Leben Sprünge macht, die voranführen, immer das eigene Leben. Man kann diesem Ort nicht im Modus eines evolutionären Utopia entfliehen – sei es in eine naturgeschichtliche Bedeutung hinein, die das eigene Leben nicht hat, noch in eine Nichtigkeit hinein, die es vollkommen belanglos werden lässt.

Das eigene Leben ist ein ganz eigener topos in der Naturgeschichte. Es kein evolutionäres Utopia der Natur – wie auch, wenn es auf die Population ankommt. Es ist vielmehr ein Heterotopia der Evolution. Es ist aber ebenso wenig ein Utopia der Offenbarung – wie auch, wenn Offenbarung die Zumutung einer Umkehr von eigenen Lebensweisen bedeutet. Es ist vielmehr ein Heterotopia der Offenbarung.[17] Es ist einerseits eine Realität, an der sich die evolutionäre Ordnung der Dinge relativieren kann, weil es eben doch auf dieses Leben ankommt. Es ist andererseits eine Realität, an der sich die Offenbarung relativieren kann, weil sie eben doch über dieses Leben sprachlos werden kann. In beiden Fällen werden die bestimmenden Ordnungen des Diskurses – des evolutionären wie des revelatorischen – auf den Prüfstein gestellt und kritisch bearbeitet. An dem Ort, den das individuelle Leben jeweils in der Naturgeschichte einnimmt, bleibt die Evolution gültig und es macht Sinn, ihre Regeln zu erschließen. Aber es ist nicht von Bedeutung, dass diese gelten, weil für dieses Leben andere Zusammenhänge schlichtweg wichtiger sind.[18]

---

[17] Heterotopien, Andersorte, sind reale topologische Größen, an denen die herrschende Ordnung der Dinge entlarvt wird und dadurch in ihren Gesamtansprüchen in Frage gestellt ist. Der Begriff stammt von Michel Foucault (Foucault 2001, dt. in Foucault 2005). Foucault reflektiert mit dem Begriff auf reale Orte, die in Zeitverläufen einer Gesellschaft, Kultur, Politik eine andere Ordnung der Dinge freilegen als die herrschende Ordnung des Diskurses. Er selbst nennt Orte wie den Friedhof, das Theater, das Bordell, die Kolonie, das (Auswanderungs- und Forschungs-)Schiff. In ihnen wird jene Verräumlichung von Zeit offenkundig, also eine Relativität, von der die gegenwärtige Zivilisation geprägt ist. Für gegenwärtige Versuche, das Potential des Begriffs theologisch auszuloten vgl. Wyller (2009).

[18] Die Bedeutungslosigkeit bezieht sich auch auf den Sinn des Lebens, der evolutionsbiologisch beansprucht werden kann: „Zum einen kann die Evolutionsbiologie erklären, *warum* Menschen bestimmte Lebensentwürfe als sinnvoll erleben, andere dagegen nicht, indem sie zeigt, auf welchen biologischen Strategien diese beruhen. Zum anderen gibt sie recht gute Hinweise darauf, *welcher Langzeitstrategie* Menschen folgen sollten, wenn sie im Diesseits glücklich werden wollen." (Junker 2009, 141). Die Realitäten des Lebens folgen nicht dem, was als Sinn des Lebens identifiziert wird; sie

Dieser Ort ist eine Realität und auf seiner Ebene wird die Ordnung der Dinge, die die Evolution ausmacht, zu einer zweit- oder sogar drittklassigen Aussage. Ihre Macht relativiert sich, ohne dass die evolutionäre Ohnmacht des Einzelnen davon profitierte. Das sagt in ähnlicher Weise die Offenbarung im Munde von Paulus: „Ich bin mit Christus gekreuzigt worden; nicht mehr ich lebe, sondern Christus in mir." (Gal 2,19b/20a). Der Sprung nach vorn, den diese Aussage in der Lebensgeschichte dieses Planeten darstellt, ist die Relativierung der jeweils eigenen Person. Das ist sogar ein evolutionärer Sprung für diese Existenz in eine Ohnmacht hinein, die nicht mehr quält, sondern befreiend ist.

Hier hat man das „Nichts" erreicht, das Meister Eckhart als Voraussetzung ansieht, um zu Gott zu kommen. Und es wird zugleich jenes „Nicht" vermieden, dessen Ressentiment dem Meister zufolge in den Abgrund der Hölle führt. Der Evolution fehlt nichts vor der Offenbarung, sie gibt ihr vielmehr einen anderen Index: Es kommt in der Offenbarung auf die eigene Person nicht an, obwohl sie bestärkt wird. Und wer das begriffen hat, kann sich in der Evolution der Rede von Gott widmen, der im Modus der Offenbarung allen menschlichen Anerkennungsutopien ins Wort fällt.

Literatur

Anderson M./ Merrell F. (Hg) (1991), On Semiotic Modeling, Berlin/New York 1991.

Anderwald A. (2007), Teologia a Nauki Przyrodnicze, Opole 2007.

Barbour I.G. (2010), Naturwissenschaft trifft Religion. Gegner, Fremde, Partner? Aus dem Engl. von Regine Kather, Göttingen 2010.

Bourdieu P. (1987), Die feinen Unterschiede. Kritik der gesellschaftlichen Urteilskraft, Frankfurt/Main 1987.

Bresch C./ Daecke S.M./ Riedlinger H. (Hg) (1990), Kann man Gott aus der Natur erkennen? Evolution als Offenbarung, Freiburg 1990.

Brush J.E. (2008), Naturwissenschaft als Herausforderung der Theologie. Eine historisch-systematische Darstellung, Berlin 2008.

Clayton Ph. (2006), „Creative Mutual Interaction" as Manifesto, Research Program and Regulative Ideal, in Peters T./ Hallanger N. (Hg), God's Action in Nature's World, Aldershot 2006, 51–64.

---

sind vielmehr dafür konfrontativ. Der jeweilige Sinn des Lebens folgt einem Habitus, der dem gesellschaftlichen Ort entspricht, zu dem dieser Sinn passt. Aus einem evolutionsbiologisch beanspruchten Sinn des Lebens spricht ein Habitus, nicht die Evolution. Angesichts der hier propagierten Glücksstrategie dürfte es der Habitus eines aufsteigenden Kleinbürgertums sein. Das gilt natürlich entsprechend analog für einen religiös identifizierten Sinn des Lebens.

Clévenot M. (1994), Ein Jahrhundert voll Glaubenswille. Geschichte des Christentums im XVI. Jahrhundert, Luzern 1994.

Dalferth I.U. (2009), God, Time and Orientation, in ders. (Hg), The Presence and Absence of God, Tübingen 2009, 1–20.

Eco U. (1972), Einführung in die Semiotik. Autorisierte deutsche Ausgabe von Jürgen Trabant, München 1972.

Foucault M. (2001), Des espaces autres, in ders., Dits et Écrits II, 1976–1988, Paris 2001, 1571–1581.

Foucault M. (2005), Schriften Band IV 1980–1988, Frankfurt/Main 2005, 931–942.

Haught J. (2007), Christianity and science. Toward a theology of nature, New York/Edinburgh 2007.

Haught J. (2008), God After Darwin. A Theology of Evolution, 2008^2.

Hemminger H. (2009), Und Gott schuf Darwins Welt. Schöpfung und Evolution, Kreationismus und intelligentes Design, Gießen 2009.

Junker Th. (2009), Der Darwin-Code: Die Evolution erklärt den Sinn des Lebens, in Hoff G.M. (Hg), WeltOrdnungen, Innsbruck 2009, 127–143.

Kessler H. (2010), Evolution und Schöpfung in neuer Sicht, Kevelaer 2010^3.

Kopernikus N. (1990), Nicolaus Copernicus, Das neue Weltbild. Drei Texte, übersetzt und bearbeitet von H.G. Zekl, Hamburg 1990.

Krohs U. (2008), Welche Fragen beantwortet der „intelligent design"-Kreationismus?, in Langthaler R. (Hg), Evolutionstheorie – Schöpfungsglaube, Würzburg 2008, 61–80.

Lüke U. (2004), Schöpfung aus dem Nichts oder fortlaufende Schöpfung?, in Müller H.A. (Hg), Kosmologie. Fragen nach Evolution und Eschatologie der Welt, Göttingen 2004, 39–52.

Lüke U. (2008), Schöpfungstheologie – (k)ein Kontra zur Evolutionstheorie?, in Langthaler R. (Hg), Evolutionstheorie – Schöpfungsglaube, Würzburg 2008, 121–140.

Meister Eckhart (1958), Die deutschen Werke. Predigten, Erster Band, hg. u. übers. v. Josef Quint, Stuttgart 1958.

Mieth D. (Hg) (2008), Meister Eckhart. Einheit mit Gott, Düsseldorf 2008, 121–127.

Peirce Ch.S. (1960), Collected Papers, Volumes I–VI edited by Charles Hartshorne und Paul Weiss, volumes VII–VIII edited by A. Burks, volumes I–VI in second printing 1960, Cambridge MA, 1931–1958.

Peirce Ch.S. (1986–1993), Semiotische Schriften, 3 Bde, Frankfurt/Main 1986–1993.

Peirce Ch.S. (1982), Writings of Charles S. Peirce. A chronological Edition, Fisch M.H./ Moore E.C./ Kloesel Ch.J.W. (Hg), Bloomington Ind. 1982.

Robinson A. (2010), God and the world of signs. Trinity, evolution and the metaphysical semiotics of C. S. Peirce, Leiden 2010.

Wyller T. (Hg) (2009), Heterotopic Citizen. New Research on Religious Work for the Disadvantaged, Göttingen 2009.

II.
Wissen über die Natur und Glauben an den Schöpfer

Evolution mit, ohne oder gegen Offenbarung?

Teleonomie, Teleologie und die Evolutionstheorie

von Andreas Beyer

Seit es den Menschen gibt, versucht er, die Welt, in der er lebt, zu erfassen, zu begreifen, zu beeinflussen. Schon die steinzeitlichen Fels- und Höhlenmalereien vor mehr als 30.000 Jahren künden davon, und vermutlich ist der Mensch seit Hunderttausenden von Jahren, seit es den *Homo sapiens* gibt, derart veranlagt. Nun sind dem Menschen jedoch verschiedene und diversifizierende Sichtweisen auf die Welt offensichtlich fremd, und so gab es zunächst keinen Unterschied zwischen Glauben und (empirischer) Naturerkenntnis – die Sicht der Welt war holistisch: auf der Jagd und bei der Landwirtschaft, beim Bau von Häusern und Booten, im Krieg und beim Heilen benutzte man ganz selbstverständlich durch Erfahrung erworbene, tradierte Kulturtechniken ebenso wie Beschwörungen und Zauber. Wissen war nicht kategorisiert und systematisiert, und in vielen Kulturen dieser Erde ist es bis heute so. Hingegen ist unsere moderne, industrielle, westliche Zivilisation geprägt von einer Diversifizierung nicht nur der Berufe, sondern auch von unterschiedlichen Perspektiven der Wissenschaft und Glaubenssysteme auf die Wirklichkeit – das ist eine sehr junge Errungenschaft.

Wie steht es nun mit Wissenschaft und Glauben, konkret mit der Evolutionstheorie und der christlichen Offenbarung? Sind die Welt des religiösen Glaubens und die der Naturwissenschaft kompatibel? Und wie haben sie sich in der Vergangenheit gegenseitig beeinflusst? Dies soll Thema des vorliegenden Textes sein.

1. Die Welt, in der wir leben und die empirischen Wissenschaften

Die Natur der modernen, *empirischen Wissenschaften* („*eW*“) und somit auch das Wesen der Naturwissenschaften ist alles andere als „holistisch“; und erst, als sie sich von allen *supranaturalen* Deutungsmustern getrennt hatten, begann ihre Erfolgskarriere. Den *eW* liegt der *Skeptische Realismus* sowie der *Methodische Naturalismus*[1] zugrunde. Ersteres ist die Überzeugung, dass es eine äußere Realität gibt und dass sie für uns prinzipiell erfassbar ist – wenngleich mit Vorsicht, weil es naiv ist, dem bloßen Augenschein zu trauen. Zweiteres ist die Überzeugung, dass es in dieser Welt „mit rechten Dingen" zugeht, dass also Kausalität herrscht:[2] Das Wirken von Geistern, Göttern oder „Essenzen", die man möglicherweise durch magische Handlungen beeinflussen kann, wird ausgeschlossen.[3]

Interessant ist nun die Frage, ob es sich bei diesen beiden Prinzipien um voraussetzungsfreie a-priori Setzungen handelt, also um die philosophische und empirisch nicht prüfbare bzw. nicht hinterfragbare Basis der *eW*, oder ob sie selber prüfbar sind. Dazu muss man sich nur fragen, ob diese Prinzipien scheitern könnten, also ob sich durch bestimmte Beobachtungen oder Experimente heraus stellen könnte, dass sie heuristisch nicht tragfähig wären, dass ihre Anwendung nicht zu sinnvollen Aussagen und Erkenntnissen führen würden – vulgo: dass sie sinnlos und somit offensichtlich falsch sind.

Stellen wir uns nun einmal vor, der Ausgang eines Experiments würde von der Haarfarbe des Experimentators oder von Bannsprüchen abhängen, an christlichen Feiertagen wäre die Lichtgeschwindigkeit um 3 % höher, es gäbe Menschen, die reproduzierbar Wunder wirken oder in die Zukunft sehen könnten usw.: dies alles würde den *Naturalismus* zu Fall bringen![4] Weiterhin

---

[1] Dieser Begriff wird in der Literatur etwas unterschiedlich definiert. Die hier verwendete Definition ist also nicht automatisch auf Texte anderer Autoren übertragbar.

[2] Damit ist kein simples Ursache-Wirkungs-Prinzip gemeint, denn natürlich gibt es auch den Zufall. Spätestens in der Quantenwelt ist Zufall objektiv (und nicht durch Mangel an Information verursacht, sondern „wesensmäßig existent"). Nichtsdestotrotz sind auch alle zufälligen Ereignisse in das Netzwerk der Naturgesetze eingebunden: Wenngleich ein einzelnes radioaktives Atom vollkommen unvorhersehbar zerfällt, so ist doch das Zerfallsverhalten einer größeren Gruppe von Radionukliden streng vorhersagbar.

[3] Auch dies ist stark vereinfacht, denn es wäre ja eine Welt denkbar, in der Zaubersprüche und Bannformeln funktionieren würden (also kausal wirksam wären). In solch einer Welt müsste man zwischen innerweltlicher und supranatural wirksamer Kausalität unterscheiden, und es gäbe zwei Zweige empirischer Wissenschaft: der „innerweltliche" würde Kausalität *und* Wirkmechanismen aufdecken und untersuchen, der zweite, nicht-naturalistische nur die betreffenden Kausalbeziehungen entdecken, ohne Aussagen über Wirkmechanismen machen zu können. Allerdings ist es offensichtlich, dass wir in solch einer Welt nicht leben, daher ist diese Vereinfachung hier legitim.

[4] Nun wäre auch eine Welt denkbar, in der auch solche Phänomene – wie auch immer – innerweltlich-kausal erklärbar wären. Das gilt für diese unsere Welt allerdings nicht: solche (reproduzierbaren) Beobachtungen würden mit einer großen

könnten wir, wenn der *Skeptische Realismus* nicht gelten würde, in dieser Welt nicht existieren: Wenn wir überhaupt nicht in der Lage wären, diese Welt auch nur ansatzweise zu erkennen und zu verstehen, könnten wir in ihr nicht überleben, könnten keinerlei sinnvolle Handlung planen oder durchführen. Nur die Annahme, dass wir diese Welt zumindest partiell erfassen können, erklärt (und ist auch gleichzeitig Prüfstein für diese Annahme), dass wir überhaupt überlebensfähig sind und in dieser Welt recht gut zurande kommen – sowohl pragmatisch als auch intellektuell.[5] Insofern sind der *Naturalismus* und der *Skeptische Realismus* prüfbar und daher ist die *eW* in diesem Sinne voraussetzungsfrei.[6]

Das ist zugegebenermaßen eine Position, die von der Mehrzahl der Philosophen nicht geteilt wird; begründet wird dies meist damit, dass auch solche Beobachtungen und Ereignisse wie die aufgezählten in ein naturalistisches Weltbild eingebaut werden könnten. Das erscheint allerdings weit hergeholt, denn eine solche Integration wäre nur mit roher Gewalt, also mittels willkürlicher ad-hoc Annahmen und unter Inkaufnahme erheblicher Inkonsistenzen in den Theoriengebäuden, möglich. Nun ist es aber eine Binsenweisheit: wenn man sich mit dem Vorschlaghammer die Fakten zurechtbiegt, wenn man Experimental- und Beobachtungsdaten, gut bestätigte Erkenntnisse und logische Argumente nach Belieben akzeptiert oder verwirft, dann kann man auch jede beliebige Theorie und Idee formulieren. Daher kann dieses Argument nicht überzeugen: In der Wissenschaft muss man ein Mindestmaß an intellektueller Redlichkeit voraussetzen, und unter dieser Prämisse könnte man reproduzierbare Wunder (i.S.v. Vorgängen, die klar formuliertem und gut gesichertem Wissen über die Kausalität in dieser Welt kategorial widersprechen, also z. B. wirksame Zaubersprüche) in ein naturalistisches Weltbild nicht integrieren.

Mengen anderen, gesicherten Wissens, welches wir über diese Welt angehäuft haben, unerbittlich kollidieren, so dass der Naturalismus – zumindest in besagtem Gebiet – nicht mehr haltbar wäre.

[5] Natürlich kann man völlig anders geartete, fantastische Erklärungen konstruieren, z. B.: Wir leben wie im gleichnamigen Kinofilm in einer „Matrix", oder es gibt nichts als unseren eigenen Geist und die Welt ist eingebildet (*Solipsismus*) etc. All diese postmodernen Ideen haben eines gemeinsam: Sie sind vollkommen willkürlich, adhoc konstruiert, haben keinerlei heuristische Erklärungskraft und es gibt nichts, was *für* sie spricht. Damit sind sie zwar nicht widerlegt, aber sie können gegen den *Skeptischen Realismus* nicht „punkten". Vernünftigerweise wird man sie also ad acta legen.

[6] Natürlich ist der Naturalismus eine Voraussetzung der *eW* – aber darum geht es hier nicht. Es geht um die Frage, ob es sich beim Naturalismus um eine nicht hinterfragbare a-priori Setzung handelt, und das ist ganz offensichtlich nicht der Fall.

Man kann den *Methodischen Naturalismus* auch als einen *Schwachen (Ontologischen) Naturalismus* bezeichnen, weil er keine kategorischen, ontologisch-metaphysischen Allaussagen trifft: es könnte vielleicht supranaturale Entitäten geben, aber sie wirken sich in unserer Welt offenbar nicht aus (operational ausgedrückt: Ihr Wirken wird nicht berücksichtigt).[7] Halten wir nochmals fest, dass diese Position revidierbar ist, sie könnte empirisch widerlegt werden.

Ein *Starker Ontologischer Naturalismus* beinhaltet hingegen darüber hinaus die klare Aussage, dass Supranatur nicht existiert. Man mag diese Position aus dem großen Erfolg der *eW* und des zugrunde liegenden *Methodischen Naturalismus'* ableiten, es handelt sich dabei jedoch um einen induktiven Schluss etwa folgenden Inhalts: „*Alles in der Welt geht mit rechten Dingen zu, alles hat natürliche Ursachen, was auch immer wir in den letzten Jahrhunderten systematisch erforscht haben. Also wird es in der gesamten Welt keine Supranatur geben, auch die Letztbegründungen – ob sie uns erkennbar sind oder nicht – sind natürlicher Art.*" Diesen Schluss mag man plausibel finden oder nicht: er ist ein induktiver Schluss, ein reiner Analogieschluss und daher logisch nicht zwingend.

Bleibt die Frage, ob die *eW* den *Starken Ontologischen Naturalismus* brauchen oder nicht. Hier hilft ein Blick in die Geschichte der eW: Gilt und galt der *Starke Ontologische Naturalismus* als Grundlage der *eW* und wenn ja, wann und in welchem Umfang? Nun, als Physik und Chemie schon längst naturwissenschaftlich (und damit naturalistisch) betrieben wurden, galt das Leben immer noch als empirisch-wissenschaftlich nicht beschreibbar: der sog. *Vitalismus* glaubte hinter dem Leben eine immaterielle Lebenskraft, die *Vis Vitalis* (eine Idee, die letztlich auf Aristoteles' *Entelechie* zurück geht). Erst als Friedrich Wöhler 1824 auf chemischem Wege Harnstoff synthetisieren konnte, begann der endgültige Niedergang des *Vitalismus.*[8] Wir sehen also: Physikalische

[7] Man mag diese beiden Versionen des Naturalismus gegeneinander differenzieren: Im *Methodischen N.* würde ein eventuelles Wirken supranaturaler bzw. teleologischer Faktoren einfach nicht berücksichtigt, der „*Schwache N.*" oder „*Schwache Ontologische N.*" würde als Arbeitshypothese die Unwirksamkeit solcher Faktoren postulieren. Derlei Unterscheidungen sind jedoch im Rahmen dieser Betrachtung irrelevant und werden daher nicht weiter thematisiert.

[8] Genau genommen ist es nicht richtig, dass allein die erfolgreiche Harnstoff-Synthese den Untergang des *Vitalismus* bewirkt habe: es war dies nur ein Schritt von vielen: der *Vitalismus* hielt sich bis zum Anfang des 20. Jahrhunderts. Im Übrigen gab (und gibt) es vom Vitalismus unterschiedliche Spielarten, die z.T. supranatural begründet

und chemische Forschung und Wissenschaft war möglich ohne einen *Starken Ontologischen Naturalismus*. Es schien sogar den meisten Forschern und Gelehrten evident, dass der *Naturalismus* in der unbelebten Natur gelte, im Reich des Lebendigen hingegen nicht. In der Tat wäre solch eine Welt vorstellbar: In ihr könnten wir Physik und Chemie (nebst davon abgeleiteten Wissenschaften) rein naturalistisch betreiben, ein kausales Verständnis des Lebendigen wäre uns jedoch verschlossen, weil hier immaterielle bzw. kausal nicht greifbare Faktoren am Werk wären.

Ein weiterer solcher „Übergang" vollzog sich dann Ende des 20. Jahrhunderts, als Wissenschaft ernsthaft begann, sich mit dem menschlichen Bewusstsein auseinander zu setzen. Die ersten naturalistischen Ideen kamen Anfang des 20. Jahrhunderts auf; aber dennoch blieben etliche Wissenschaftler wie z. B. der Nervenphysiologe und Nobelpreisträger John Carew Eccles bis zum Ende des Jahrhunderts *Dualisten*, glaubten also neben den materiellen, neurophysiologischen Prozessen an immaterielle Entitäten im menschlichen Geist. Erst jetzt, zur Jahrtausendwende, hat sich der *Naturalismus* auch in der Hirnforschung und Psychologie (mehr oder weniger vollständig) durchgesetzt. Ergo wurde auch hier über lange Zeit akzeptiert, dass es in der gesamten Natur „mit rechten Dinge zugehe", außer vielleicht im menschlichen Geist. Nun, unsere Welt ist offensichtlich nicht in derartige „Domänen" – naturale und nicht-naturale – aufgeteilt, wie immer klarer geworden ist. Aber darum soll es im Augenblick nicht gehen – was also zeigt dieser Blick in die Geschichte?

Erstens ist ein *Starker Ontologischer Naturalismus* offenbar zum *lege artis* Betreiben der *eW* nicht nötig. Ein *Methodischer, Schwacher Naturalismus* ist völlig ausreichend.

Zweitens: Der *Naturalismus* wurde *eben nicht* postuliert, nicht a-priori gesetzt. Er wurde als Hypothese formuliert, deren Geltungsbereich dann empirisch ermittelt wurde: Dabei erwies sich sein Geltungsbereich als immer weiter reichend. Das bedeutet, dass er sich empirisch bewährt hat, also im Popper'schen Sinne bestätigt wurde.

---

sind oder auch nicht. Allen gemein ist jedoch, dass sie anti naturalistisch sind und damit den methodischen Naturalismus der *eW* (und damit der Biologie) verwerfen.

3. *Naturalismus und Teleologie*

Bleibt die Frage, ob der *Naturalismus* zum Betreiben der *eW überhaupt* nötig ist. Das wird zwar (sinnvollerweise!) stets und stillschweigend vorausgesetzt, die Frage ist aber dennoch einer näheren Betrachtung würdig.

Was für grundsätzliche Herangehensweisen an die Natur sind möglich? Was die Ursachen der Prozesse in dieser Welt anbelangt, so gibt es zwei mögliche Sichtweisen: Entweder man nimmt für einen Vorgang in der Welt bzw. für eine Klasse von Vorgängen natürliche Ursachen an. Damit ist gemeint, dass es allein Naturgesetze sind, die kausal wirksam werden, und Naturgesetze kennen keinen Sinn und kein Ziel, in ihnen offenbart sich kein Wille und keine Planung, ihr Wirken ist nachvollziehbar und es existieren keine *supranaturalen Einflüsse*: Das ist *Naturalismus*. Oder aber man akzeptiert gerade solche Faktoren. Als Folge würde man in der Natur *supranaturale Einflüsse* annehmen und/oder *Teleologie*,[9] also Zwecksetzungen.[10] Was wäre die Folge für die *eW*? Nun, sobald man solche Faktoren akzeptiert, hat sich die Suche nach natürlichen Ursachen im Sinne von prüfbaren Naturgesetzlichkeiten erübrigt: Wenn ich Zeus' Zorn als Ursache für Gewitter ansehe, habe ich eine geschlossene und vollständige Erklärung und jedwede physikalisch-meteorologische Betrachtung erübrigt sich. Wenn ich einen Willen der Materie zur Selbstorganisation postuliere, so kann ich mir jegliche Evolutionsforschung sparen: Ich habe ja eine vollständige Erklärung der phylogenetischen Entwicklung zur Hand. Damit offenbart sich die fatale Schwäche solcher nicht-naturalistischen Paradigmen bei der Beschreibung realer Prozesse: Sie sind (a) nicht prüfbar, weil para-naturale Ursachen (die ja fast

[9] Der Begriff *Teleologie* wird hier verwendet i.S.v. Zwecksetzung: Prozessen oder Dingen/Organismen liegen Zwecke bzw. Absichten inne, die von außen gezielt gesetzt wurden. Hierin liegt der entscheidende Unterschied zur *Teleonomie*, s.u.

[10] Die Idee einer *Teleologie* in der Natur ist nicht identisch mit der Annahme *supranaturaler Einflüsse*. Einerseits kann *Teleologie* auch als „immanenter Zweck" gedacht werden, z. B. einige heutige esoterische Richtungen denken so: Der Materie selbst liege ein „Wollen" und „Streben" z. B. zur Strukturierung oder zur Entwicklung von Leben inne. Andererseits führen (angenommene) *supranaturale Einflüsse* nicht notwendigerweise zu teleologischen Strukturen: Es wäre ja denkbar, dass diese Faktoren keine Ziele, Zwecke oder Absichten haben oder erzeugen. Die Differenzierung zwischen *Supranaturalismus* und der *Teleologie* (sei sie immanent oder transzendent) ist in unserem Kontext allerdings irrelevant: Beide Faktoren würden kausale Zusammenhänge brechen, würden naturalistisch verstandene Naturbetrachtung an den betreffenden Stellen unmöglich oder zumindest unvollständig und inkonsistent machen, weil sie Prozesse oder Konstellationen verursachen würden, hinter denen eben mehr steckt als kausal fassbare Faktoren, also mehr als die Naturgesetze.

schon automatisch nicht erfassbar und erforschbar sind)[11] akzeptiert werden und (b) entfällt damit die Notwendigkeit (ja, der Sinn!) empirischer Forschung, denn die *Teleologie* und/oder *Supranatur* ist eine vollständige, dabei aber auch nicht mehr hinterfragbare Erklärung. Aber, wie wir gesehen haben, eben leider auch eine zirkelschlüssige.

In der Tat zeigt auch ein Blick auf Forscherpersönlichkeiten der Vergangenheit, dass empirische Erkenntnis nur möglich war, wenn *teleologische* Erklärungen nicht heran gezogen wurden: Carl von Linné akzeptierte selbstverständlich die Realität der biologischen Welt und konnte daher grandiose Arbeit in der biologischen Taxonomie, deren Begründer er faktisch war, leisteten. Mit seinem Werk hatte er den Schlüssel zur Erkennung der Evolution der Arten in der Hand, da er aber Kreationist war, also die Erschaffung der Arten durch Gott als gegeben ansah, war ihm diese Erkenntnis und der Weg dorthin schlicht verbaut. Jean-Baptiste de Lamarck und Charles Darwin hingegen, die sich mit übernatürlichen Erklärungen nicht zufrieden geben mochten, legten den Grundstein zur modernen Evolutionstheorie, die eine heuristisch fruchtbare, also äußerst erklärungsmächtige Theorie ist.[12]

Diese alternative Sicht – Anerkennung des *Naturalismus* und Anwendung der *empirischen Methode* oder: *Teleologie* bzw. *Supranaturalismus* – ist in der historischen Realität der *eW* keine Dichotomie:[13] Es kann beides zusammen kommen, wie wir ja bereits bei Linné gesehen haben, der in seiner taxonomischen Arbeit empirisch-naturalistisch vorging, dabei aber *supranaturale* Erklärungen für die Entstehung der Arten vorzog. Die Verhältnisse können jedoch noch komplizierter sein, wie sich an Leibniz zeigen lässt: Sein Denken war entschieden teleologisch geprägt. Das war sicherlich einer der Gründe, dass er als Philosoph und Mathematiker wesentlich erfolgreicher war denn als empirischer Wissenschaftler. Interessant und aufschlussreich ist allerdings seine Ar-

---

[11] Natürlich wäre eine Welt denkbar, in der supranaturale Kräfte nachweisbar sind (z. B. wenn Beschwörungsformeln reproduzierbar Wirkung entfalten würden), deren kausaler Wirkmechanismus dabei aber nicht erfassbar wäre – s. Anm. 4. Dies ist allerdings rein hypothetisch, denn unsere Welt ist ganz offensichtlich so nicht beschaffen, wie alle Erfahrung zeigt. Daher können wir diese Überlegung beiseite lassen.

[12] Selbstredend ist die Anwendung der *empirischen Methoden* (s.u.) auf dem Boden des *Naturalismus* kein *Garant* für die Entwicklung einer stimmigen und leistungsfähigen Theorie. Aber das Umgekehrte gilt: *Ohne Naturalismus* und *empirische Methode* ist die *eW* aus genannten Gründen unmöglich. *Naturalismus* und *empirische Methode* sind also notwendige Bedingungen.

[13] … was eine reine „ist-Aussage“ darstellt. Damit ist weder gesagt, noch gemeint, dass diese Art des Denkens sinnvoll oder heuristisch fruchtbar ist.

beit im Bereich der Optik: Er hatte 1682 in einer Abhandlung in den Acta Eruditorum aus der teleologischen Annahme, dass der Lichtstrahl stets den einfachsten und leichtesten Weg wähle, mechanische Gesetze der Reflexion und Lichtbrechung gewonnen und sie danach durch das Experiment bestätigt. Das scheint zu zeigen, dass empirische Forschung und Erkenntnis auch unter teleologischen Prämissen möglich ist, doch das ist ein Fehlschluss. Der Satz, Licht folge stets dem „kürzesten“ oder „einfachsten“ Weg, ist eine *empirische Hypothese*,[14] die sich dementsprechend auch *empirisch* prüfen lässt. Wenn man allerdings wie Leibniz solch eine *teleologische* Annahme zugrunde legt, dann wird man niemals herausfinden können (und wollen und müssen), aus welchem physikalischen Grund sich das Licht so verhält.

Fassen wir also zusammen: *Teleologie* macht *empirische Forschung* unmöglich oder sogar überflüssig. Und wenn sich *naturalistische* und *teleologische* Ideen mischen, so ist im Bereich *naturalistischer* Betrachtung empirische Forschung (zumindest prinzipiell) möglich und dort, wo *teleologische* (oder *supranaturale*) Paradigmen angewendet werden, wird empirische Forschung nicht nur scheitern, sondern erst gar nicht stattfinden.

4. Die empirische Methode

Bisher haben wir die philosophische (genauer: erkenntnistheoretische) Grundlage der *eW* behandelt, haben dabei aber die Frage der Logik und Struktur der empirischen Methode noch nicht beachtet: Wie also geht die *eW* methodisch vor?

Die *empirische Methode* ist gekennzeichnet durch ihren *methodischen und erkenntnistheoretischen Zirkel*, also die Wechselbeziehung zwischen *Theorie* und *Realität*. *Theorien* haben *Modellcharakter*: Ein *Modell* ist ein mehr oder weniger formalisiertes Abbild einer realen Entität, also eines natürlichen Prozesses, eines Gegenstands oder einer Gegebenheit. Theorien und damit ihre Modelle sind immer abstrakt-virtuell: Sie befinden sich im Denken der Menschen, die sich mit ihnen befassen; ihr Gegenstand hingegen liegt in der realen Welt. Daraus ergibt sich das *erkenntnistheoretische* (*epistemologische*) Problem der *eW*: Die „Transformation“ realer Gegebenheiten in die Welt des Denkens.[15] Zwischen

[14] … wobei „kurz“ und „einfach“ als Bezeichnung für physikalische Zusammenhänge (z. B. Geodäten) verstanden werden.

[15] Das ist, nebenbei bemerkt, ein Problem, welches es in der *Logik* und der *Mathema-*

beiden Welten steht immer die menschliche Wahrnehmung, und allzu oft hat diese sich als trügerisch erwiesen.

Hier setzt nun der methodische Zirkel ein: Aus der Realität – genauer: aus Beobachtung und Experiment – werden Modelle abgeleitet; mit ihnen versucht man, die kausalen Wirkfaktoren auf der formalisierten Ebene der Theorie kongruent abzubilden.[16] Man mag lang und fruchtlos darüber streiten, ob dieser Schritt „rationalistisch", „empiristisch", „konstruktivistisch" oder sonst etwas ist. In der Realität des wissenschaftlichen Arbeitens bedarf es der Beobachtung, des Sammelns und Kategorisierens von Daten, gefolgt von rationaler wie intuitiver Konstruktion modellhafter Hypothesen – und eine gehörige Portion an Glück, Geschick, Verbissenheit und Frustrationstoleranz gehört auch dazu. Wie auch immer: Dieser Schritt der Theorienbildung ist prinzipiell induktiv und daher ohne Beweiskraft; daher ist es auch relativ egal, welches philosophische Etikett man ihm anhängt. Entscheidend ist nur der nächste Schritt: die Deduktion. Theorien haben sich zu bewähren, aus ihnen müssen Vorhersagen ableitbar sein, anhand derer man sie prüfen kann. Wenn die Fallgesetze gültig sind (genauer: wenn die mathematische Beschreibung des mechanischen Vorgangs „freier Fall" korrekt ist im Sinne eines stimmigen, heuristisch fruchtbaren, die Realität kongruent abbildenden Modells), dann müssen frei fallende Körper immer und unter allen Bedingungen linear beschleunigt fallen. Wenn tatsächlich Kalkriese der Ort der Varus-Schlacht war, dann dürfen im dortigen Fundhorizont keine Münzen entdeckt werden, die *nach* der Schlacht geprägt wurden. Wenn die Evolutionstheorie korrekt in oben genanntem Sinn ist, dann sind komplexe Synapomorphien[17] einmalig, dürfen also nur in einem einzigen Taxon auftreten.

---

tik nicht gibt: Hier befinden sich die Theorien *und* ihre Gegenstände in derselben Welt: einer gedachten, abstrakten, virtuellen Welt mit klar definierten Regeln. Weil hier eine solche „Transformation" nicht statt finden muss, können in *Mathematik* und *Logik* strenge Beweise geführt werden, was in den *eW* prinzipiell unmöglich ist.

[16] Theorien sollen begriffliche, abstrakte und generalisierende Repräsentationen der Wirklichkeit sein, die sie dabei idealerweise adäquat beschreiben werden.

[17] Synapomorphien sind „evolutionäre Erfindungen", die in einer Entwicklungslinie auftreten. Wenn sie komplex sind (d. h. aus mehreren, prinzipiell nicht unmittelbar voneinander abhängigen Faktoren bestehen), dann müssen sie einmalig sein. Knochen sind ein Beispiel: Sie wachsen aus knorpeligen Anlagen, bestehen aus Kalziumapatit, haben eine spezielle Schichtstruktur, werden von bestimmten Zellklassen – Osteoblasten und Osteoklasten – auf- und abgebaut usw. Da all diese Merkmale unabhängig voneinander sind, kündet ihre Kombination von ihrer einmaligen und unverwechselbaren evolutionären Geschichte. Wenn sich also Knochen in der Wirbeltiergeschichte herausgebildet haben, dürfen sie in keinem anderen Tierstamm vorkommen. Also kann man vorhersagen, dass Stützelemente anderer Tierstämme

Daher ist ein Eintreffen von Vorhersagen (allgemeiner: gemachte Beobachtungen und ermittelte Experimentaldaten, die sich zwanglos durch eine Theorie erklären und mit ihr vereinbaren lassen) eine Bestätigung der betreffenden Theorie. Umgekehrt widersprechen Falsifikationen einer Theorie, schwächen sie also – allerdings selbstverständlich nur dann, wenn diese Falsifikationen ihrerseits hinreichend abgesichert sind. Im wissenschaftlichen Alltag kann eine Falsifikation unterschiedliche Folgen haben: (I) die Theorie wurde vollständig widerlegt, sie ist offensichtlich grundlegend falsch.[18] (II) Die Theorie erweist sich als unvollständig. Die sie konstituierenden Modelle müssen erweitert, modifiziert, verallgemeinert werden. (III) Es zeigt sich, dass das Modell im betrachteten Fall nicht gilt, dass also sein Geltungsbereich eingeschränkt ist.[19] Auf diese Weise wird eine Theorie immer und immer wieder an der Realität gemessen, bewertet und verfeinert.

Insofern gehört das Falsifizieren einer Theorie zum wissenschaftlichen Alltag – es ist Kennzeichen des wissenschaftlichen Fortschritts. Dass dies gleichbedeutend mit *Paradigmenwechseln*[20] sei, ist ein weit verbreitetes Missverständnis: In aller Regel werden zuvor gut bestätigte und anerkannte Theorien nicht komplett verworfen, sondern korrigiert, verfeinert und verallgemeinert: Die Newton'sche Gravitationstheorie ist *nicht „falsch"*, sie ist ein Spezialfall der Einstein'schen, die einen *größeren Allgemeinheitsgrad* aufweist. Die Strahlenoptik ist *nicht „falsch"*, sie ist lediglich *„gröber"* als die Wellenoptik, und die Quantenoptik weist nochmals einen höheren Grad an Allgemeinheit auf. Dies alles ist letztlich

---

wie z. B. der Schulp (das „Rücken-Stütz-Element") der Tinten‚fische' gänzlich anders aufgebaut sein müssen als Wirbeltierknochen.

[18] … was man nie *mit Sicherheit* wissen kann. Die Falsifikation kann ja auch an falsch gewählten oder abgeschätzten Randbedingungen liegen. Ergo kann man formal jedes Modell durch Modifikation der Randbedingungen und Hilfshypothesen beliebig lange vor Falsifikation schützen – und damit auch die allgemeine Theorie. In der Praxis ist dies jedoch kaum relevant: Irgendwann wird sich eine Theorie unter der Last falsifizerender, gut abgesicherter Befunde beugen müssen. Zu monieren, dass man dafür keine exakten Bedingungen im Sinne einer „universalen Checkliste" angeben kann, ist daher unsinnig (und auch unfair). Abgesehen davon ist es eigentlich jedem klar: Wäre es anders, bräuchten wir keine Wissenschaftler. Die Theorienbildung und -überprüfung könnten dann ja Computer übernehmen …

[19] Das kann etwas völlig unspektakuläres sein: Z. B. die Gasgesetze gelten nicht mehr, wenn ein Gas kondensiert oder gefriert.

[20] Dieser von Thomas Kuhn geprägte Begriff ist unglücklich, wie er selber einräumte (1995/97: „Paradigm was a perfectly good word, until I messed it up"). „Paradigmenwechsel" wird üblicherweise so verstanden, als ob sich die Sichtweise der *eW* auf die Natur, ihre Erklärungsansätze und -muster immer wieder völlig ändern würden.

nichts anderes als das Prinzip, welches Karl Popper in seiner „Logik der Forschung“ beschrieben hat.

Nun vertreten viele Philosophen die Auffassung, der von Popper beschriebene Falsifikationismus sei überholt – eine Position, die schwer nachvollziehbar erscheint und vor allem mit der Realität der *eW* nichts zu tun hat,[21] denn nach wie vor ist dies die Nagelprobe einer Theorie: ihre Bewährung über gemachte Voraussagen, ihre Robustheit gegen Falsifikationsversuche, ihre heuristische Fruchtbarkeit, ihre interne und externe Stimmigkeit. Nach wie vor werden Hypothesen völlig zu Recht als unwissenschaftlich kritisiert, wenn man sie nicht experimentell oder über Beobachtungsdaten (deduktiv-falsifizierend!) prüfen kann.[22] Trotz aller Kritik aus kulturrelativistischer und postmoderner Ecke: So und nicht anders funktioniert die empirische Forschung.

Wir können also zusammenfassen: *eW* ist unter *teleologischen Prämissen* nicht möglich; der (methodische, in o.g. Sinn) *Naturalismus* und damit die Ablehnung von *supranaturalen Einflussfaktoren* sowie *teleologischer Prinzipien* ist Vorbedingung für die *eW*. Das klingt zunächst wie ein Widerspruch gegen das eingangs Gesagte: Die *eW* sei voraussetzungsfrei,[23] weil ihre erkenntnistheoretische (und damit philosophische) Grundlage prüfbar sei. Aber dieser scheinbare Widerspruch löst sich auf, denn man kann es wie folgt ausdrücken: In der *eW* „tut man so, als gelte der *Naturalismus*, als gäbe es keine *Supranatur* und keine *Teleologie*“, und dann schaut man einfach, wie weit dieser Ansatz trägt. Anders gesagt: Gäbe es in dieser Welt *supranaturale Faktoren* und/oder *immanente Teleologie*: was würde passieren? Nun, die empirische Methode würde an diesen Punkten schlicht scheitern. Das nicht-Scheitern, die vielfache Bestätigung und der breite Erfolg der empirischen Methode sind also als eine Bestätigung (corroboration sensu Popper) anzusehen.

[21] Natürlich kann man kritisieren: Falsifizieren ließen sich immer einzelne Aussagen, aber niemals eine komplexe Theorie. Die Theorie könne immer gerettet werden, indem Randbedingungen für falsch erklärt würden, (faktisch ad hoc) Hilfshypothesen konstruiert würden etc. Diese Kritik ist unberechtigt und unfair, weil sie die realen Gegebenheiten in den *eW* ignoriert. Um es noch einmal zu sagen: Mit Gewalt kann man jede Theorie retten. Aber die intellektuelle Redlichkeit, die in den Wissenschaften *insgesamt* herrscht, verhindert dies.

[22] Die Inflationstheorie des Urknalls wurde und wird z.Zt. wieder kritisiert, weil man durch geeignete Wahl der Modell-Parameter alle beliebigen kosmologischen Beobachtungsdaten produzieren konnte. Aus einem ähnlichen Grund wird die Everett'sche Viele-Welten-Interpretation der Quantenmechanik völlig zu Recht als unwissenschaftlich kritisiert: Sie macht keine Vorhersagen, die prüfbar wären.

[23] Vgl. Anm. 6.

Der wissenschaftstheoretische Status historischer Wissenschaften ist komplex. Die Geschichtswissenschaft ist eine empirische, weil sie sich mit der Faktizität historischer Ereignisse befasst. Sie ist zugleich eine Gesellschaftswissenschaft, weil sie versucht, die Gesellschaften als handelnde Entitäten der Geschichte zu verstehen. Und sie ist eine Geisteswissenschaft, weil hinter alledem ein bestimmtes Menschen- und Kulturbild steht.

Historische Wissenschaften aus dem Bereich der Naturwissenschaften – Kosmologie, Geologie, Evolutionswissenschaften – haben es insofern etwas leichter, als dass keine Menschen und Kulturen als handelnde Subjekte auftreten. Dennoch haben auch sie das Problem, dass ihre Objekte historisch sind, also nicht mehr greifbar. Gerade das machte (und macht sie immer noch) empfindlich gegenüber *teleologischen* bzw. *supranaturalen* Paradigmen: Wenn diese Welt, in der wir leben, so beschaffen ist, dass wir offenbar gut in ihr leben können, und wenn die Vergangenheit nicht reproduzierbar ist, so kann man ja sehr wohl auf die Idee kommen, dass alles so beschaffen ist, weil eine lenkende Macht – sei sie personal gedacht oder nicht – es für uns so eingerichtet habe.

Angriffspunkt von Kritikern ist also, dass das Vergangene nicht mehr empirisch zugänglich sei. Diese Einschätzung ist jedoch ein Fehlschluss: die *eW* beruhen nicht auf dem Experiment, sondern auf dem oben skizzierten methodischen Zirkel: Hypothesen werden erstellt, überprüft und zu Theoriengebäuden ausgebaut, die experimentelle Überprüfung ist nur der eine Zugang zur Realität, Beobachtung ist der andere. Die Theorie, also das Modell der historischen Wissenschaft ist die geschichtliche Ablauf, also die „Story". Eine solche Story beinhaltet eine *interne Logik*, anhand derer sie prüfbar ist: Wenn es stimmt, dass die Wikinger im 8. Jahrhundert aus Skandinavien und dem Ostseeraum kamen, dann dürfen aus den Jahrhunderten davor keine Wikinger-typischen Kulturartefakte gefunden werden, und schon gar nicht in Regionen außerhalb des Ostseeraumes und Skandinaviens. Wenn die Kontinente tatsächlich in den Superkontinenten Rodinia, Gondwana und Laurasia vereinigt waren, dann müssen die Reste der damaligen Gebirgszüge, die Küstenlinien sowie die Verbreitungsgebiete der damaligen Fauna und Flora konsistente Fakten bezüglich der damaligen Landkarte ergeben. Wenn Säuger tatsächlich einen gemeinsamen Vorfahren haben, müssen sie (a) in charakteristischen Merkmalen – eben den Synapomorphien (s.o.) – übereinstimmen und (b), wenn fossile Vorfahren entdeckt werden, so müssen sie sich ohne Konflikte und Widersprüche in ein Kladogramm[24] einordnen lassen. Diese Art von Vorhersage ist ebenso prüfbar wie die Vorhersagen in den „Gegenwarts-Wissenschaften". Abgesehen davon ist es ein Irrtum zu glauben, dass Gegenwartswissenschaften stets experimentellen Zugriff auf ihre Objekte hätten: Astrophysiker können keine Sterne untersuchen oder im Labor nachbilden, für Geophysiker ist das Erdinnere nicht erreichbar, Quantenphysiker haben bestenfalls sehr indirekten Zugriff auf die Objekte ihres Interesses, noch dazu beschränkt durch die verfügbaren Energien ihrer Beschleuniger.

6. Evolution, Teleologie und Teleonomie

Die Evolutionswissenschaft ist also eine Naturwissenschaft mit historischer Komponente: Evolution ist ein natürlicher Vorgang, der sich allerdings in einer Historie manifestiert. Die Gesetze der Genetik, der Selektion, die Wechselbeziehungen in der Ökologie: Das sind kausale Faktoren, die in der belebten Natur gelten und immer wirksam sind. Der Gang der phylogenetischen Geschichte hingegen ist einmalig und unwiederholbar. In der Evolutionswissenschaft sind daher die Mechanismen als solche weitgehend direkt untersuchbar, der Gang der Phylogenie muss anhand ihrer Hinterlassenschaften erschlossen werden wie alle anderen historischen Begebenheiten auch.

Eine Besonderheit bei der Betrachtung der Lebewesen ist ihre offenkundige Zweckmäßigkeit. Sie teleologisch zu interpretieren liegt noch wesentlich näher als den Rest der Welt als designt und konstruiert zu betrachten. Das ist mit Sicherheit der Grund dafür, dass sich *supranaturale* Erklärungen – eben Schöpfungsvorstellungen – hier wesentlich länger gehalten haben als in den anderen Naturwissenschaften. Man sollte sich im Übrigen klar machen, dass die überwiegende Mehrzahl auch der heutigen Weltbevölkerung an konkrete Schöpfungsakte glaubt; sogar in den westlichen Industrienationen beträgt der Anteil Schöpfungsgläubiger i.e.S. (also Kreationisten) zwischen 10 und 50 %.

---

[24] Ein Kladogramm ist eine bestimmte Art der Darstellung phylogenetischer Verwandtschaft, also eine bestimmte Art von Stammbaum-Darstellung. Die Komplexität der Daten hat im Übrigen zur Folge, dass offene Fragen und kleinere Widersprüche (bedingt z. B. durch unvollständige oder „verrauschte" Daten) niemals vermeidbar sind – wie überall in den *eW*. Das ändert nichts an der Tatsache, dass „kleinere" Widersprüche von „signifikanten" sehr wohl unterscheidbar sind.

Diese augenscheinliche Zweckmäßigkeit der lebenden Organismen war auch den frühen Evolutionsforschern bewusst, aber es dauerte bis 1958, als Colin S. Pittendrigh in „Behavior and Evolution" den Begriff *Teleonomie* vorschlug. *Teleonomie* bezeichnet die Zweckmäßigkeit biologischer Organismen in Hinsicht auf deren Anpassung an die Lebensumstände und somit letztlich deren Fitness[25] in der Fortpflanzung. *Teleonomie* kommt zustande durch kausale Rückkopplung: Mutationen ändern oft den Phänotyp, ein anderer Phänotyp unterscheidet sich ggf. in seiner Interaktion mit der Umwelt, so dass eine andere Fitness resultiert. *Teleonomie* erzeugt also ebenfalls Zweckmäßigkeit (gemessen am Fortpflanzungserfolg), diese kommt aber vollständig durch kausale Faktoren zustande; ferner sind keine konstruierenden, bewussten oder intentionalen Prozesse am Werk: *teleologisch* bedeutet „Zielintendiert", *teleonomisch* bedeutet „zweckmäßig ohne intentionale Absicht" – womit (bei etwas oberflächlicher Betrachtung) eine „Ziel-Richtung" hervor gebracht wird.

Nach Lamarck hatte es also 150 Jahre gedauert und nach Darwins „On the Origin of Species" immer noch 100 Jahre, bis ein Fachbegriff verfügbar war, der die Zweckmäßigkeit biologischer Organismen terminologisch und damit auch konzeptionell-theoretisch fassbar machte. So ist es nicht verwunderlich, dass bis weit ins 20. Jahrhundert viele Evolutionsforscher zwar Deszendez (also die Abstammungsgeschichte) und Selektion akzeptierten, dabei aber *teleologisch-supranatural* dachten. Als typisches Beispiel sei hier der evangelische Theologe und Biologe (vor allem Taxonom und Ornithologe) Otto Kleinschmidt genannt.

Selbst nachdem sich das Konzept der *Teleonomie* weitgehend durchgesetzt hatte, waren latente Reste *teleologischen* Denkens immer noch vorhanden: Aus diesem Grund hat es recht lange gedauert, bis sich Motoo Kimuras Theorie der *neutralen Evolution* in den 1970er Jahren langsam durchsetzen konnte – die sog. „Neutralisten-Selektionisten-Debatte" dauerte jahrzehntelang. Kimuras *Neutrale Theorie* besagt, dass ein erheblicher Anteil aller Mutationen neutral ist, also keine oder nur sehr geringe Auswirkungen hat. Wenngleich sich der *Naturalismus* in der zweiten Hälfte des 20. Jahrhunderts in den Evolutionswissenschaften praktisch vollständig durchgesetzt hatte, so wurde das Genom immer noch als

[25] Den Begriff Fitness kann man in zweierlei Hinsicht verstehen: (1.) die physische, physiologische und verhaltensmäßige Anpassung eine Organismus an seine Umwelt, (2.) die Fähigkeit, Nachkommen zu erzeugen, die ihrerseits überlebens- und fortpflanzungsfähig sind. Da zweiteres aus ersterem resultiert, hängen beide Bedeutungen inhaltlich und kausal eng zusammen.

etwas mehr oder weniger „Perfektes“, „Optimales“, „Vollkommenes“ angesehen – Reste einer *teleologischen Sichtweise.* Daher erschien die Idee, das Genom sei redundant, angefüllt mit einem Anteil weitgehend „nutzloser“ Sequenzen, vielen Wissenschaftlern inakzeptabel. Es dauerte bis fast zur Jahrtausendwende, bis auch der Blick auf das Genom nüchtern wurde.

7. Und der Mensch?

Teleonomie betrifft auch das Verhalten. Ein erheblicher Teil des Verhaltens ist genetisch fixiert;[26] Selektion betrifft logischerweise auch das Verhalten, und so wird auch tierisches Verhalten (*teleonomisch*) optimiert. Die Verhaltensbiologie wurde erst dann erfolgreich, als sie sich von *teleologischen* Ideen frei machte: Der Löwe, der auf die Jagd geht, um seinen Hunger zu stillen; der Dackel, der zwecks Fortpflanzung „eine Dackelina sucht“: Sie alle folgen genetischen Programmen, die – *teleonomisch* optimiert – ihr Verhalten bestimmen.

Und der Mensch? Unbestreitbar können wir planen, haben Ziele vor Augen, die wir ansteuern. Zwar dürfte mittlerweile allgemein anerkannt sein, dass wir in unseren Entscheidungen weit weniger frei sind, als es unserem Selbstbild entspricht, aber das ändert nichts an der Tatsache, dass wir planend handeln können – eben *teleologisch.* Gilt dadurch der *Naturalismus* nicht mehr für uns selber?

Sicherlich kann das Problem der menschlichen Willensfreiheit nicht in diesem Text gelöst werden, noch nicht einmal grob angeschnitten. Eines aber scheint klar: Wir Menschen sind die einzigen Wesen im uns bekannten Universum, die über ein weit reichendes Selbstbewusstsein verfügen und die zur Selbstreflexion fähig sind: Wir können uns nicht nur unserer selbst, sondern auch unserer Emotionen, Motive und Ziele klar werden und diese darüber hinaus auch moralisch beurteilen.

Was das nun für die Beurteilung menschlichen Denkens, Strebens und Verhaltens im Hinblick auf *Naturalismus* und *Teleono-*

[26] Selbst primitiv strukturierte Tiere sind lernfähig (je simpler das Nervensystem, desto simpler die Lernmechanismen und -kapazitäten). Dieses Lernen erfolgt jedoch nicht gezielt und absichtsvoll, es bewegt sich in denjenigen Bahnen, die genetisch vorgegeben sind. Viele Vögel erlernen durch die sog. Prägung, ihre Eltern zur erkennen. Konrad Lorenz konnte mit Aufsehen erregenden Experimenten zeigen, dass dieses Prägungslernen strikt vorgegeben ist: das erste, bewegliche Objekt, das der Vogel sieht, ist der Elterntier. Analog lernen viele Tiere durch genetisch vorgeprägte Konditionierung, Feinde, Fressbares etc. zu erkennen und zu unterscheiden.

mie gegenüber einer *teleologischen Sichtweise* heißt, kann kaum beurteilt werden. Möglicherweise ist in Bezug auf den menschlichen Geist die simple *Teleonomie/Teleologie*-Dichotomie einfach nicht mehr anwendbar, weil nicht differenziert genug: Sie bietet nicht das Handwerkszeug, um den menschlichen Geist hinreichend genau und treffend zu charakterisieren; möglicherweise müsste man hier von einer „naturalistisch erzeugten Teleologie" sprechen.

8. Teleologie in der Wissenschaft?

An dieser Stelle kann man darüber nachdenken, ob die (empirische) Wissenschaft, betrieben von planend handelnden Menschen, nicht selbst *teleologische Prinzipien* beinhalte, so jedenfalls sehen es einige Philosophen: die „Schönheit" einer Theorie, die „Sparsamkeit" einer Erklärung, das „Streben nach Wissen" selbst – das sei Teleologie. Diese Frage ist im Zusammenhang mit dem soeben erörterten Status des menschlichen Geistcs zu sehen.

Natürlich ist das „Streben nach Wissen" *teleologisch*: schließlich *wollen* wir wissen, und wir gehen dabei planvoll vor. Damit werden aber zwei Dinge in einen Topf geworfen: Die Intention des Forschers und das Wesen der *eW*. Mag der Mensch noch so sehr wollen, bei korrekter und redlicher Anwendung der empirischen Methodik geht die Wissenschaft ihren eigenen Gang: Es setzt sich diejenige Theorie durch, die nach den Regeln der *eW* die bessere ist – diejenige, die heuristisch fruchtbarer, nach innen und außen konsistenter, allgemeiner, widerspruchsärmer ist.[27]

Auch das Prinzip der „Schönheit" ist alles andere als *teleologisch*: „Schönheit" und „Eleganz" einer Theorie sind Metaphern für objektivierbare Eigenschaften einer Theorie bzw. eines Modells, nämlich „Erklärungsmächtigkeit", „Schlüssigkeit", „Allgemeinheit" etc. Auch hier wird also menschliches Denken und Streben mit den erkenntnistheoretischen Prinzipien der *eW* verwechselt: Die *eW* selbst werden nicht dadurch *teleologisch*, dass der Wissenschaftler bei erfolgreicher Arbeit – also bei der Entwicklung und Überprüfung einer erklärungsmächtigen und stringenten Theorie – intellektuelle Befriedigung erfährt.

---

[27] Zwei Beispiele: John Eccles widerlegte mit eben der empirischen Methode seine eigene Hypothese zur Signalübertragung an Synapsen. Die Quanten- und die Relativitätstheorie haben die Physik revolutioniert, haben sie schier umgekrempelt. Dennoch wurden sie sehr bald akzeptiert – sie hatten die Experimental- und Beobachtungsdaten auf ihrer Seite.

Bleibt noch die „Sparsamkeit". Das ist das Prinzip, wonach aus allen gleich erklärungsmächtigen Hypothesen diejenige auszuwählen ist, welche strukturell die simpelste ist. Dies ist ein empirisch begründetes, pragmatisches, heuristisches Prinzip. Dieses Prinzip ist logisch begründbar: Je komplexer eine Hypothese ist, umso mehr Freiheitsgrade enthält sie. Damit ist sie leichter an Beobachtungs- und Experimentaldaten anpassbar, anders gesagt: Es wächst die Gefahr willkürlicher bzw. künstlich erreichter Übereinstimmung zwischen Modell und Realität durch ad hoc eingeführte Elemente. Das Prinzip „Sparsamkeit" ist daher nicht nur in der Sache begründet, es hat sich auch empirisch bewährt. Darum ist es sicherlich nicht *teleologisch.*

9. Die Historie der Evolutionswissenschaft

Wie bereits betont, ist auch und insbesondere die Erforschung der Evolution nur unter naturalistischer Prämisse möglich. Interessant ist nun ein Blick in die Geschichte, der uns der Ausgangsfrage näher bringen wird: Ist Offenbarung ein Hemmschuh der naturwissenschaftlichen, insbesondere evolutionsbiologischen Erkenntnis gewesen, oder war die europäische Geistesgeschichte der Entwicklung der naturwissenschaftlichen Methodik förderlich?

Die Wurzeln europäischen Denkens – und damit letztlich auch der *eW* – liegen im antiken Griechenland.[28] Anaxagoras (499–428 v. Chr.) begründete argumentativ das Vernunftprinzip, er forderte, Aussagen über diese Welt auf Naturbeobachtung und Experiment zu gründen. Sokrates (469–399 v. Chr.) begründete eine analytische Technik des philosophischen Diskurses; seine (von seinen Schülern überlieferten) Dialoge sind berühmt, so wie sie bei seinen Gesprächspartnern berüchtigt waren. Platon (428–348 v. Chr.) hingegen entwickelte mit seiner Ideenlehre ein ontologisches, antiempirisches Prinzip: Da die Seele ebenso aus der Ideenwelt stamme wie die Urbilder der Dinge dieser Welt, war für den Menschen die Erkenntnis (a) kein grundsätzliches Problem und (b) eine Frage des philosophischen Diskurses, nicht aber der einer empirischen Methodik im Sinne heutiger Wissenschaft. Aristoteles (384–322 v. Chr.) begründete mit seinem Syllogismus die Wissenschaft der Logik. Daneben entwickelte er eine Ursachenlehre, in

[28] … und reichen darüber hinaus bis ins antike Mesopotamien, was hier nicht differenziert werden kann und muss: Die stärkste Prägung heutigen, europäischen Denkens fand sicherlich im antiken Griechenland statt.

welcher er Material-, Form-, Wirk- und Zweckursachen unterschied; speziell letztere ist explizit teleologisch gedacht. Das griechische Denken wurde von den Römern weitgehend übernommen und wurde somit zur philosophischen Grundlage auch des christlichen Mittelalters: Ob Scholastik oder christlich-katholische Dogmatik: Das Denken war griechisch – insbesondere aristotelisch – geprägt. Zwar hatte die Kirche ein reges Interesse an Wissenschaft (die auch intensiv gefördert wurde), aber sie hatte auch das faktische „Welterklärungsmonopol" – was viele sog. Ketzer schmerzhaft oder tödlich erfahren mussten.

Wie Richard Schröder im Rahmen seiner Atheismus-Forschungen herausgearbeitet hat, gab es in der nachantiken, europäischen Geistesgeschichte bis in die frühe Neuzeit so gut wie keinen wirksamen Atheismus. Daher gab es auch keine Alternative zur nichtempirischen Ursprungserklärung der Welt durch wörtlich verstandene Schöpfung – Druck der Kirche in dieser Hinsicht gab es kaum, er war unnötig: Das Denken war derart *supranatural-teleologisch* geprägt, dass naturalistische Erklärungen im heutigen Sinne nicht in Frage kamen, abgesehen davon fehlte schlicht das wissenschaftliche Handwerkszeug. In Folge dieser Umstände sahen sich alle Entwicklungsideen, die seit dem 18. Jahrhundert aufkamen, mit dem faktisch universalen Konsens, die Weltentstehung (einschließlich der Geologie und Biologie) religiös (und damit *final* und *teleologisch*) zu erklären, konfrontiert. Diese nicht-empirische Paradigmen zu überwinden, hat letztlich bis zur Jahrtausendwende gedauert. Das hat – nebenbei bemerkt – nicht nur die Naturwissenschaft zu einer echten Forschung befähigt, sondern auch die Theologie von der Bürde der Naturerklärung befreit, die der biblischen Perspektive gar nicht angemessen ist.

Wir können also zusammenfassen: die griechische Philosophie (und in ihrer Folge die christliche Theologie) hat den rationalen Diskurs begründet, kultiviert und fortgeführt. Ihr entstammt letztlich die Erkenntnis- und damit auch der Wissenschaftstheorie. Das war die Voraussetzung für die Entwicklung des wissenschaftlichen Diskurses und damit der modernen *eW*. Gleichzeitig jedoch bedeutete die feste Verankerung teleologischen Denkens – philosophisch begründet in Griechenland, im christlichen Mittelalter schöpfungstheologisch verstanden und fortgeführt – eine Behinderung der auf naturalistische Basis gegründeten Naturwissenschaft: Sie konnte sich zunächst nur dort entwickeln, wo sie nicht in Konflikt mit dem religiösen (christlich-katholischen) Weltbild zu geraten schien. Insbesondere die Finalität, die man in der Schöpfung sah, sowie die dualistische Seelenlehre – das Bild einer dem Menschen inne wohnenden, immateriellen und transzendenten Seele – verhinderten bis weit in die Neuzeit hinein die naturwissenschaftliche Forschung an der Evolution sowie dem menschlichen Geist. Die Etablierung der modernen Naturwissenschaften war ein fortwährender Ablöseprozess von teleologischen und religiösen Denkstrukturen.

10. Und der Glaube? Innerweltlichkeit und Letztbegründungen

Wir können zusammenfassen, dass *Teleologie* und *Supranaturalismus* die Erarbeitung kausaler Erklärungen durch empirische Forschung unmöglich bzw. überflüssig machen. Allerdings können wir auch festhalten, dass ein *Starker Ontologischer Naturalismus* für die *eW* weder notwendig ist, noch aus ihnen oder ihrem unbestreitbaren Erfolg abgeleitet werden kann. Es gibt einen weiteren Grund, der offensichtlich gegen einen *Starken Ontologischen Naturalismus* spricht: Die Nicht-Abgeschlossenheit empirisch-wissenschaftlicher Erkenntnis, denn die *eW* führt all ihre Aussagen immer auf Innerweltliches zurück; damit kann der Status von Letztbegründungen niemals erreicht werden. Wir gründen alle Theorien und Modelle letztlich auf einen basalen Satz von Naturgesetzen und -konstanten, die ihrerseits schlichtweg als gegeben hingenommen werden müssen. Man könnte sagen, die *eW* fragen immer nach dem „wie" (Modus) und dem „wieso" (Kausalität), aber niemals nach dem „wozu" (Telos). Damit ist – wohl gemerkt! – nicht gezeigt, dass ein Telos existiert, es ist aber eben auch nicht ausgeschlossen, dass dieser Welt insgesamt ein Sinn zugrunde liegt.

Was bedeutet das für den Glauben? Es ist ganz offensichtlich, dass die Vorstellung eines Gottes, der diese Welt in einzelnen Schöpfungsakten erschaffen hat, der in den Lauf der Welt eingreift, der konkret in Gebeten vorgetragene Bitten erfüllt, nicht haltbar ist: Jedwede wissenschaftliche Erkenntnis, alle empirischen Fakten sprechen dagegen. Die Frage hingegen, ob hinter der Ordnung dieses Universums nicht ein Urheber steht; ob es jenseits der empirischen Faktizität nicht einen „universalen" Sinn gibt, diese Frage ist und bleibt eine Angelegenheit des persönlichen Glaubens.

11. Offenbarung der Evolution?

Dass einerseits die philosophische Geistesgeschichte und dabei auch die christliche Theologie „Geburtshelfer" der *eW* waren, indem sie die einen Teil des „intellektuellen Handwerkszeugs" entwickelten, wurde bereits dargelegt. Ebenso wurde die Tatsache heraus gearbeitet, dass sich die *eW* erst dann entfalten konnten, als sie sich vom Telos der Philosophie und der Religion getrennt hatten. Insofern ist die Frage, was die Evolutionswissenschaften von (christlicher) Offenbarung an Nutzen und Schaden hatten, beantwortet. Aber man kann natürlich auch umgekehrt fragen: Was „offenbart“ uns die Kenntnis der biologischen Evolution?

Zweifellos kann uns die biologische Stammesgeschichte lehren, dass wir integraler Teil dieser Welt sind und darüber hinaus mit allem Lebendigen über eine gemeinsame Abstammung verbunden. Die Soziobiologie – die evolutionsbiologische Verhaltensforschung also – zeigt uns, wo die phylogenetischen Wurzeln unseren Denkens und Verhaltens liegen, von Emotionen wie Liebe und Eifersucht bis zu kognitiven Fähigkeiten und Mängeln. Das alles zeigt aber nur, was wir *sind* – jedoch nicht, was wir *sein soll(t)en.* Es lehrt, woher wir kommen und was *unsere Natur*, aber nicht, was *unsere Bestimmung* ist. Letzteres wäre ein naturalistischer oder sein-sollen Fehlschluss, vor dem bereits George Edward Moore bzw. David Hume gewarnt haben. Das „Sollen“, die Ethik, die Moral: Das kann kein Thema einer Naturwissenschaft sein, mit oder ohne evolutionäre Erkenntnisse.

Und so entstammen wir als Produkte der Natur sicherlich keinem diskreten Schöpfungsakt. Folglich kann man Glaubenssätze wie „Gotteskindschaft“ theologisch nicht über die historischen Personen Adam und Eva deuten, ohne dabei die hervorragend abgesicherten wissenschaftlichen Fakten zu ignorieren. Und dennoch: Selbst wenn wir wissen, welche evolutionären Ereignisse dazu geführt haben, dass unser Hirn an Gott glauben will (oder kann),[29] haben wir damit mitnichten ein Argument für oder gegen die Existenz Gottes in der Hand: Das ist und bleibt eine Glaubensfrage.

---

[29] Es gibt interessante Befunde zur Entwicklung des menschlichen Glaubens und der Glaubensfähigkeit. Die bisherigen Hypothesen sind allerdings noch ziemlich weit von einer schlüssigen, theoretischen Erklärung entfernt. Ferner darf man zurecht bezweifeln, dass sich ein derart komplexes Phänomen wie die menschliche Religiosität mit einem monokausalen Modell auch nur ansatzweise erklären lässt: Ganz sicher war eine Vielzahl von Faktoren beteiligt – aber darum geht es hier nicht: Selbst wenn wir für den Moment annähmen, die Evolution der menschlichen Religiosität sei kausal verstanden, würde das nichts daran ändern, dass damit über die Existenz Gottes nichts gesagt werden kann. Zweifellos sind Augen evolviert, weil es Licht tatsächlich gibt. Die Emotion „Wut“ hat sich hingegen entwickelt, obwohl es in der realen Welt dergleichen nicht gibt. Ergo hat sich Religiosität sicherlich entwickelt, weil sie in irgendeiner Weise mit einen Vorteil für den Menschen verknüpft ist. Oder sie ermöglicht uns eine spirituelle Verbindung zu Gott. Oder beides.

Emergenz und Schöpfungstheologie

von Hans-Dieter Mutschler

In Bezug auf das Verhältnis zwischen Evolutionstheorie und Schöpfungstheologie steht das Teleologieproblem im Vordergrund, d. h. die Frage, ob es Ziele, Werte und Zwecke in der Natur gibt, die nicht vom Menschen gesetzt wurden. Bejaht man diese Frage, dann scheint ein „argument from Design" in Sicht, wonach man aus den Zwecken in der Natur auf ein göttliches, zweckesetzendes Bewusstsein schließen kann. Verneint man mit Darwin diese Frage, dann scheint Schöpfungstheologie erledigt, was wiederum fundamentalistische Proteste nach sich zieht usw. So wichtig diese Diskussion ist, so wird durch die Konzentration auf diese Teleologiefrage häufig vergessen, dass es auch noch andere Baustellen gibt, die bearbeitet werden sollten. In dieser Hinsicht scheint mir die Frage nach der Emergenz, d. h. nach dem Entstehen des Neuen zentral. Merkwürdigerweise wird dies zwar von den Materialisten ganz deutlich gesehen, nicht aber von den Theisten.

Dieses Phänomen ist erstaunlich, denn nach biblischer Überzeugung ist Gott derjenige, der alles neu macht und es gibt die traditionelle Vorstellung einer „creatio continua", d. h. einer diachronen Präsenz und Wirksamkeit Gottes in der Schöpfung. Von daher müsste ein Theologe höchstes Interesse an emergenten Phänomenen haben. Oft aber wird diesem Thema nicht die gebührliche Achtung geschenkt. Z. B. behandelt Hans Kessler in seinem ansonsten beachtenswerten Buch „Evolution und Schöpfung in neuer Sicht" zwar das Thema „Emergenz", aber er bezieht sich nicht auf die fast hundertjährige Geschichte um diesen Begriff oder auf die heutige Diskussion.[1]

1. Das Dilemma des materialistischen Emergenzbegriffs

Der Philosoph Achim Stephan beschreibt in seiner einschlägigen Monographie das Entstehen der Emergenzkonzepte zu Beginn des 20. Jahrhunderts bei Autoren wie Alexander, Morgan, Sellars

[1] Kessler (2009), 154–163.

und Broad. Der systematische Zusammenhang war ein Unbehagen am mechanistischen Reduktionismus und am Neovitalismus. Ein geeigneter Begriff von „Emergenz“ sollte weder Übernatürliches ins Spiel bringen, noch das Höhere einfach wegerklären. Bis heute schreiben sich die Emergenzkonzepte in dieses weltanschauliche Bemühen ein und das erklärt zumindest zum Teil, weshalb die Theologen dem keine große Bedeutung zumessen, ist doch Emergenzdenken ein Teilbereich des weltanschaulichen Materialismus. Allerdings gibt es das sehr befremdliche Phänomen, dass gewisse sich besonders progressiv dünkende Theologen die materialistischen Emergenzlehren ohne Wenn und Aber akzeptieren und dennoch glauben, Theologen bleiben zu können und zwar im Rahmen ihres, wie sie es nennen, „naturalistic faith“.[2] Lenin nannte die marxismusgläubigen Sympathisanten unter den Theologen respektlos, aber wahrheitsgemäß, „nützliche Idioten“. Es gibt eben immer wieder Theologen, die das Modernsein der Wahrheit vorziehen. In Wirklichkeit gibt es keinen „naturalistic faith“. Naturalismus und christlicher Glaube verhalten sich wie A und non-A und wenn ein Theologe sich richtig versteht, müsste er vielmehr philosophisch zeigen, dass eine materialistische Emergenzlehre nicht hinreichend ist, dem Phänomen des Neuen gerecht zu werden.

Ich möchte im Folgenden für eine solche erweiterte Auffassung von „Emergenz“ argumentieren, allerdings nicht in fundamentalistischer Absicht. Ich möchte zeigen, dass die heute modischen Emergenzlehren das Phänomen des Neuen unterbestimmen, so dass man einen stärkeren metaphysischen Rahmen benötigen würde, um diesem Phänomen gerecht zu werden. Das Christentum könnte tatsächlich einen solchen Rahmen liefern, das ist aber auch der Fall bei anderen nichtmaterialistischen Weltanschauungen, wie Pantheismus, neutraler Monismus, Protopanpsychismus usw. Religiöse Fragen sind m.E. existenzielle Fragen, die vernunftmäßig nicht vollständig aufgeschlüsselt werden können. Ich werde darauf am Ende meines Artikels zurückkommen. Philosophisch gesehen kann man nur so viel behaupten, dass eine nichtmaterialistische Emergenzlehre notwendig ist für eine theistische Weltauffassung. Hinreichend wird sie, wie gesagt, nicht sein.

Man kann das Problem der Emergenz vielleicht mit Charles Sanders Peirce so fassen: Wenn im Universum alles durch starre Verlaufsgesetze bestimmt wird, dann kann es auch nichts Neues geben, sondern nur Instanzen dieser bereits bestehenden, ewigen

---

[2] So z. B. Philip Clayton und Niels Gregersen.

Gesetze. Wenn es andererseits echt Neues gibt, wie wir insbesondere in der Evolution beobachten, dann können die Naturgesetze nicht hinreichend sein, ein solches Geschehen zu bestimmen.[3] Peirce hat daraus zu einer Zeit den bloß statistischen Charakter der Naturgesetze erschlossen, als alle Welt vom Determinismus überzeugt war und er hielt die Kontingenzen des Naturlaufes für Kristallisationspunkte neuer Qualitäten, wenn nicht für den Ausdruck einer schöpferischen Potenz im Universum, die für ihn göttliche Qualitäten hatten. Zudem waren Naturgesetze für ihn keine ewigen Gegebenheiten, sondern wie er sagt „Verhaltensgewohnheiten", die das Universum mit der Zeit erworben hat. Wie das im Einzelnen zu verstehen wäre, interessiert in meinem Zusammenhang nicht, es genügt festzuhalten, dass sich gesetzliche Determination und Neuheit ausschließen.

Akzeptiert man diese Auffassung, dann muss der materialistische Emergenztheoretiker das Kunststück fertigbringen, zugleich dem Neuen und der nomologischen Bestimmtheit der Welt gerecht zu werden. Der Grund liegt darin, dass sich der szientifische Materialismus auf zwei für wahr gehaltene Prinzipien stützt, einmal das Prinzip von der kausalen Geschlossenheit der Welt und dann auf das Supervenienzprinzip.[4] Das Supervenienzprinzip soll garantieren, dass nichts im Überbau ist, was nicht zuvor in der materiellen Basis grundgelegt war, das Prinzip von der kausalen Geschlossenheit der Welt soll garantieren, dass es keine kategorial eigenständige kausale Wirksamkeit des Geistigen, wie z. B. des Freiheitsgeschehens (geschweige denn Gottes) gibt.

David Hume nannte Kausalität den „Zement des Universums", wobei er allerdings auch Finalursachen mit dazu rechnete. Ein Buch mit diesem Titel von John Mackie führt alle Formen von Kausalität auf Wirkursachen zurück, die sich rein naturwissenschaftlich erklären lassen sollen. Dann sieht es so aus, als würde der Zusammenhang aller Dinge im Universum durch rein materielle Wirkungen hervorgebracht, die auf Naturgesetzen beruhen. Was früher einmal der „Satz vom zureichenden Grunde" war, der als Gründe Ursachen, Prinzipien, Zwecke, Normen usw. zuließ, ist heute zum Prinzip von der kausalen Geschlossenheit der Welt zusammengeschnurrt, in dem die Naturgesetze die Stelle der traditionellen Gründe einnehmen, die einstmals als eine metaphysische Instanz die Verständlichkeit der Welt garantierten. Der Materialist ist also aufs nomologische Schema festgelegt als der einzigen Quel-

[3] Peirce (1991).
[4] Ich habe diese beiden Prinzipien kritisiert in Mutschler (2011).

le des Wissens und er muss das Phänomen des Neuen in einem solchen Schema unterbringen, wenn sein Materialismus wahr sein soll. Wenn allerdings Peirce recht hat, dann lässt sich das so nicht durchführen. Ich möchte im Folgenden zeigen, dass es hier in der Tat ein ungelöstes Problem gibt,[5] um dann in einem zweiten Schritt die theologischen Konsequenzen des Gesagten zu skizzieren.

2. Schwache oder starke Emergenz?

Man unterscheidet gewöhnlich zwischen schwacher und starker Emergenz. Schwache Emergenz liegt vor, wenn ein Ganzes Systemeigenschaften zeigt, die keiner der Teile dieses Ganzen aufweist. Also z. B. ist weder Wasserstoff noch Sauerstoff unter Normalbedingungen eine Flüssigkeit, wohl aber Wasser. Oder es weisen einzelne Moleküle eines Gases weder Temperatur noch Druck auf, wohl aber eine statistische Gesamtheit. Manchmal sind aber die Systemeigenschaften nicht so leicht durchschaubar, wie z. B. in der Chaos- und Selbstorganisationstheorie, im Konnektionismus, in der Artificial-Life-Technologie usw. Achim Stephan zeigt aber, dass es zwar in all diesen Bereichen zu außerordentlich überraschenden Effekten kommt, dass sie aber durchweg nur schwach emergent sind.[6] Im Gegensatz dazu sind stark emergente Phänomene nicht auf die Bestandteile und die in ihnen herrschenden Gesetzmäßigkeiten reduzierbar. Man kann sie in keiner Weise vorhersehen oder aus den Systemkomponenten ableiten.

Schwache Emergenz ist rein epistemisch, starke Emergenz ontologisch oder metaphysisch, d. h. schwache Emergenz beruht einfach nur auf dem Überraschungseffekt unseres Nichtwissens. Neuronale Netze leisten z. B. Unglaubliches bei der Mustererkennung, aber diese Leistung wäre bei Kenntnis der Details nicht mehr überraschend. Im Fall starker Emergenz geschieht wirklich etwas Neues, das nicht nur auf subjektiver Überraschung beruht, sondern das echt ontologische Qualität hat. Die Differenz zwischen schwacher und starker Emergenz gilt also als trennscharf. Dagegen möchte ich im Folgenden zeigen, dass auf der Basis eines nomologischen Weltverständnisses die Differenz in ihrer Anwendung auf reale Phänomene ihre Trennschärfe verliert.

---

[5] Zum Folgenden ist einschlägig Stephan (1999) oder seine kompakte Darstellung in Sturma (2006), 146–166.
[6] Stephan (1999), 219–246.

Man unterscheidet weiter „diachrone" und „synchrone Emergenz", je nachdem, ob man sich für den Prozess der Entstehung des Neuen oder für das Verhältnis zweier Ebenen interessiert. Beispiele für den ersten Fall wären das Auftreten des Lebendigen oder des Bewusstseins in der Evolution, Beispiele für den zweiten Fall das Verhältnis zwischen Gehirn und Geist oder zwischen dem molekularen Aufbau eines Lebewesens und den typischen Lebenserscheinungen. Oft wird auch downward causation, d. h. ein kausaler Einfluss des Ganzen auf die Teile zu den definierenden Merkmalen starker Emergenz gerechnet, aber dieses Problem spielt in meinem Zusammenhang keine Rolle.

Schwache Emergenz ist außerordentlich harmlos. Sie beruht auf der Einsicht, dass das Ganze mehr ist, als die Summe der Teile. Dieser Satz, wenn auch häufig als besonders tiefsinnig ausgegeben, ist die schiere Trivialität, da man kaum ein Gegenbeispiel finden wird. In der Literatur gehen schwache und starke Emergenz oft wild durcheinander. Clayton z. B. vertritt starke Emergenz, bringt aber fast nur Beispiele für die schwache. Ähnlich ist es bei Mario Bunge und seinem Schüler Gerhard Vollmer. Bunge entwickelt in seinem Buch zu diesem Thema an zahlreichen Beispielen das Prinzip der schwachen Emergenz, geht aber in seiner Philosophie der Biologie und in seiner Anthropologie klammheimlich zu starker Emergenz über, ebenso Vollmer. Wie soll man sich nun, materialistisch gesehen, das Auftreten des Neuen vorstellen?

Ansgar Beckermann geht mit Achim Stephan davon aus, dass das Neue Gesetze instantiiert, die nie zuvor in Erscheinung getreten waren.[7] Gesetzlichkeit wird hier im strengen Sinne verstanden, wie etwa in der Physik, wo die Gesetze orts- und zeitinvariant sind. Warum man das sogar für die Biologie fordert, wird sich sogleich zeigen. Beckermanns Konzept hat etwa zur Folge, dass wir die Makromoleküle, aus denen sich Lebewesen zusammensetzen, komplett aufgrund der Physik und Chemie verstanden haben können, ohne im Mindesten zu wissen, was ein Phäno- oder Genotypus, was Populationen, Mutationen, was Anpassung ist usw. All diese Begriffe empfangen erst Sinn im Rahmen einer eigenständigen Beschreibung des Lebendigen auf Darwinistischer Grundlage.

Die Differenz zwischen schwacher und starker Emergenz scheint zunächst einmal trennscharf, aber wenn Peirce recht hat, dann muss das ein Irrtum sein, wenn anders eine Berufung auf Naturgesetze das Phänomen des Neuen verfehlt. Dies möge an einigen etwas stilisierten historischen Beispielen verdeutlicht werden:

---

[7] Beckermann (1992), 94–118; Beckermann nach Stephan (1999), 175.

Mitte des 19. Jahrhunderts entdeckte Rudolf Clausius den Entropiesatz bei der Berechnung des Wirkungsgrades von Wärmekraftmaschinen. Er ging davon aus, dass diese Maschinen zwar dem Energieerhaltungssatz genügen, dass aber ein Teil der Wärmeenergie bei der Umwandlung in mechanische Energie „verloren" geht. Clausius war ein universaler Geist, der sofort vermutete, dass sein Prinzip ein Grundprinzip der Physik sei, aber zunächst war es außerhalb der Dampfmaschinen nicht anwendbar und es dauerte immerhin 50 Jahre, bis es auf das Universum als Ganzes ausgedehnt wurde. Jedenfalls hätte man gute Gründe gehabt, den Entropiesatz als ein Dampfmaschinenprinzip anzusehen, denn nur dort trat er in Erscheinung.

Ebenso hätte man im 17. Jahrhundert Elektrizität als eine stark emergente Qualität von Elektrisiermaschinen ansehen können. Otto von Guericke war es 1660 zum ersten Mal gelungen, mit Hilfe einer komplizierten Maschine, die auf Reibungselektrizität beruhte, Ladungen zu trennen. Noch 1770 sprach Luigi Galvani von „tierischer Elektrizität", als er seine Froschschenkelversuche durchführte. Zur selben Zeit sprach man auch von „animalischem Magnetismus", man hatte also nach damaligem Kenntnisstand Veranlassung, Elektrizität und Magnetismus für Kräfte zu halten, die nur unter sehr komplexen Bedingungen in Erscheinung treten und die eher Verwandtschaft mit Lebensphänomenen haben als mit dem, was wir heute unter einer „physikalischen Kraft" verstehen.

Worauf ich hinaus will ist dieses: wir können vom Prinzip her niemals ausschließen, dass eine universale Naturkraft, die überall vorkommt, zunächst nur in komplexen Gebilden in Erscheinung tritt. Wenn dies der Fall ist, haben wir hinreichende Gründe, von „starker Emergenz" zu reden, wenn sie das erste Mal auftritt. Sobald wir aber erkannt haben, dass die entsprechende Kraft zur Definition der Materie hinzugehört, handelt es sich nicht einmal mehr um schwache Emergenz, sondern das Phänomen hat mit Emergenz überhaupt nichts mehr zu tun, denn die Grundkräfte der Materie sind überall präsent, erzeugen also keine systemischen Eigenschaften. Wenn aber solche Fälle vorkommen, dass uns etwas gemäß Definition als stark emergent erscheint, was in Wahrheit mit Emergenz gar nichts zu tun hat, dann scheint auch die sogenannte starke Emergenz von unserem Wissen abzuhängen, erfasst also insofern nicht den Charakter des ontologisch-Neuen und weil es sich um ein prinzipielles Problem handelt, kann uns diese Verschiebung auch heute noch blühen.

Nichts wird in der Leib-Seele-Debatte als ein dornigeres Problem angesehen, als die Frage nach den Erlebnisqualitäten. Auch harte Materialisten zweifeln, ob dieses Problem lösbar sei. Aus diesem Grunde haben manche Philosophen den (Proto-)Panpsychismus entwickelt, wonach Erlebnisqualitäten eine ontologische Grundbestimmung seien. Das kann man auf die Art sehen wie Gregg Rosenberg, der den materialistischen Monismus in Frage stellt und eine kategorial eigenständige geistige Komponente im Weltprozess fordert. Man kann es aber auch sehen wie David Chalmers, der die Erlebnisqualitäten ganz bewusst in Analogie zur Einführung elektrischer Kräfte im 18. Jahrhundert darstellt.[8] Er geht ebenfalls davon aus, dass uns Erlebnisqualitäten zwar jetzt als stark emergente Eigenschaften gewisser komplexer Lebewesen erscheinen, wie einstmals die Elektrizität im Rahmen der Elektrisiermaschinen, dass wir aber irgendwann einmal ihre universale Präsenz einsehen werden, um sie ins nomologische Schema einer szientifischen Weltanschauung einzuordnen, so wie wir einstmals die Elektrizität eingeordnet haben. Man mag gravierende Einwände gegen dieses Programm ins Feld führen. Aber das würde für den nicht reichen, der auf die genannte Weise schwache und starke Emergenz unterscheidet. Der nämlich müsste zeigen, dass David Chalmers Programm niemals gelingen kann, weil sich sonst das beste Beispiel für starke Emergenz ins Gegenteil verkehren würde. Aber wie wollte man das zeigen?

3. Zeitlose Gesetze für das Lebendige?

Noch gravierender scheinen mir die Einwände zu sein, die man bezüglich der diachronen Emergenz formulieren könnte wie bei der Entstehung von Leben, Bewusstsein, Moralität usw. Hier muss der Materialist behaupten, dass die Gesetze, denen diese Phänomene genügen, bereits existierten, sie treten eben nur in Erscheinung, wenn die entsprechenden Bedingungen gegeben sind, wie das auch sonst in der Physik der Fall ist und wir haben ja gesehen, dass auch dort oft sehr komplexe Vorbedingungen gegeben sein müssen, damit ein nomologischer Zusammenhang greifbar wird.

Aber vielleicht ist der Fall des Lebendigen doch ein ganz anderer als der der Physik. Wenn wir z. B. die Gesetze des Darwinismus als ewige Gesetze ansehen, dann waren sie rund 10 Milliarden Jahre nach dem Urknall sozusagen „arbeitslos“, bis sie in Erscheinung treten durften. Man fragt sich, was sie wohl in der Zwischenzeit gemacht haben? Oder noch schlimmer: Was, wenn das Leben

[8] Chalmers (1996), 27.

niemals entstanden wäre? Dann würden die Darwinschen Gesetze existieren, ohne jemals in Erscheinung getreten zu sein, eine extrem voraussetzungsreiche Platonische Vorstellung, die so gar nicht zum Materialismus passen will. Ist es da nicht naheliegender anzunehmen, dass die Gesetze der Biologie erst gemeinsam mit dem Lebendigen entstanden sind?[9]

Einer der ersten, der es so gesehen hat, war Ernst Mayr. Zur Zeit seiner frühen Wirksamkeit war noch der Theoriereduktionismus Mode und Mayr war einer der ersten Biologen, die darauf bestanden, dass Biologie nicht nur ein Anwendungsfall der Physik sei, sondern eine eigenständige Wissenschaft. Er gab dafür verschiedene Gründe an. Einer davon war, dass die biologischen Gesetze – im Gegensatz zu denen der Physik – indexikalisch bestimmt seien, d. h. sie gelten nach Mayr nur epochal und lokal.[10] Diese Auffassung wird inzwischen von vielen Philosophen der Biologie geteilt.[11] Es ist auch von der Sache her nicht einzusehen, weshalb z. B. die Syntax des genetischen Codes eine überzeitliche Wahrheit sein soll und das gilt auch für die höchsten Prinzipien des Darwinismus: warum muss das Lebendige als Konkurrenzunternehmen auftreten mit Knappheit der Ressourcen und einem Überangebot an Nachkommen? Wäre es physikalisch und logisch unmöglich, dass das Lebendige sich als Gleichgewichtsphänomen herausgebildet hätte, wo so viele Lebewesen entstehen wie auch wieder vergehen und wo etwa das Sonnenlicht als praktisch unbegrenzte energetische Ressource gedient hätte? Ein so geartetes „Leben" wäre sicher etwas sehr Langweiliges, ständig in Gefahr, wieder zu verschwinden. Aber wäre es unmöglich, dass es ein solches Leben gegeben haben könnte, das dann nicht den Darwinschen Prinzipien genügt hätte?

Die Auffassung, Gesetze im Allgemeinen, oder zumindest die Gesetze des Lebendigen seien nichts Ewiges, sondern etwas Entstandenes, vertraten nicht nur Metaphysiker wie Peirce und Whitehead, sondern auch die Pragmatisten, manche Wissenschaftstheoretiker wie Stephen Toulmin, der Philosoph Michael Hampe oder auch der Theologe Wolfhart Pannenberg. Es handelt sich also nicht um etwas Exotisches, weit Hergeholtes. Akzeptiert

---

[9] In der Analytischen Philosophie wird das Problem der „nichtinstantiierten Gesetze" durchaus diskutiert. In Zusammenhang mit der Emergenzfrage wollen Autoren wie Armstrong sowohl das Extrem nichtinstantiierter Universalien, als auch die Aufgabe der Zeit- und Ortsinvarianz vermeiden (Armstrong 1983, 153). Es ist die Frage, ob man hier nicht einen Tod sterben muss.

[10] Mayr (1991), 31.

[11] Bunge/Mahner (2004), 180; Rosenberg/McShea (2008), 38.

man eine solche Auffassung, dann bricht dem Materialismus eine entscheidende Instanz weg: die nomologische Einheit der Welt. Der Zement des Universums bröckelt.[12]

Für Michael Hampe hat die Welt zwei komplementäre Aspekte, einen nomologischen und einen historischen. Nomologische Zusammenhänge konstituieren Notwendigkeitsverhältnisse, historische sind kontingent, aber nach Hampe ist, wie für Peirce, das Historische primär, das Nomologische lediglich ein Sekundärphänomen. Von dieser Sichtweise her lässt sich die indexikalische Bestimmtheit biologischer Gesetze bequem als ein Moment an der geschichtlichen Evolution des Lebendigen einsortieren.

Aber dann drängen sich weitere metaphysische Fragen auf, die sich die Materialisten mit ihrer Behauptung, alle Gesetze seien ewige Gesetze, so gerne ersparen: woher kommen diese neuen Gesetze und wie geschieht es, dass sie zu völlig neuen Eigenschaften führen, wie der Eigenschaft, lebendig zu sein, bewusst zu sein oder vernünftig? Das wären dann doch wirklich stark emergente Phänomene, weil sie mit Sicherheit nicht auf bloßes Nichtwissen zurückgeführt werden könnten, denn wenn z. B. die Gesetze der Biologie nur kontingent entstanden sind, dann lassen sie sich eben von der Sache her nicht erklären, wenn Erklären „Rückführen auf Gesetze" heißt.

Viele Materialisten ersparen sich diese wirklich harten Probleme, indem sie nur von schwacher Emergenz handeln und dann auch nur von synchroner, die einfacher zu handhaben ist. So etwa Richard Dawkins. Er erwähnt z. B. zelluläre Automaten als Beispiel für Emergenz.[13] Aber nach seiner eigenen Konzeption ist menschliche Kultur nicht nur ein Fall für die Biologie. Doch dann möchte man gerne wissen, wie es die Evolution macht, ihre eigenen Prinzipien außer Kraft zu setzen und ein Wesen zu erzeugen, dessen Qualitäten darwinistisch nicht mehr erklärbar sind?[14]

---

[12] Uwe Meixner fordert für Phänomene der starke Emergenz, dass sie eine neue Kategorie exemplifizieren. In diesem Fall ist die ontologische Neuheit gesichert, aber natürlich um den Preis, den Naturalismus aufzugeben (Meixner in Corradini/O'Connor 2010, 163–179).

[13] Die entscheidende Stelle steht bei Dawkins (2009), 211–250.

[14] Gleich zu Beginn von „Das egoistische Gen" heißt es, dass Moral nicht aus der Biologie ableitbar sei. Wir verfügten über „höhere Ziele" (Dawkins 1978, 3). Aber woher kommen sie?

Wenn ein Materialist bis hierher gefolgt wäre, würde er vermutlich behaupten, dass es dann eben die Natur der Natur sei, Neues hervorzubringen, punktum. So antwortet der Materialist ja auch auf die Frage, wie es komme, dass wir die Natur in der Physik mittels wunderbarer, symmetrischer Gleichungen beschreiben können. Woher wohl diese Ordnung käme? Sie kommt nirgends her – so der Materialist – sie ist einfach ein Faktum, das wir akzeptieren sollten.[15] Ebenso die staunenswerte Eigenschaft der Naturkonstanten, genau die Werte anzunehmen, die für die Entwicklung des Lebens nötig sind. Alles ist eben so, wie es ist.

Man sieht: der Materialismus beruht nicht weniger auf Glaubensakten als der Theismus, denn ich muss ja nicht nur ohne Erklärung glauben, dass die Natur durch einfache physikalische Gleichungen beschreibbar ist, dass ihre Konstanten menschlicher Existenz förderlich sind, ich muss nicht nur glauben, dass sie die Fähigkeit zu dialektischen Sprüngen hat, bei denen unableitbar Neues entsteht, ich muss auch z. B. glauben, dass die Frage, warum es überhaupt etwas gibt und nicht vielmehr nichts, unbeantwortbar bleiben muss. Ich soll einfach die Existenz der Welt for granted nehmen. Obwohl im Weltall alles entsteht und vergeht, soll das Weltall als Ganzes im Widerspruch dazu unsterblich sein. Wie bringt es das Weltall fertig, aus lauter vergänglichen Komponenten zu bestehen, selbst aber unsterblich zu sein?

All diese Fragen, bei denen der Materialist mit den Achseln zuckt, kann der Christ zwanglos beantworten: Das Weltall existiert, weil es Gott geschaffen hat. Die Ordnung des Anorganischen ist aus demselben Grunde einfach und verlässlich, zudem kann der Mensch nur in einer so gearteten Welt handeln, was auch die staunenswerten Eigenschaften der Naturkonstanten erklärt und die emergenten Qualitätssprünge in der Evolution sind eben Ausdruck der Schöpferwirksamkeit Gottes im Sinn einer creatio continua.

Es sieht jetzt so aus, also müsse der Materialist sehr Vieles einfach nur glauben, während hingegen der Christ alles erklären kann, also das strikte Gegenteil von dem, was man gewöhnlich für wahr hält. Aber auch eine solche Auffassung wäre verkehrt, weil nämlich der Christ nur dann alles erklären kann, wenn er einen Glaubensakt vollzieht, der seinerseits ziemlich voraussetzungsreich ist: Er muss an die Güte Gottes glauben, angesichts einer Welt, die permanent das Gegenteil bezeugt. Das ist das

---

[15] Für viele: David Armstrong in Hampe (2005), 115.

Theodizeeproblem und je nachdem, wie man es gewichtet, wird man die christliche Glaubensvorstellung für so unwahrscheinlich halten, dass man lieber auf die Klärung fundamentaler metaphysischer Fragen verzichtet oder aber man wird diese Klärung für eine Bestätigung des Glaubens halten. Ich sehe aber nicht, wie man hier eindeutige Beweise (pro oder contra) liefern könnte und wenn Richard Swinburne die Wahrscheinlichkeit der Existenz Gottes mit mehr als 1/2 angibt, so liegt das wesentlich daran, dass er das Gewicht des Theodizeeproblems als eher unbedeutend einschätzt. Hier geht es in Wahrheit um existenzielle Entscheidungen und die sind nicht mehr vollständig intelligibel zu machen.

Aus diesem Grunde kann man die echt starke Emergenz, die mit dem Entstehen neuer Gesetzlichkeiten verbunden ist, auch in andere Weltanschauungen einordnen, wie in den Neutralen Monismus, den (Proto-)Panpsychismus, den Pantheismus usw. Man wird aber bemerken, dass all diese Konzepte nichtmaterialistisch sind. Wenn es echte, starke Emergenz in dem von mir definierten Sinn gibt, dann ist der Materialismus nicht mehr plausibel, wonach die Naturgesetze den kausalen Zement bilden, der das Universum zusammenhält.

Hieße das, dass das Christentum im Regal der Weltanschauungen steht wie verschiedene Yoghurtsorten im Supermarkt, wo man ebenfalls keine vernünftigen Kriterien der Wahl mehr hat, sodass man eben herausgreift, was man herausgreift?

Wenngleich das Christentum sich angesichts der Ergebnisse der Evolution weder beweisen, noch widerlegen lässt, kann es sich doch bewähren und weil es letztlich eine Erzählung ist (keine Metaphysik oder Theorie), kann es sich nur narrativ bewähren, was dann nichts beweisen würde, sondern eher ein Hinweis wäre, ein Angebot, so wie Kunstwerke Angebote der Wahrnehmung sind.

Wenn Hampe recht hat und wenn das Narrative und das Nomologische zwei unabhängige Arten sind, mit der Welt umzugehen, dann müsste eigentlich das Narrative bezüglich der Evolution des Lebendigen einen höheren Stellenwert haben, als man ihm jetzt zubilligt.

In Wahrheit erzählen auch die Materialisten eine Geschichte.

Das wird z. B. bei Richard Dawkins deutlich, wenn er über das Entstehen des Lebendigen spricht.[16] Er häuft dort Zufall auf Zufall, bietet uns also statt einer Erklärung eine Nacherzählung der Kontingenzen, die das Lebendige möglich gemacht haben. Dass es sich bei den Werken Dawkins zumeist um Erzählungen und

[16] Dawkins (1978), 55–63.

nicht um erklärende Wissenschaft handelt, sieht man auch an der emotionalen Tönung seiner Sprache. Er sagt gleich zu Beginn seines Buches „Der blinde Uhrmacher": „Man kann etwas erklären, so dass der andere die Worte versteht; und man kann etwas erklären, so dass der andere es im innersten Mark fühlt."[17] Das ist eine prophetisch-engagierte Rede, keine objektivierend-distanzierte, wie sich das eigentlich in der Naturwissenschaft gehören würde. Michael Hampe verweist darauf, dass die zwei möglichen Einstellungen zur Natur, die nomologische und die narrative, entweder objektivierend-distanziert oder emotionsgeladen einher kommen, was im letzteren Fall einfach daher rührt, dass wir das Entstehen von Neuem gefühlsmäßig begrüßen, sein Vergehen bedauern.[18] Wenn nun Dawkins eine materialistische Geschichte erzählt, die eigentlich nur eine Aneinanderreihung von Kontingenzen ist, gäbe es dann auch eine transzendentale Geschichte, die die Kontingenzen als Sinnzusammenhang liest, die also kohärenter wäre?

Der Biologe Edward Wilson, immerhin überzeugter Atheist, hat dieses Problem ganz deutlich gesehen. Er fordert, dass die Materialisten ein „evolutionäres Epos" erzählen sollten und für seine weltanschaulichen Gegner gelte: „Die Religion hingegen muss irgendeinen Weg finden, um die Erkenntnisse der Wissenschaft in ihre Lehre einzubeziehen, damit sie glaubwürdig bleiben kann. Ihre Stärke wird sich danach bemessen, inwiefern sie in der Lage sein wird, die höchsten Werte der Menschheit so zu kodifizieren und in eine bleibende dichterische Form zu bringen, dass sie mit dem empirischen Wissen in Einklang stehen."[19] Wie könnte nun eine Schöpfungserzählung aussehen, die auf Emergenzen abhebt?

Zunächst einmal würde die Interpretation evolutionärer Kontingenzen als „creatio continua" die Schöpferwirksamkeit des Gottes, der „alles neu" macht, rückwärts in die Natur hinein verlängern und weil wir die Gesetze des Neuen als entstanden betrachten, wäre der theologischen Forderung Pannenbergs genügt, dass das Historische primär ist, das Gesetzliche aber sekundär. Wir hätten weiter so etwas wie „Fortschritt" in der Evolution, wenn auch in einem etwas anderen Sinn als es im 19. Jahrhundert verstanden wurde. Damals war man beseelt von einem Fortschrittsoptimismus, wonach das Spätere immer zugleich das Bessere sein sollte und wonach wir zugleich Einsicht in den Master-

---

[17] Dawkins (1987), 7.
[18] Hampe (2008), 33.
[19] Wilson (1998), 352/3.

plan der Entwicklung haben sollten – so jedenfalls bei Hegel und Marx und später bei Teilhard de Chardin.

Aber das Christentum lehrt keinen Heilsautomatismus. Bei Augustinus schreitet der „Gottesstaat“ auch dann voran, wenn das römische Reich zerfällt, d. h. der Fortschritt ist nicht empirisch-allgemein zugänglich. Er verbirgt sich hinter Dysfunktionalitäten, Katastrophen und Gleichgültigkeit und tritt eher punktuell, bloß realsymbolisch in Erscheinung, nämlich in den Individuen, die das Christentum ernstlich leben – und das werden immer nur wenige sein. Es ist kein Zufall, dass Hegel diesen punktuellen, episodischen Fortschrittsbegriff, den Augustinus bewusst von der allgemeinen politischen Geschichte abgesondert hatte, wieder auf Profangeschichte zurückbezieht, ja mit ihrer Entwicklung identifiziert.

Hat man aber einen Augustinischen Begriff von „Fortschritt“, so lässt sich dieser ohne Weiteres auf die Evolution beziehen, denn so nehmen wir sie wahr. Sie ist keineswegs auf immer größere Komplexität und Qualitätenreichtum ausgerichtet, sondern sie tritt oft längere Zeiträume auf der Stelle oder kriecht opportunistisch zurück, wenn es von Vorteil ist. Zudem haben wir keinen linearen Maßstab für die evolutionären Verzweigungen. Falls wir hier von „Fortschritt“ reden wollen, so nur retrospektiv und nur im Rahmen sehr grober Vergleiche.

Selbst materialistisch eingestellte Biologen haben das Gefühl, dass ein Baum „mehr“ ist als ein Bakterium, ein Säugetier „mehr“ ist als ein Wurm oder ein Mensch „mehr“ als ein Tier. Diese Intuition lässt sich nicht austreiben. Sie liegt übrigens auch allen Formen nichtanthropozentrischer ökologischer Ethik zugrunde.

An dieser Stelle hat der Materialist ein Problem. Nach offizieller Doktrin wird in der Natur alles immer nur anders, aber niemals besser. Rosenberg und McShea behelfen sich so: Es sei kein Argument gegen den Begriff des „Fortschritts“, dass er wertbehaftet sei und dass die Naturwissenschaft wertfrei zu sein habe. Instrumentelle Werte seien dennoch erlaubt. Nur nichtinstrumentelle = intrinsische Werte, wie z. B. moralische, seien wissenschaftlich verboten. In diesem Sinn sei ein besser angepasstes Wesen fortschrittlicher.[20]

Das zeigt die ganze Hilflosigkeit des Materialismus. Dieses Konzept ist nicht nur empirisch falsch, sondern auch metaphysisch inkompatibel mit einer materialistischen Grundüberzeugung. Es ist empirisch falsch, weil besser angepasste Wesen – in unserer Sprache – oft weniger „fortschrittlich“ sind. Soll man etwa die

[20] Rosenberg/McShea (2008), 129, 131.

Blindheit des Grottenolms als Fortschritt verbuchen, weil er besser an die Höhlen angepasst ist, als seine sehenden Verwandten? Und sind denn instrumentelle Werte weniger metaphysisch als intrinsische – vom Standpunkt des Materialisten aus gesehen? Wenn wir z. B. als instrumentellen Wert den reproduktiven Erfolg annehmen, dann wäre eben dieser Erfolg ein Wert und damit ein Ziel, im Widerspruch zum rein kausalen Selbstverständnis des Darwinismus.

Die Intuition, dass in the long run Evolution einen metaphysischen Mehrwert erwirtschaftet, hat also ihren genuinen Ort in einer Schöpfungstheologie. Um sich gegenüber weiteren Alternativen zu bewähren, wäre die Geschichte des Lebens ausführlicher zu erzählen. Dies ist bislang ein Desiderat. Die materialistischen Geschichten à la Dawkins haben bislang zu Recht den größeren Erfolg. Es fehlt ihnen eben ein christliches Pendant.

Literatur

Armstrong D. (1983), Was ist ein Naturgesetz?, Berlin 1983.

Beckermann A. (Hg) (1992), Emergence or Reduction? Essays on the Prospects of Nonreductive Physicalism, Berlin 1992.

Bunge M. (1981), Scientific Materialism, London 1981.

Bunge M./ Mahner M. (1997), Foundations of Biophilosophy, Berlin 1997.

Bunge M. (2003), Emergence and Convergence, Toronto 2003.

Bunge M./ Mahner M. (2004), Über die Natur der Dinge. Materialismus und Wissenschaft, Stuttgart 2004.

Chalmers D.J (1996), The Conscious Mind. In Search of a Fundamental Theory, Oxford 1996.

Clayton Ph. (2004), Mind and Emergence. From Quantum to Consciousness, Oxford 2004.

Clayton Ph./ Davies P. (Hg) (2006), The Re-Emergence of Emergence, Oxford 2006.

Corradini A./ O'Connor T. (2010), Emergence in Science and Philosophy, New York 2010.

Dawkins R. (1978), Das egoistische Gen, Berlin 1978.

Dawkins R. (1987), Der blinde Uhrmacher. Ein Plädoyer für den Darwinismus, München 1987.

Dawkins R. (2009), The Greatest Show on Earth, New York 2009.

Gregersen N.H. (Hg) (2003), From Complexity to Life, Oxford 2003.

Hampe M. (Hg) (2005), Naturgesetze, Paderborn 2005.

Hampe M. (2008), Eine kleine Geschichte des Naturgesetzbegriffs, Frankfurt/Main 2008.

Kessler H. (2009), Evolution und Schöpfung in neuer Sicht, Kevelaer 2009.

Mackie J.L. (1974), The Cement of the Universe. A Study of Causation, Oxford 1974.
Mayr E. (1991), Eine neue Philosophie der Biologie, München 1991.
Mutschler H.-D. (2011), Von der Form zur Formel. Metaphysik und Naturwissenschaft, Zug 2011.
Pannenberg W. (1991), Systematische Theologie, Band II, Göttingen 1991.
Peirce Ch.S. (1991), Naturordnung und Zeichenprozess, Frankfurt/Main 1991.
Rosenberg G. (2002), A Place for Consciousness. Probing the Deep Structure of the Natural World, Oxford 2002.
Rosenberg A./ McShea D.W. (2008), Philosophy of Biology. A Contemporary Introduction, New York 2008.
Stephan A. (1999), Emergenz: von der Unvorhersagbarkeit zur Selbstorganisation, Dresden 1999.
Sturma D. (Hg) (2006), Philosophie und Neurowissenschaft, Frankfurt/Main 2006.
Swinburne R. (1987), Die Existenz Gottes, Stuttgart 1987.
Toulmin St. (1970), Die Entdeckung der Zeit, München 1970.
Vollmer G. (2003), Was können wir wissen? (2 Bände), Stuttgart 2003[3].
Wilson E.O. (1998), Die Einheit des Wissens, Berlin 1998.

Christlich an Schöpfung glauben?

von Christian Hoppe

Macht es Sinn, angesichts der Erkenntnisse der modernen Naturwissenschaft, an *Schöpfung* (Kapitel 2) zu *glauben* (Kapitel 1), und was bedeutet es, dies *christlich* zu tun (Kapitel 3)?

1. Glauben

1.1. Wissen und Glaube

Wissen und Glaube sind allgemeinmenschliche Denkformen, die sich insofern und unter der Bedingung nicht in die Quere kommen können, dass sich Wissen theoretisch auf Wirklichkeit im Sinne allgemeingültiger, deskriptiver Tatsachen bezieht, während sich der Glaube handlungsbezogen auf individuell-persönliche, historisch lokale, deskriptiv-evaluativ[1] strukturierte Möglichkeiten richtet. Glaube verhält sich zu Tatsachenwissen wie persönliche Möglichkeiten zu objektiver Wirklichkeit. Angesichts einer unbekannten Zukunft bleibt das menschliche Denken ja keinesfalls bei der bloßen Feststellung bekannter Tatsachen stehen, sondern läuft lebensweltlich notwendig auf eine begründete Beurteilung individuell-persönlicher Möglichkeiten hinaus, die das weitere Handeln bestimmen.

Im Unterschied zum Wissen lässt sich die Wahrheit einer erkannten Möglichkeit (im Sinne ihrer Realisierbarkeit) nur dadurch prüfen, dass man ihr traut und sein Handeln auf sie ausrichtet; denn das für möglich Gehaltene ist ja noch nicht wirklich, sondern allenfalls möglich, und da es sich auf konkrete individuelle Lebenssituationen bezieht, ist es grundsätzlich nicht Gegenstand eines allgemeingültigen Wissens.

Glaube wird im Folgenden verstanden als die allgemeinmenschliche, handlungsleitende Denkform des persönlichen Lebenswagnisses. Die Frage ist nicht, *ob* man glauben sollte oder nicht, sondern

[1] Evaluativ: wertend im Hinblick auf Bedeutung und Sinn. Die evaluative Dimension ist durch kognitive, emotionale und motivationale Aspekte konstituiert.

woran man glaubt.[2] Ein Vernunftbegriff, der Glauben in diesem Sinne nicht als vernünftige Denkform fassen kann, wäre demnach lebensweltlich zu eng gefasst. Denn nur ein Glaube an Undenkbares wäre unverständlich und nur ein Glaube an Unmögliches wäre unvernünftig. An nichts zu glauben ist dagegen unmöglich.[3]

1.2. Zu wissen glauben

Glaube ist bedeutend mehr bzw. anderes als zu wissen glauben. Denn ein Glaube, der sich wie Wissen auf die Wirklichkeit im Sinne allgemeingültiger Tatsachen bezieht ohne jedoch Wissen zu sein, wäre lediglich eine subjektive Meinung (in unterschiedlichen Gewissheitsgraden), aber kein Glaube im eigentlichen Sinne.[4]

---

[2] Martini/Eco (2005).

[3] Fußballfans, die an ihre Mannschaft glauben und ihre ganze Hoffnung auf das nächste Spiel setzen, bieten ein hervorragendes Beispiel für die Unterscheidung von Wissen und Glauben. Der Glaube der Fans steht in keinerlei Widerspruch zu den physikalischen und biomechanischen Tatsachen und Gesetzmäßigkeiten, die das Fußballspiel objektiv beschreiben; er steht auch nicht in Widerspruch zu den historischen Tatsachen des bisherigen Turnierverlaufs. Doch der Fan nimmt das Geschehen nicht nur registrierend (deskriptiv) wie ein Statistikprogramm oder ein Roboter zur Kenntnis. Vielmehr fiebert und zittert er mit den Spielern auf dem Platz um den Sieg, er jubelt und feiert mit ihnen und er ist am Boden zerstört, wenn sich die Hoffnung zuletzt doch zerschlägt (deskriptiv-evaluatives Wirklichkeitsverhältnis). Entscheidend für den Fan ist die persönliche Bindung an die geliebte Mannschaft und seine absolute Bereitschaft, an den möglichen Sieg der Mannschaft zu glauben und von dieser Aussicht das eigene Verhalten bestimmen zu lassen. Der Glaube der Fans ist scheinbar machtlos in Bezug auf das Spielgeschehen, aber dieser Glaube glaubt, den Glauben und die Motivation der Spieler auf dem Platz stärken und so deren Spiel entscheidend unterstützen zu können – die Fans als „12. Mann“. Da der Ausgang eines neuen Spiels vorher nicht feststeht, ist alles möglich, selbst wenn es unwahrscheinlich erscheint; der Glaube an die Mannschaft und den nächsten Sieg ist also niemals widervernünftig. Lediglich der Glaube an einen Sieg der F-Jugend-Mannschaft gegen einen Erstligisten wäre wohl von vornherein unvernünftig, weil dieser Sieg unter normalen Umständen nicht nur unwahrscheinlich, sondern unmöglich ist.

[4] Kant versteht Glaube als einen der drei Modi des Fürwahrhaltens (neben Meinen und Wissen): „Das Glauben oder das Fürwahrhalten aus einem Grunde, der zwar objektiv unzureichend, aber subjektiv zureichend ist, bezieht sich auf Gegenstände, in Ansehung deren man nicht allein nichts wissen, sondern auch nichts meinen, ja auch nicht einmal Wahrscheinlichkeit vorwenden, sondern bloß gewiß sein kann, daß es nicht widersprechend ist, sich dergleichen Gegenstände so zu denken, wie man sie sich denkt. Das übrige hierbei ist ein freies Fürwahrhalten, welches nur in praktischer a priori gegebener Absicht nötig ist, – also ein Fürwahrhalten dessen, was ich aus moralischen Gründen annehme und zwar so, daß ich gewiß bin, das Gegenteil könne nie bewiesen werden.“ (Logik. Ein Handbuch zu Vorlesungen, 1800). Dieser Glaube könnte sich zwar auch auf Möglichkeiten und Handlungen beziehen, aber in seiner Grundtendenz wird dieser Definition hier widersprochen: Glaube im eigentlichen Sinne ist nicht lediglich eine mit subjektiver Gewissheit aufgeladene Meinung, sondern das Erkennen und sich ergreifen Lassen von handlungsbestimmenden Möglichkeiten.

Denn dem bloßen zu wissen Glauben fehlt das Wagnis einer Existenz, die handelnd erkannte und gewählte Möglichkeiten zu realisieren versucht, sowie die individuell-evaluative Dimension des Wirklichkeitsbezugs. Ein allgemein noch unsicheres, allenfalls subjektiv als gewiss empfundenes „Wissen" ist eine Meinung, nicht mehr und nicht weniger. In Bezug auf Tatsachen sind Glaube (im Sinne von Meinung), Gewissheit und Bekenntnis grundsätzlich fehl am Platze: Sind Tatsachen unbekannt oder unsicher, ist die einzig vernünftige Option das freimütige Eingeständnis dieses fehlenden Wissens. Was sollte es auch nützen, eine erkannte Wissenslücke mit Glaube, Gewissheit und Bekenntnis stopfen zu wollen?

Religion wird heute häufig als Weltanschauung (plus Ritus) wahrgenommen, welcher man im Glauben anhängt, von der man sich überzeugt gibt, zu der man sich bekennt.[5] Der „Gläubige" stimmt angeblich einer allgemeingültigen Beschreibung der Welt und ihrer Geschichte zu und füllt wissenschaftlich vorhandene Wissenslücken – etwa in Bezug auf die Entstehung der Welt, des Lebens auf der Erde oder der Hominisation – kurzerhand durch Glauben. Als Wissensquelle werden göttliche Offenbarungen angegeben, die in heiligen Schriften niedergelegt sind. Der „Gläubige" weiß es mit subjektiver Gewissheit aufgrund dieser Offenbarungen schon besser als die Naturwissenschaftler, die noch Irrtümern anhängen, früher oder später aber auch noch auf die Wahrheit stoßen werden, so Gott will. Es verwundert nicht, wenn mit zunehmender wissenschaftlicher Erkenntnis die Widersprüche zwischen Naturwissenschaft und dieser Art von „Glauben" größer werden.

Es spricht jedoch alles dagegen, dass Schöpfungsmythen wie moderne naturwissenschaftliche Traktate gelesen werden wollen. Glaube als Behauptung der Richtigkeit eines Schöpfungsberichtes *im Sinne eines göttlich offenbarten naturwissenschaftlichen Wissens* wäre nicht nur mit der naturwissenschaftlichen Denkform *per se* unvereinbar; er verfehlte auch entscheidend den Sinn dieser Texte, die auf Glauben im eigentlichen Sinn abzielen und nicht auf bloßes zu wissen Glauben. Schon innerhalb des Alten Testaments finden sich beispielsweise zwei völlig unterschiedliche Darstellungen des Uranfangs (Gen 1,1–2,1; Gen 2,2–2,25). Besonders für den ersten Schöpfungsbericht gilt, dass er historisch-konkret im Möglichkeitsdiskurs gelesen werden will, nicht im Wirklichkeitsdiskurs. Der

[5] Atheismus: z. B. Dahl (2005, 2010), Dawkins (2006), Lehnert (2009). Theologische Repliken: Hoff (2009, 2010), Höhn (2008, 2010), Kessler (2010), Lohfink (2008), Lüke (2001), Müller (2006, 2010), Rentsch (2005), Spaemann (2007a,b).

Text wurde während der historischen Katastrophe des babylonischen Exils verfasst; er richtet sich gegen die herrschenden Verhältnisse, an denen Israel zu dieser Zeit zu zerbrechen drohte.[6] In seiner kurzen und präzisen Berichtsform stellt dieser Text einen Affront gegen die ausufernden Schöpfungsmythen der Nachbarn Israels dar. Der erste Schöpfungsbericht will Glaube wecken an die ungeahnten Möglichkeiten eines Gottes, der alle Mächte und Gewalten allein durch sein Wort erschaffen hat und der die Gestirne – die von den Babyloniern als Götter verehrt wurden – gleichsam mit einem Fingerschnipser als nützliche Lampen an das Firmament geheftet hat (Gen 1,14–18). In dieser Möglichkeitsperspektive ändern sich die end-gültigen Machtkonstellationen – wenn man sie im Glauben erkennt und ergreift.[7]

1.3. Für möglich halten

Glaube im eigentlichen Sinne kommt erst dort ins Spiel, wo es um die Ausrichtung konkreter Handlungen (und vorhandener Ressourcen) auf die hier und jetzt erkannten Möglichkeiten geht. Da es um *erkannte* Möglichkeiten geht, setzt dieser Glaube notwendig auf Wissen und Tatsachen auf.[8]

Wissenschaft selbst wird vom Glauben an zukünftig erreichbares Wissen und Können angetrieben. Die gigantischen finanziellen und materiellen Mittel sowie die individuellen Lebenszeitressourcen, die wir heute in Forschung und Entwicklung investieren, sind ein direktes Maß für den Glauben der Gesellschaft an die Möglichkeiten von Wissenschaft und Technik; sie sind gleichsam das Opfer, das wir diesem Glauben und einer technisch dominierten Zukunft zu bringen bereit sind. Die in den Naturwissenschaften praktizierte rein deskriptive, auf allgemeingültige Tatsachen abzielende Denkform erweist sich also in doppelter Weise vom ursprünglicheren, lebensweltlichen Wirklichkeitsverhältnis abhängig, d. h. diesem gegenüber als sekundär und reduziert:

Erstens, gäbe es keine Wissenschaft, wenn nicht individuelle Personen sich vom Glauben an die mit Wissenschaft realisierbaren

---

[6] Z. B. Scharbert (2005), 30f.

[7] Zur gesamten Machtthematik, die an verschiedenen Stellen anklingen wird, vgl. die Publikationen von H.-J. Sander, u. a. Sander (2003, 2006).

[8] Die Unsicherheit der Zukunft, auf die sich der Glaube ohnehin bezieht, kann noch dadurch gesteigert werden, dass möglicherweise zukunftsrelevante Tatsachen der Vergangenheit nicht sicher bekannt sind. *Beispiel:* Hat Gott in der Vergangenheit wirklich das Jüngste Gericht und Höllenstrafen für die Ungläubigen angedroht, oder handelt es sich hierbei lediglich um theologisches Wunschdenken?

Möglichkeiten ergreifen ließen und sie ihre Lebenszeit dieser Unternehmung widmeten. Die Wissenschaft und ihre Ergebnisse mögen im Idealfall rein objektiv, allgemeingültig und deskriptiv sein; die Wissenschaftler selbst glauben jedoch (im Sinne einer allgemeinmenschlichen, vernünftigen Denkform) an Wissenschaft und den möglichen Erfolg konkreter Forschungsprojekte und stehen zu dieser Unternehmung in einem deskriptiv-evaluativen, historisch und individuell konkretem Verhältnis. Das Urteil, dass wissenschaftliche Erkenntnis und technischer Fortschritt gut sind, kann – besonders in Bezug auf das eigene Leben – nicht naturwissenschaftlich-deskriptiv gewonnen werden, sondern liegt jeglicher Praxis der Naturwissenschaft immer schon zugrunde und voraus.[9]

Zweitens, stellt die objektive wissenschaftliche Beobachtung eine mit Hilfe bestimmter Methoden (Messungen) erreichte Abstraktion von ursprünglich persönlich-konkreten, lebensweltlich verankerten Erfahrungen und sinnlichen Eindrücken dar, die beispielsweise ein Forscher mit seinen Kollegen in einem Labor sammelt; die individuell-evaluativen Anteile des Wahrgenommenen werden durch die naturwissenschaftliche Methode bewusst ausgeklammert. Es wäre aber widersinnig zu behaupten, dass den durch diesen definierten Beobachtungsvorgang ausgeklammerten Anteilen des ursprünglicheren Wirklichkeitsverhältnisses kein Realitätsstatus zukomme und dass diese lebensweltlich relevanten Aspekte allesamt illusionär seien.

1.4. Reduzierte Philosophie, reduzierte Theologie

Eine Philosophie, die sich wie der Naturalismus ausschließlich auf deskriptive Beobachtungen und naturwissenschaftliche Erkenntnisse stützen möchte[10], kann demnach von vornherein nicht beanspruchen, vollständig zu sein: sie wäre mit Blick auf die lebensweltliche, individuell-evaluativ strukturierte und auf historisch konkretes Handeln ausgerichtete Erfahrung der Wirklichkeit entscheidend verarmt. Da sie nicht einmal den Glauben und andere lebensweltliche Voraussetzungen jeglicher Wissenschaftspraxis in

[9] Diese Überlegung entspricht einer Anwendung des Hume'schen Gesetzes auf das Phänomen Wissenschaft selbst: Warum soll überhaupt Wissen statt Unwissen sein? Auf diese Frage gibt es keine naturwissenschaftlich-empirische Antwort, da man vom propositionalen Relationen („is" oder „is not") nicht zu moralischen Relationen gelangen kann („ought" oder „ought not"); Hume, *A Treatise of Human Nature, Being an Attempt to Introduce the Experimental Method of Reasoning into Moral Subjects, Book III, Of Morals, Part I, Section I.* London, 1739/40), hier Hume (1982).

[10] Vgl. Dawkins (2006), Dahl (2005, 2010), Lehnert (2009).

den Blick nehmen kann, ist fraglich, ob es sich hierbei überhaupt um Philosophie handelt oder nicht vielmehr um eine unzulässige Popularisierung von Naturwissenschaft, also um Mythologisierung von Naturwissenschaft.

Theologie als „Wissenschaft vom Glauben"[11] – Glauben im hier vorgeschlagenen Sinne – erscheint von vornherein als widersinnig, da die Spannung zwischen wissbaren Tatsachen und den Herausforderungen einer unbekannten, offenen Zukunft, die den Einzelnen zu Glaube und Entscheidung drängt, übergangen wird. Tatsächlich scheint die heutige Theologie vom Glauben in dem zuvor beschriebenen Sinne nicht viel wissen zu wollen, sondern bezieht sich fast ausschließlich auf allgemeingültige, weltanschaulich ausgerichtete Glaubensinhalte.[12] In der Folge entsteht eine enorme Spannung zwischen den Glaubenden einerseits und einer sich auf hochspezielles (vermeintliches) Wissen beschränkenden Theologie, und nicht selten kommt es zum Abbruch der Beziehung; denn diese wissenschaftliche Theologie scheint zum Leben und seinen alltäglich geforderten Entscheidungen nichts Entscheidendes beitragen zu können und zu wollen.

Im Rahmen des Wirklichkeitsdiskurses wird eine überzeugende Verhältnisbestimmung von Philosophie und Theologie notwendigerweise misslingen. Die Philosophie wird heute von manchen Theologen in die Position gebracht, der Theologie ihre begrifflichen Grundlagen zu legen.[13] Dabei müsste es umgekehrt so sein, dass aus den Möglichkeiten, die eigentlich die Theologie (und die Kirche) umtreiben sollten, *das ganze Philosophieren auf den Kopf gestellt wird*! Ist die Theologie heute nicht in hohem Maße verunsichert, ob und warum sie überhaupt noch etwas anderes als Philosophie und Geschichtswissenschaft sein kann und sein sollte? Wozu aber brauchen wir noch eine Theologie, wenn sie uns nicht glaubwürdig und wissensbasiert *ungeahnte Möglichkeiten* aufzuzeigen und zu erschließen vermag?

---

[11] Hoye (2006), Kap. Glaubenswissenschaft.

[12] In Müller (2006), das immerhin den Begriff „Glauben" im Titel trägt, taucht der Begriff noch zwei Mal im Inhaltsverzeichnis auf, jedoch nicht in den entsprechenden Textabschnitten. Höhn (2008) führt ebenfalls den Begriff Glaube im Untertitel, doch da ein starkes Konzept von Glaube nicht gesehen und schon gar nicht erörtert wird, lässt einen das Buch am Ende mit den entscheidenden theologischen Fragen ratlos zurück. Vgl. dagegen Waldenfels (1988), 296f. mit Bezug auf G. Ebeling.

[13] Vgl. etwa Müller (2006), 1, der von der Philosophie als „diabolos" der Theologie spricht.

Menschliches Denken, Naturwissenschaft zumal, bezieht sich auf die Wirklichkeit. In jeden ernst gemeinten Aussagesatz kann man emphatisch „wirklich“ oder „in Wirklichkeit“ einfügen: „Der Vogel dort singt“ = „Der Vogel dort singt *wirklich/in Wirklichkeit.*“ Der Wahrheitsanspruch eines Aussagesatzes oder Gedankens liegt in seinem Wirklichkeitsbezug. Es gibt demnach in der Wirklichkeit, in der wir leben, unbestreitbar Entitäten (nämlich Aussagesätze und Gedanken), die sich auf die Wirklichkeit beziehen können und die die nichtphysische Eigenschaft besitzen, wahr oder falsch sein zu können. Als akustische Lautäußerungen oder optische Muster mögen Sätze physische Phänomene sein, in ihrer Satzhaftigkeit sind sie es nicht. Naturwissenschaftliche Theorien sind Gebilde aus derartigen nichtphysischen Entitäten: Satzgebilde; sie fallen somit selbst aus dem Bereich empirisch beobachtbarer physischer Objekte heraus. In diesem Sinne verbietet sich eine Identifikation von physischer Wirklichkeit und Wirklichkeit insgesamt. Das wichtigste Argument gegen eine physikalistische Ontologie ist, dass Physik selbst in der Welt des physisch Beobachtbaren nicht vorkommen kann.[15]

Entscheidend ist, dass ein Satz oder ein Gedanke die beschriebene oder gedachte Wirklichkeit nicht konstituiert, sondern sich vielmehr umgekehrt an dieser zu bemessen hat:[16] Dass ich denke, dass der Vogel singt und diesen Gedanken für wahr halte (etwa im Traum), bedeutet noch keinesfalls, dass der Vogel tatsächlich singt. Der Gedanke als solcher mag (wie ein sinnlicher Eindruck) unbestreitbar existent sein, doch dies begründet keinesfalls den Wahrheitsanspruch seines propositionalen Gehaltes.[17] Täuschung,

---

[14] Zum Folgenden vertiefend: Halbig/Suhm (2004); Puntel (2006, 2010); Hoye (2006), Kap. Wirklichkeit.

[15] Interessanterweise werden einige der hier diskutierten Argumente gegen den Physikalismus auch von dem Materialisten Mario Bunge vorgebracht, der den Unterschied zwischen emergentistischem Materialismus und Physikalismus betont, z. B. Bunge/Mahner (2004).

[16] Vgl. Boghossian (2006), Dummett (2006), Puntel (2006). Der Konstruktivismus resultiert aus der (falschen) Identifikation von Wissen und Wirklichkeit; Wissen ist konstruiert, aber nicht die Wirklichkeit, auf die sich das Wissen bezieht. Jeder, der es mit der Wirklichkeit zu tun bekommen hat, weiß, dass die Konnotation einer Konstruktion der Wirklichkeit deren hartnäckiger Widerständigkeit gegen unsere Denkgebilde nicht gerecht wird. Man wird die Differenz zwischen Denken und Sein, und damit die Wahrheitsfrage, nicht einfach dadurch los, dass man sie nicht wahrhaben will.

[17] Wenn Descartes (1596–1650) in seinen *Meditationes de prima philosophia* (1641) *im Vollzug des Denkens* (*cogitans* ergo sum) das Denken selbst als unbestreitbar existent vorfindet, selbst dann wenn dieses Denken inhaltlich alles in Zweifel zieht, dann

Illusion und Irrtum sind stets möglich, das menschliche Denken ist von Grund auf fallibel. Streng genommen müsste man daher in jede Aussage X einfügen: *Es scheint*, dass X. Die Einsicht in die Begrenztheit und Fallibilität des eigenen Denkens ist ein entscheidender Hinweis auf dessen Ausrichtung auf Wirklichkeit, die unabhängig vom eigenen Denken existiert.

Was je wirklich war, kann nicht mehr ungeschehen gemacht oder im Nachhinein verändert werden.[18] Lebensweltlich ist dieses Prinzip der Unabänderlichkeit des Vergangenen eine Selbstverständlichkeit, und auch in den historischen Wissenschaften einschließlich Kosmologie, Geologie und Evolutionsbiologie geht man notwendigerweise von diesem Prinzip aus. Auch dann, wenn man kleinste Bewegungen bzw. überhaupt Veränderungen in der Zeit untersucht, muss man von der bleibenden Wirklichkeit des früheren Ausgangszustandes ausgehen, obwohl man keine Möglichkeit hat, tatsächlich in der Zeit zurückzureisen, um diese Annahme zu prüfen. Ohne die Annahme der Unabänderlichkeit der Vergangenheit wüsste man nicht, ob man es bei Bewegungen/Veränderungen überhaupt mit realen Phänomenen statt mit Trugbildern des Gedächtnisses zu tun hätte. Genau genommen, gäbe es gar nichts Bestimmtes, wenn es nicht durch seine vergangene Wirklichkeit (wohlgemerkt nicht: durch unsere Erinnerung) bestimmt wäre.[19]

Das Vergangene bleibt *als Vergangenes* Wirklichkeit. Sätze, die vergangene Tatsachen zutreffend beschreiben, sind überzeitlich

---

ist er genau genommen über die Unbestreitbarkeit sinnlicher Eindrücke (z. B. das Knistern des Kaminfeuers) keinen Deut hinaus gekommen; vor allem ist nicht gezeigt, dass mit dem Denken eine Unterscheidung von *ego* und *cogitari* existiert, dass es also wirklich jemanden gibt, der einen Gedanken hat. Jedes Denken, das sich in Bezug auf Tatsachen für unbestreitbar wahr hält, überträgt unzulässigerweise die Unbestreitbarkeit und Tatsächlichkeit des je jetzigen Eindrucks, von der her wir überhaupt einen Begriff von Wirklichkeit gewinnen, auf den propositionalen Gehalt des Gedankens.

[18] Vgl. Dummett (2004), Hoye (2006), Kap. Wirklichkeit, Spaemann (2007b).

[19] Bunge/Mahner (2004) definieren die Materie als das Veränderliche; diese intrinsischen Veränderungen bringen (relativistisch) erst die Zeit hervor. Die Frage des Zugriffs auf eine notwendig als bleibend gültig zu denkende, faktisch jedoch unerreichbare Vergangenheit wird somit im Zentrum einer materialistischen Metaphysik virulent. Insgesamt überrascht das realistische, antikonstruktivistische Konzept der Autoren (einschließlich einer gut begründeten Ablehnung der antirealistischen Kopenhagener Deutung der Quantenphysik), überzeugt aber, wenn man sich einmal entschlossen hat, *ausgehend von den Naturwissenschaften* zu philosophieren. Die Ähnlichkeiten zu der hier skizzierten Wirklichkeitsauffassung sind jedenfalls frappant, wenngleich Bunge und Mahner sich im vorletzten Kapitel religionskritisch äußern und eine absolute Unvereinbarkeit von Wissenschaft und Theologie/Glaube/Religion konstatieren.

für alle Zeit und Ewigkeit wahr. Beispielsweise wird es für alle Zeit und Ewigkeit wahr sein, dass Sie jetzt an genau diesem Ort diesen Satz wirklich lesen – auch wenn Sie es vielleicht schon morgen vergessen haben werden. Denn auch in Bezug auf die vergangene Wirklichkeit gilt, dass sie nicht durch Erinnerung oder historisches Wissen, also durch das Denken konstituiert wird; vielmehr haben sich Erinnerungen und wissenschaftliche Erkenntnisse an den tatsächlichen Geschehnissen in der Vergangenheit zu bemessen.[20]

1.6. Ontologie des Möglichen

Dem Möglichen kommt ein eigenartiger ontologischer Status zu: Das Mögliche kann möglicherweise wirklich werden unter der Voraussetzung, dass man es für möglich hält und sein Handeln von dieser Möglichkeit her bestimmen lässt. Das Wagnis, das einzugehen man im Angesicht einer unbekannten Zukunft aufgefordert ist, liegt darin, dass die Möglichkeit, der man Glauben schenkt, in vielen Fällen *ohne diesen Glauben* mit an Sicherheit grenzender Wahrscheinlichkeit nicht wirklich werden könnte: Glaube als notwendige Bedingung der Realisierung dieser Möglichkeit.[21] Doch gibt es andererseits keine Garantie: Glaube als nicht hinreichende Bedingung für die Realisierung der erkannten und gewählten

---

[20] Die Frage der Unabänderlichkeit der Geschichte hat wichtige eschatologische Implikationen. Wollte man den Opfern der Geschichte doch noch Gerechtigkeit zukommen lassen – und wie könnte man den Gedanken ertragen, dass es einfach bei einer zum Himmel schreienden Ungerechtigkeit bliebe? –, müsste das Geschehene dann nicht doch ungeschehen gemacht, umgeschrieben oder unter umgekehrten Vorzeichen in Gestalt eines endzeitlichen Gerichts fortgeschrieben werden können (so bei Boff 2009, Brantschen 2010)? Mir erscheinen diese vermeintlichen Lösungen des Gerechtigkeitsproblems ihrerseits höchst problematisch, da es sich vermutlich um unverständliche, weil undenkbare Postulate handelt. Sie nehmen das Lebensende nicht ernst und operieren in der Ewigkeit Gottes zu sehr mit zeitlichen Kategorien (z. B. „nach" dem Tod). Meines Erachtens würde es genügen, darauf hinzuweisen, dass „am Ende der Tage" die Unvollständigkeit der von uns erzählten und gewussten Geschichte offenbar würde und dass *die ganze Wirklichkeit* ans Licht kommen wird. Wenn man die *visio dei beatifica* als *genitivus subiectivus* liest, statt wie üblich (und theologisch höchstbedenklich) als *genitivus obiectivus* (vgl. Hoye 1993 zur Unmöglichkeit der Gotteserfahrung), wäre damit exakt dieser Gedanke zum Ausdruck gebracht, der auch in der Frömmigkeit tief verwurzelt ist: Gott sieht alles, Gott sieht mich; das ist meine Seligkeit und mein Gericht (vgl. Ps 139).

[21] Die Rettung der Bergleute in Peru (2010) war wohl das eindruckvollste Beispiel für einen wirksamen Glauben an das fast Unmögliche – auf Seiten der Verschütteten, ihrer Angehörigen und ihrer Retter. Doch wenige Wochen später, bei einem Grubenunglück in Australien, gab es keinerlei Möglichkeit zur Rettung: Nach wiederholten Gasexplosionen unter Tage wurden die Bergleute für tot erklärt, die Rettungsmaßnahmen wurden eingestellt.

Möglichkeit. Ein Scheitern trotz allen Glaubens bleibt jederzeit möglich.

Während die Vergangenheit feststeht, ist die Zukunft unbekannt und offen: sie bietet Möglichkeiten, erzwingt Entscheidungen. Wir denken und erfahren Zukunft in Kategorien des *de dicto* Möglichen (des Denkbaren) und des *de re* Möglichen (des Realisierbaren, des Wahrscheinlichen und Unwahrscheinlichen) bzw. Unmöglichen – wieder sogleich in evaluativen Dimensionen (als Erhofftes oder Befürchtetes). Der Möglichkeitsdiskurs findet auf der Basis des Wirklichkeitsdiskurses statt, übersteigt ihn jedoch im Hinblick auf historisch verortetes Handeln individueller Personen. Da unser Wissen sicher begrenzt ist, können wir nicht sicher wissen, was wirklich möglich ist. Neue Möglichkeiten für möglich zu halten und zu suchen, erkannte Möglichkeiten gegeneinander abzuwägen, dann eine dieser Möglichkeiten entschlossen zu ergreifen und das eigene Handeln von dieser gewählten Möglichkeit her bestimmen zu lassen, bis diese Möglichkeit Tat-Sache geworden ist (oder eben nicht) – das ist die Grunderfahrung schöpferischer menschlicher Freiheit.

Die Wirklichkeit erscheint ihrerseits anders im Lichte des Möglichkeitsdiskurses; letztlich muss Möglichkeit in der Wirklichkeit bereits mitgedacht werden, weil auch der erkannten Möglichkeit bereits Wirklichkeit zukommt. In Menschen, die einer Möglichkeit Glauben schenken und ihr Handeln zukünftig von ihr bestimmen lassen,– zugespitzt könnte man formulieren: in den Gehirnen dieser Menschen – findet diese Möglichkeit ihre erste materielle, konkret-geschichtliche Verwirklichungsform: Die Möglichkeit kommt allein durch die Erkenntnisform des Glaubens in die Welt, nicht ohne ihn, und wird tatsächlich (physisch) wirksam und verwirklicht in dem Maße, wie man sein Handeln von diesem Glauben her bestimmen lässt – auch wenn sich die Möglichkeit selbst schlussendlich nicht realisieren lassen sollte.[22]

Eine aktualistische Deutung des Seins denkt Wirklichkeit von der Möglichkeit her, als Werden, als Realisierung von Möglichkeiten: das Wirkliche ist eine Tat-Sache (actus). Alles was wirklich ist, muss immer schon möglich gewesen sein.

---

[22] Bei dieser und allen weiteren Überlegungen muss die Zustimmung des Autors zur Leitidee der kognitiven Neurowissenschaften immer mitgedacht werden: Geistig-seelische Phänomene werden niemals ohne Hirnprozesse beobachtet und existieren daher vermutlich nicht ohne sie; vgl. Hoppe (2006, 2008, 2010).

1.7. Das Mögliche als Voraussetzung von Macht[23]

Macht hat es mit dem Möglichen und daher mit der Denkform des Glaubens zu tun; denn Macht hat der, dem man glaubt, dass er versprochene oder angedrohte Möglichkeiten realisieren und die Zukunft in seinem Sinne gestalten kann. Diese Macht ist also nur dadurch mächtig, dass ihren Versprechungen/Androhungen Glaube geschenkt wird.

Verhalten von Individuen und Gruppen kann man effektiv manipulieren, indem man kontingent zu gewünschten/unerwünschten Verhaltensweisen glaubwürdig Positives (Wünschenswertes, Entfernung von Aversivem) in Aussicht stellt oder Negatives (Aversives, Entfernung von Wünschenswertem) androht und keinerlei Zweifel daran lässt, dass man das Angekündigte wahr machen wird; das wissen Eltern und Lehrer so gut wie Diktatoren und Löwendompteure. Macht wird von einer auf die andere Sekunde zu nichts, wenn ihr Adressat die angedrohten/versprochenen Folgen nicht mehr fürchtet/will oder wenn Fähigkeit und Bereitschaft zur Durchsetzung der Ankündigungen bezweifelt werden.

Aber ist nicht auch die irdische Macht der Mächtigen angesichts der überirdischen Naturgewalten allenfalls eine Marginalie (vgl. Joh 19,10f.)? Diese Intuition ruft die Religion auf den Plan – allerdings unter der kritischen Voraussetzung, dass die überirdischen Mächte und Gewalten in irgendeiner Weise einer magisch-rituellen Beeinflussung zugänglich sind, dass diese Kräfte also unsichtbare Personen sind. Die irdischen Mächte müssen angesichts der überirdischen Mächte legitimiert, das heißt ins Verhältnis zu den überirdischen Mächten gesetzt werden. Religion stört die Mächtigen, indem sie deren Macht fortlaufend relativiert; doch bietet sie im Gegenzug an, die irdische Macht zu legitimieren – ein über Jahrtausende höchst erfolgreiches Geschäftsmodell!

Heute liegt die Macht bei denen, die auf belastbares naturwissenschaftliches Wissen zugreifen und über das technische Knowhow verfügen, bestimmte Möglichkeiten in die Tat umzusetzen. Relativierungen dieser technischen Macht aus religiöser Perspektive haben bei vielen Menschen ihre Glaubwürdigkeit verloren.

---

[23] Sander (2003, 2006).

Die Erkenntnis des Möglichen – jenseits von Zufall und Notwendigkeit – ist Voraussetzung personalen Leidens: Die leidende Person *leidet an der Wirklichkeit selbst.* An der Wirklichkeit selbst leiden kann man jedoch nur relativ zu und im Bewusstsein einer denkbaren anderen und besseren Welt – also in einem personalen Wirklichkeitsverhältnis. Schmerzen oder Angst als psychophysiologische Phänomene sind weder notwendige noch hinreichende Bedingung für personales Leiden.[24] Die Klage über das Leiden wehrt sich dagegen, dass das Leiden unabwendbar und naturnotwendig sein soll, sie verweigert der Welt, wie sie faktisch ist, ihr Einverständnis; sie schickt sich nicht in ihr Geschick: Nein, die Welt könnte anders sein und sie sollte anders sein! In dieser kontrafaktischen Einstellung, die die herrschenden Verhältnisse transzendiert, liegt die eigentliche Ursache des Leidens und der Sinn der Klage.[25] Insofern sind Leid und Klage Konsequenz und Ausdruck von Personalität.

Leid, Mitleid und Ver-zwei-flung kämen umgehend an ihr Ende, sobald man die von der eingetretenen Wirklichkeit ent-zweite Wunsch-Vorstellung – und mit ihr allen Glauben und jegliche Hoffnung – völlig aufgäbe. Denn sowohl im geistlosen Einerlei einer Welt, die nichts anderes ist als die je jetzige, tatsächliche Konstellation aller physischen Objekte und ihrer Eigenschaften (Naturalismus/Materialismus), als auch in der denkfreien Erlebniszone einer bedeutungslosen Tatsächlichkeit (tāthāgātā) des reinen Jetzt (westlicher Buddhismus) leidet naturgemäß niemand mehr an nichts – selbst wenn er Schmerz oder Angst fühlte. Betrachtet man die Welt ausschließlich stillsitzend vom Meditationskissen oder vom Mikroskopierplatz aus, erhebt sich keine Klage mehr, kein Aufbegehren, kein Widerspruch – kein Mut, kein Wagnis: Fakt ist, was ist; alles andere ist pure Illusion.[26]

Erstaunlich, dass die quasi-narkotische (um nicht zu sagen: quasi-suizidäre) Selbstabschaffung der menschlichen Person, die als

---

[24] Hier ist nicht der Rahmen, um das Leiden der Tiere eingehender zu betrachten; doch sollte man meines Erachtens sorgfältig zwischen personalem Leiden als Leiden an der Wirklichkeit und dem Leiden als aversivem psychophysiologischen Phänomen (z. B. Erleben von Schmerz oder Angst) unterscheiden. Während das Leiden der Tiere häufig vermeidbar ist und daher auch vermieden werden sollte, ist personales Leiden in der Welt, wie sie faktisch ist, grundsätzlich nicht vermeidbar.

[25] Die religiöse Klage richtet sich daher in gleichem Maße anklagend gegen Gott, wie sie sich bittend an Gott richtet; vgl. Kermani (2008).

[26] Vgl. in dieser Richtung z. B. Almaas (2005), Rohr (2010).

geschichtliches Subjekt denkend in der Differenz zum Anderen seiner selbst nach Wahrheit strebend und daher in dieser faktischen Welt *notwendig leidend* existiert, heute von so vielen (im Westen) als die Lösung menschlicher Existenzprobleme akzeptiert wird.[27] Wie sollte so etwas wie *Bedeutung* denn ohne Leiden erfahren werden können? Natürlich wünscht man niemandem, dass er leidet – aber wäre ein Leben ohne Leidensbereitschaft und Leiden denn überhaupt der Rede wert?[28]

Noch erstaunlicher ist, dass sich derartige „Philosophien" ohne Votum und ohne nennenswerten Widerspruch die Naturwissenschaft auf ihre eigenen Fahnen schreiben dürfen („Physikalismus"), obwohl sich Naturwissenschaft als Denkform und geistige Unternehmung in jeder Hinsicht der geschichtlich mühsam errungenen Personalität des Menschen verdankt und zugleich ein bedeutsamer möglicher Ausdruck dieser Personalität ist.[29]

1.9. Ontologie und Metanoetik

Metaphysik ist nicht identisch mit Ontologie, sondern umfasst von vornherein notwendig auch Metanoetik.[30]

Ohne das lebendige, sinnliche Erleben *genau jetzt* in seiner unbestreitbaren Tatsächlichkeit wüssten wir gar nicht, wovon wir überhaupt reden, wenn wir von Wirklichkeit reden – ganz abgesehen davon, dass es ohne Bewusstsein ohnehin nichts zu reden gäbe.[31] Wir übertragen die Unmittelbarkeit des Jetzterlebens,

---

[27] Mir persönlich ist beispielsweise völlig unklar, wie man angesichts der Mühen und Leiden des menschlichen Lebens aus dem Gedanken Trost schöpfen kann, dass der Mensch wie ein Tropfen Wasser sei, der für einen kurzen Moment aus dem Ozean aufsteigt, um dann im Tod wieder in ihm unterzugehen und mit ihm wieder eins zu sein. Wenn man eine gewisse tranceartige Kritiklosigkeit gegenüber dieser Metapher einmal überwindet, ist offensichtlich, wie zynisch dieses Bild genau genommen ist. Es beschreibt nichts anderes als die völlige Bedeutungslosigkeit und Nichtigkeit personaler Existenz. In der gleichen fragwürdigen Orientierung liegt das weithin bekannt gewordene Liebesgedicht „Was es ist" (1979) von Erich Fried (1921–1988) mit seinem Kehrvers „Es ist was es ist sagt die Liebe" – als könnte Liebe jemals bei einer bloßen Feststellung unbestreitbarer, allgemeingültiger Tatsachen stehenbleiben.

[28] Diese Andeutungen müssen hier genügen um zu zeigen, wie unsinnig die immer wieder zitierte Auffassung ist, dass das Leiden „der Fels des Atheismus" sei, z. B.: Georg Büchner (1813–1837), Dantons Tod, 3. Akt, 1. Szene; im Anschluss daran z. B. der Beitrag von N. Hoerster in Dahl (2005). Vgl. gegen diese Auffassung insbesondere Kermani (2008) im Hinblick auf den Sinn der Klage.

[29] Ein besonders problematisches Beispiel in diesem Zusammenhang: Singer/Ricard (2008).

[30] Przywara (1932/1962), Puntel (2010).

[31] Hier ist leider nicht der Ort, vertiefend auf das unmittelbare Erleben einzugehen. Ich habe durch Zāzen einen Zugang zu dieser Ebene gefunden, habe aber bisher nir-

gleichsam konjunktivisch, auf das Tatsachenwissen, welches das Hier und Jetzt jedoch weit übersteigt: *Könnte* man da oder dort (historisch, makroskopisch, mikroskopisch) hingelangen, dann *würde* man dort dies und jenes so konkret und unbestreitbar erleben wie jetzt dieses Dies.[32] So spannt das Denken einen virtuellen Raum auf, und in seiner Reichhaltigkeit umfasst es nicht nur das erkannte Wirkliche, sondern auch das Fiktive als Experimentierfeld des Möglichen und des überhaupt Denkbaren.

Wer ernsthaft denkt (z. B. Naturwissenschaft betreibt), hält wahre Erkenntnis für möglich und das Streben nach Wahrheit für sinnvoll. Wer sich ernsthaft denkend auf Wirklichkeit bezieht, muss über Wirklichkeit so denken, dass genau dieses (wenn auch fallible) geistige Verhältnis eines bestimmten Wirklichen zu einem anderen bestimmten Wirklichen und zur Wirklichkeit als solcher und im Ganzen, welches wir Denken nennen, möglich ist und faktisch existiert.

Wirklichkeit ist denknotwendig unabzählbar eins – „in Wirklichkeit“ (ohne Plural, ohne Artikel).[33] Doch das im Denken sich artikulierende *Wirklichkeitsverhältnis* ist von vornherein in einer bemerkenswerten Dreieinheit, d. h. trinitarisch angelegt: Erkennender („Subjekt“), Erkenntnis und Erkanntes sind einerseits streng voneinander getrennt und füreinander irreduzibel – ein Erkennender hat eine Erkenntnis, die weder mit ihm noch mit dem erkannten Anderen in eins fällt –, doch zugleich sind diese Drei eins in der Einheit des Erkennens und dadurch voneinander vollständig abhängig: keines existiert unabhängig für sich.[34] Das Erkannte existiert nicht an und für sich, sondern nur, insofern es *im*

---

gendwo besseres dazu gelesen als bei dem Wiener Philosophen Robert Reininger (1869–1955); vgl. Reininger (1916, 1931/1947), Reiningerkreis (1949). Fokussiert man ausgehend von der jetzigen Situation auf genau diese Wahrnehmung, und dann von dieser Wahrnehmung auf das unmittelbar sinnliche Erleben jetzt und jetzt und jetzt, so kann die ursprüngliche Einheit allen Erlebens, die allen Vorstellungen zugrunde liegt, deutlich zu Bewusstsein gelangen. Im Erleben gibt es kein Ich, das etwas wahrnimmt, sondern einfach nur: dieses Dies. Vgl. hierzu das buddhistische Herz-Sūtra (Hannya Shingyo).

[32] In diesem Sinne versteht U. Neisser Vorstellung als Wahrnehmungserwartung (Neisser 1979). Genau genommen kommen wir über das Jetzt unmittelbaren Erlebens nicht sicher hinaus und allem Denken haftet ein hypothetisch-konjunktivischer Charakter an, der sich faktisch nicht einlösen lässt. Diese Einsicht steht, wie ein Schock, am Anfang alles Philosophierens: Ist nicht alles Denken bloßer Schein? Vgl. hierzu Janßen (2008), Durie (2000).

[33] Hoye (2006), Kap. Wirklichkeit.

[34] Beobachten könnte hier ohne weiteres ersetzt werden durch: wahrnehmen, denken, erkennen.

Prinzip von irgendwem erkannt werden kann.[35] Denken geschieht in den drei paarweise resultierenden trinitarischen Unterscheidungen zwischen 1. dem Erkennenden und seiner Erkenntnis (Denken), 2. dem Erkennenden und dem Erkannten, worauf er sich erkennend bezieht (Subjekt-Objekt bzw. Andersheit) und 3. der Erkenntnis und dem Erkanntem (Wahrheit/Falschheit). Ferner ereignet sich Denken in der Differenz zwischen dem Jetzt des Bewusstseins und der Zeit,[36] in welcher sich Geschichte ereignet und denknotwendig als Vergangenheit unveränderlich gültig und wirklich bleibt (Geschichtlichkeit).

Wenn es aber in dieser Welt Wesen gibt, die durch Denken, Erkenntnis des Anderen, Streben nach Wahrheit und Geschichtlichkeit als Personen konstituiert sind – was ohne performativen Selbstwiderspruch nicht ernsthaft bestritten werden kann –, dann muss ein derartig trinitarisch angelegtes *Wirklichkeitsverhältnis* von Anbeginn der Welt und vor aller Zeit *möglich* gewesen, also *in der Wirklichkeit selbst* grundgelegt sein: Wirklichkeit muss zu sich in ein Verhältnis gegenseitigen Erkennens treten können, ohne sich dadurch zu entzweien oder auseinander zu fallen.[37]

Wirklichkeit ist unabzählbar eins. Doch jedes Einheitsdenken, das Wirklichkeit in ein großes Einerlei auflösen will und die der Erkenntnis zugrunde liegenden trinitarischen Differenzierungen nicht von ihrem Ursprung her denken kann,[38] verfehlt das Denken von dessen Voraussetzungen her. Dieses Denken findet regelmäßig kein Verhältnis zu sich selbst und seinen Möglichkeitsbedingungen und verstrickt sich in performative Selbstwidersprüche.

---

[35] Vgl. Berkeley's *esse est percipi.* Wenn das *percipi* nicht (idealistisch, solipsistisch) auf menschliche oder gar faktische menschliche Erkenntnis beschränkt wird, ist dieser auf das Denken bezogenen Bestimmung des *esse* zuzustimmen.

[36] Vgl. Durie (2000).

[37] Auch Puntel (2010) dehnt die metaphysische Analyse auf das traditionell theologische, offenbarungsabhängige Feld der trinitarischen Spekulation aus. Jedenfalls muss die Möglichkeit von Einheit in Differenz vom Ursprung her als möglich gedacht werden können.

[38] Im monolithischen Monotheismus: Gott als undifferenzierte Einheit, in der Andersheit und Erkennen nicht als möglich gedacht werden können; das Frühjudentum stellte bereits die Weisheit (shekina) an die Seite Gottes, woran die christliche Logos-Spekulation anknüpfen konnte. Im Materialismus/Physikalismus: die je jetzige Konstellation aller physischen Objekte und ihrer Eigenschaften. Im (westlichen) Buddhismus: das Jetzt unmittelbaren Erlebens am Grunde aller Wahrnehmung, Erfahrung und allen Wissens. Aus allen Positionen folgt, in performativem Selbstwiderspruch, eine Ablehnung oder Geringschätzung menschlichen Denkens.

2. *Schöpfung*

2.1. *Das Schöpferabsolute als Seinsmöglichkeit und als Sein*[39]

Nichts was ist, *müsste* sein, nichts existiert *notwendig* oder *aus sich heraus*; ohne weiteres wäre vorstellbar, dass es nicht ist – und tatsächlich war es einmal nicht und wird einmal nicht mehr sein. Kein Seiendes kommt durch sich selbst ins Sein, nichts trägt den Grund seines Seins in sich selbst. Jedes – und daher auch Alles (das All, die Realität) – verdankt seine Existenz nicht sich selbst, sondern anderem. Dies ist der Gedanke der Kontingenz von jedem und allem. *Warum* und *wozu* aber ist überhaupt irgendetwas und nicht vielmehr nichts (Ontologie)?[40] Und warum existiert ein Wesen, das genau dann zu sich findet, wenn es diese Leibnizsche Frage formulieren kann (Metanoetik), also seine Existenz und die Existenz von allem als solche und im Ganzen fragend vor sich bringen kann?

Wenn man erkennt, dass kein einzelnes Seiendes (und somit auch nicht die Gesamtheit alles Seienden: die Welt) den Grund zu sein in sich selbst hat und dass kein Seiendes sich das Sein selbst verdankt, dann denkt man in diesem Gedanken *implizit* den von der Welt absolut unterschiedenen, in sich gründenden *Seinsgrund*. Doch bestimmte man den Grund als *Sein*, wäre nicht einzusehen, was dieses Sein ohne Seiendes, ohne Welt denn sein sollte? Der Seinsgrund (das Sein) muss daher, um von der Welt als Gesamtheit des Seienden different zu sein, als *Sein-Können,* als *absolute Seinsmöglichkeit* bzw. als *Seinsermöglichung* gedacht werden: Selbst wenn nichts wäre, wenn keine Welt existierte, muss es denknotwendig doch *möglich* sein, *dass etwas ist.* Denn da die Welt nun einmal ist, wäre die Alternative – das Nichts als die absolute Unmöglichkeit zu sein – ohne performativen Selbstwiderspruch undenkbar.

Das *Seinkönnen* alles Seienden (die Möglichkeit der Welt) bzw. *das Sein* des faktisch Seienden (die Wirklichkeit der Welt und ihrer Geschichte) nenne ich in Anschluss an Puntel[41] – rein philosophisch! – das *Schöpferabsolute.* Das Schöpferabsolute ist *absolut notwendig als Möglichkeit der Welt.* Die Welt als Gesamtheit dessen, was ist, ist demnach *nicht absolut notwendig*: Aus Sicht des

---

[39] Für das folgende insbesondere Puntel (2010), bes. Kap. 3, Abschn. 5–7, jedoch auch Pieper (1990) und Hoye (2006), Kap. Wirklichkeit.

[40] „Pourquoi il y a plutôt quelque chose que rien?“, Leibniz (1718), § 7.

[41] Puntel (2010).

Schöpferabsoluten ist und bleibt die Welt *eine nichtnotwendige Möglichkeit*; sie könnte auch nicht sein.[42]

Vom Schöpferabsoluten als dem in sich gründenden Grund alles Seienden zu sagen, dass es ihn gibt (wie Atome oder Schreibtische), wäre offensichtlich sinnlos und verfehlt; die Bestreitung dieser allzu einfachen analogen Existenzaussage wäre jedoch genauso sinnlos. Denn das Schöpferabsolute ist kein weiteres höchstes oder erstes Wirkliches vor, hinter, über oder unter anderem Wirklichen, das es auch noch gibt. Das Schöpferabsolute ist vielmehr *das Dass der Welt: dass* überhaupt irgendetwas existieren *kann* und *dass* tatsächlich etwas existiert. Das Schöpferabsolute ist nicht (auch noch) gegenwärtig oder wirklich, sondern es ist die (überzeitliche) Gegenwart alles Gegenwärtigen und die absolute Möglichkeit und bleibende Möglichkeit und Wirklichkeit alles Wirklichen.[43]

2.2. Transzendenz und Immanenz

Transzendenz und Immanenz von absolutem Sein/Seinkönnen und Seiendem verhalten sich *positiv* proportional zueinander: Bei unüberbietbarer Unterschiedenheit (Transzendenz) des Schöpferabsoluten von ausnahmslos allem und jedem, was existiert, sind

---

[42] In diesem Sinne ist das Schöpferabsolute absolut frei, eine Welt zu schaffen und im Sein zu halten oder nicht; dies auch in Richtung der These 2 im Beitrag von K.-H. Menke in Striet (2010), die die Kontingenz des Schöpfungsaktes herausstreicht und daher eine absolute Identität von Akt und (absolutnotwendigem) Sein in Gott (*actus purus*) ablehnt (vgl. auch Menke 2008). Im selben Band verteidigt Höhn jedoch dieses Konzept, da Gottes Sein und Handeln in der Liebe zum Menschen zusammen falle. Vermutlich ließe sich zeigen, dass der Naturbegriff des Naturalismus im Grunde dem Schöpferabsoluten sehr nahe kommt, weil die Natur dort mehr ist als die Gesamtheit der unzähligen existierenden natürlichen Dinge; nur so erklärt sich ja die naturalistische Abneigung gegen den Dualismus und die starke Intuition der Einheit der Natur.

[43] Puntel (2010), Pieper (1990), Hoye (2006): Diese Autoren beziehen sich in ihren Überlegungen auf Thomas von Aquin (1225–1274). Dessen *quinque viae* scheinen einfache Existenznachweise für einen Gott, den es gibt, zu sein. Doch seine eigentliche theologische Intuition, die nach Puntel und Pieper an allen entscheidenden Stellen deutlich zum Tragen kommt, besteht darin, Gott nicht mit einem Seienden (und sei es das Höchste) gleichzusetzen, sondern mit dem Sein selbst, dem *esse per se ipsum*. Dieses *esse* wird im Weiteren bestimmt als *actualitas actuum omnium*: die Wirklichkeit und Tatsächlichkeit alles Wirklichen wird somit bei Thomas zur Gottesdefinition. Der Wirklichkeitsbegriff (actualitas, wercelicheit) verdankt sich etymologisch übrigens der Theologie – Albertus Magnus, Thomas von Aquin, Eckart von Hochheim; vgl. Hoye (2006), Drewsen/Fischer (2006). Man beachte hier auch die Konnotation „Aktualität": Gott ist überzeitliche Gegenwart alles Gegenwärtigen; dass er selbst gegenwärtig oder abwesend sein könnte, ist daher philosophisch abwegig (vgl. dagegen Dalferth 2006). Eine *philosophische* Gleichsetzung von Sein, Wirklichkeit und Gegenwart mit dem Gott der biblischen Tradition wird im weiteren Gedankengang bestritten; denn diese kommt erst in einer Glaubensperspektive in Sicht.

beide in ebenso unüberbietbarer Weise einander innerlich (Immanenz); denn alles Seiende existiert im Sein und nie getrennt von ihm. Das Schöpferabsolute kommt in der Welt nicht vor; in diesem Sinne existiert es nicht, ist kein weiteres Seiendes unter Seienden. Es kann daher auch nicht, wie anderes Seiendes, erfahren oder nicht erfahren werden. Als Möglichkeit und letzter Grund alles und jedes Seienden wird es vielmehr notwendig an allem Seienden implizit miterfahren und miterkannt in der Erfahrung und Erkenntnis von dessen Kontingenz und Endlichkeit.[44]

Die Schöpfermacht des (philosophischen) Schöpferabsoluten besteht darin, eine Welt *in absoluter Unterschiedenheit von sich selbst*, d. h. in absoluter Eigenständigkeit und Eigengesetzlichkeit ermöglichen zu können. Die Existenz der Welt und jedes Seienden wird gerade nicht durch ein Absolutes, das es quasi nebenan auch noch gibt, an die Wand gedrückt und als „uneigentlich" entwertet.[45]

Im Schöpferabsoluten als absoluter Seinsmöglichkeit muss alles, was je wirklich war, ist und sein wird, *als Möglichkeit* eingeborgen sein; denn alles was je wirklich war, ist und sein wird, war schon immer und vor aller Zeit *möglich*. Insofern muss auch das personale Wirklichkeitsverhältnis – d. h. die trinitarisch strukturierte Erkenntnis (Denken, Selbstsein/Andersheit, Wahrheit) und die bleibend wirkliche personale Geschichte in der Differenz von Jetzt und Zeit – *als Möglichkeit* im Seinsgrund gedacht werden vor aller Zeit.

Der Seinsgrund muss demnach, *erstens*, zu sich in ein Verhältnis des gegenseitigen Erkennens treten können, ohne Entzweiung, und dieses Verhältnis muss sich geschichtlich in individuellen, historischen, leibhaftigen Personen verwirklichen und ereignen *können*. Hier knüpft die christliche Trinitätsspekulation in Verbindung mit der Christologie an; doch gegen Puntel (2010) und viele frühere philosophische Versuche einer „offenbarungsfreien" Rekonstruktion der Trinität[46] muss betont werden, dass sich die inhaltliche Fülle des christlichen Trinitätsglaubens keinesfalls im Aufweis metaphysischer Prinzipien erschöpft (siehe unten).

---

[44] Vgl. Hoye (1993), Rahner (1984). Diese Überlegung verbindet sich mit dem neuerlich belebten pan-en-theistischen Diskurs, z. B. Clayton/ Peacocke (2004), Müller (2010).

[45] Eine existentielle Bedrohung durch die andere mächtigere Existenz wie bei Sartre artikuliert, gibt es also nicht; vgl. Sander (2006), 121.

[46] Die meisten der mittelalterlichen philosophischen Gottesdefinitionen im „Buch der 24 Philosophen" (Flasch 20112) sind trinitarisch strukturiert, jedoch ohne jeden Bezug auf die christliche Offenbarung.

Zweitens, ist das Schöpferabsolute ewig, wobei man unter Ewigkeit nicht unendliche Zeitdauer, sondern zeitenthobene Gegenwart zu verstehen hat:[47] die zeitenthobene Gegenwart des bleibenden Jetzt (*nunc stans*) unmittelbaren Erlebens, in dem sich überhaupt Wirklichkeit in ihrer Unbestreitbarkeit und Tatsächlichkeit zeigen kann, und zugleich die zeitenthobene Gegenwart des Wirklich-und-gültig-Bleibens alles vergangenen Wirklichen.

2.3. Gott und das Schöpferabsolute

Die sogenannten „Gottesbeweise" führen zielgenau zu dem hin, was im vorigen Abschnitt „Schöpferabsolutes" genannt wurde. Doch was man diesen Überlegungen heute vollkommen zu Recht nicht mehr durchgehen lässt, ist die vorschnelle Identifikation der erkannten metaphysischen Prinzipien mit dem Gott der biblischen Tradition, also der monotheistischen Offenbarungsreligionen.[48] Bei Thomas von Aquin heißt es am Ende seiner *quinque viae* typischerweise: „... und dieses [z. B. das *primus movens immotum*] nennen üblicherweise alle Gott". Charakteristischerweise wird für diese Benennung jedoch kein Argument mehr genannt, sie ist also nicht mehr Teil des philosophischen Beweises.

Früher noch, bei Anselm von Canterbury (1033–1109) steckt die kritische Identifikation des aufgewiesenen metaphysischen Prinzips – das worüber hinaus nichts Größeres gedacht werden kann – mit dem biblisch bezeugten Gott implizit in der Gesamtanlage des *Proslogion* (1077/78) als Gebet: der gesamte ontologische Gedankengang will schon unter den Vorzeichen dieser Identifikation nachvollzogen werden. Philosophisch betrachtet, wäre es unsinnig (wie auch der Aquinate später kritisch feststellt), aus der

---

[47] Wittgenstein (1963), Satz 6.4311.

[48] Im „letzten Gottesbeweis" von Robert Spaemann (2007a, b) wird aus dem *futurum exactum*, also der Unabänderlichkeit vergangener Wirklichkeit und der bleibenden Gültigkeit von Aussagen, die sich auf sie beziehen, auf die Existenz eines allumfassenden Bewusstseins oder Gedächtnisses geschlossen, welches sich alles, was geschieht, merken kann (vgl. hierzu auch Müller 2006). Abgesehen davon, dass dieses Argument am Ende recht anthropomorph daherkommt (was in einer durchdachten Metaphysik der Wirklichkeit gar nicht erforderlich wäre), findet man also auch hier den inakzeptablen Kurzschluss zum Gott der jüdisch-christlichen Tradition. Auch bei Rahner (1984) erfordert eine Identifikation des transzendentalen Grundes als der Bedingung der Möglichkeit jeglicher Erfahrung mit dem biblisch bezeugten Gott noch eine eigene Begründung; das absolute Geheimnis u.ä. können existentialontologisch zwingend erschlossen werden, nicht jedoch der Gott der Offenbarung und des Glaubens (vgl. Sander 2006, 120). Schließlich erscheint mir auch bei Puntel (2010) die Gleichsetzung des philosophischen Schöpferabsoluten mit dem „biblisch-christlichen Gott" als vorschnell, als Kurz-Schluss.

Überlegung, dass etwas Existierendes größer ist als etwas nur Vorgestelltes, zu schlussfolgern, dass das, worüber hinaus nichts Größeres gedacht werden kann, dann auch notwendig existiert; denn so könnte man auch das denkbar ungeheuerlichste Gespenst und den denkbar lustigsten Yeti einfach in die Existenz hineindenken.[49]

Aber – und diese Frage wird den weiteren Gedankengang entscheidend beeinflussen – könnte es denn nicht sein, dass das Schöpferabsolute als Seinsgrund genau dadurch *in der Welt* vorkommen, also existent und in ihr geschichtlich wirksam werden kann (und will), dass sich bestimmten Personen die Möglichkeit eines solchen Ankommens und Wirkens erschließt und sie dieser im Grunde undenkbaren Möglichkeit durch freie Zustimmung im Glauben ihrerseits erst ermöglichen, *eine Wirklichkeit in der Welt* zu werden?[50] Wenn dem so wäre, dann wäre das Schöpferabsolute, das die Welt und den Menschen in ihrer Eigengesetzlichkeit will und ermöglicht, kein deistischer, weltferner Demiurg und nicht nur ein abstraktes metaphysisches Prinzip; denn es will *in der Welt* wirksam werden – doch nur vermittels des freien Glaubens, der Zustimmung von Menschen.[51] Das Sein selbst kann und will als Gott in der Welt vorkommen – doch nur, wenn wir ihn (der uns sein lässt) unseren Gott sein lassen. Wenn das Sein absolute Seinsermöglichung und somit das absolut Gute ist, dann wäre dieses Ankommen Gottes in der Welt zugleich die unüberbietbar beste Möglichkeit dieser Welt selbst.

Der Gott der Juden, Christen und Muslime ist das metaphysische Schöpferabsolute, das notwendig miterkannt und miterfahren wird in der Erkenntnis und der Erfahrung der Kontingenz jedes und alles Seienden. Doch dieses „Prinzip" „Gott" zu nennen, ist bereits Ausdruck eines *Glaubens*, also einer freien Zustimmung zu der erkannten Möglichkeit, dass das Sein als solches und im Ganzen *in der Welt vorkommen und wirksam sein will.* Die Zu-

---

[49] Vgl. hierzu Müller (2001, 2006).

[50] So auch Heidegger in dem posthum publizierten SPIEGEL-Interview von 1966: „Die Philosophie wird keine unmittelbare Veränderung des jetzigen Weltzustandes bewirken können. Dies gilt nicht nur von der Philosophie, sondern von allem bloß menschlichen Sinnen und Trachten. Nur noch ein Gott kann uns retten. Uns bleibt die einzige Möglichkeit, im Denken und im Dichten eine Bereitschaft vorzubereiten für die Erscheinung des Gottes oder für die Abwesenheit des Gottes im Untergang; dass wir im Angesicht des abwesenden Gottes untergehen."

[51] Bresch/Daecke/Riedlinger (1990), Kessler (2010), Lüke (2001). Diese Lösung kommt z. B. bei Höhn (2008) nicht in den Blick, weil Glaube verkürzend mit Denkinhalten gleich gesetzt wird. Wenn die hier vorgetragene Überlegung zutrifft, dann lassen sich theologische Gottes- und Glaubenswissenschaft nicht mehr gegeneinander ausspielen (gegen Hoye 2006, Kap. Glaubenswissenschaft): der Glaube ist dann die adäquate Denkform der Theologie, der Gotteserkenntnis.

stimmung zu dieser Möglichkeit – und damit der Gottesglaube – steht jedem frei; der Gottesglaube ist gerade *keine Denknotwendigkeit*, sondern ein individuelles Lebenswagnis, dessen Wahrheit sich nicht ein für alle Mal theoretisch im Voraus klären lassen wird.[52] Ohne diesen Glauben kann und will Gott nichts in der Welt tun. *Aus Sicht dieses Glaubens* kann dann aber Gott sehr wohl *in der Welt vorkommen* bzw. *existieren* – was metaphysisch eine Ungeheuerlichkeit wäre.[53] Der Gläubige lässt im Wort „Gott" Wirklichkeit im Ganzen und als solche „vor sich" in sein Leben kommen (während er selbst doch in ihr ist).

Die unüberbietbare Möglichkeit, über die keine größere Möglichkeit hinaus gedacht werden kann, dass nämlich der Seinsgrund selbst in der Welt ankommen, sprich: Gott der Menschen werden will, kann von Menschen nur erkannt werden, wenn sich diese im Grunde undenkbare Möglichkeit von sich aus konkreten historischen Personen oder Gemeinschaften erschließt. Ereignisse einer solchen Selbsterschließung Gottes als ultimativer Möglichkeit des Menschen heißen theologisch *Offenbarung.* Die angebotene Möglichkeit erschließt sich, macht sich erkennbar, lädt zum Glauben ein, fordert dazu auf und drängt zur Entscheidung, weil es nicht bloß um eine abstrakte Idee (zu wissen Glauben), sondern um eine historisch einmalige und ortsgebundene Möglichkeit des Handelns geht (vgl. Jona, barmherziger Samariter).

Offenbarung in diesem Sinne kann dann nur im Diskurs von Glaube und Möglichkeit gedacht werden: es ginge gerade nicht um quasi-wissenschaftliche, überzeitlich gültige Auskünfte über Tatsachen. Offenbarung wäre keine Sonderform des Wissens oder der Welterklärung, Offenbarung wäre überhaupt keine „Mitteilung" (daher auch keine Selbstmitteilung Gottes),[54] sondern vielmehr das Angebot einer absoluten und unüberbietbaren Möglichkeit, die individuelle Personen mitten in ihrer Lebenssituation zum

[52] Der Theologie gelingt es selten, sich nicht genau für dieses verfehlte Anliegen in Anspruch nehmen zu lassen.

[53] In dieser Perspektive wird die Oberflächlichkeit der derzeitigen Theismus-Atheismus-Debatte offensichtlich, gerade auch im Hinblick auf den Themenkreis Schöpfung/Evolution. Glaube ist entgegen einer (unter Religionskritikern) weit verbreiteten Vorstellung keine Welt-Anschauung, in der auch noch Gott an und für sich vorkommt – es ist eine theologische und auch religiöse Trivialität, dass Gott nicht wie die realen Dinge existiert (vgl. die naive Religionskritik von Bunge/Mahner 2004 u.v.a.). Glaube ist vielmehr eine allgemeinmenschliche Denkform auf Möglichkeit hin. Die entscheidende Frage ist nicht, ob wir glauben, sondern *woran* wir glauben und mit *welchen Möglichkeiten* wir rechnen. Erst in der Perspektive eines solchen Glaubens kann dann von Gottes Vorkommen in der Welt gesprochen werden.

[54] Gegen Rahner (1984).

Glauben auffordert, um vermittels ihres Handelns in der Welt befreiende, heilende, Gerechtigkeit stiftende Wirklichkeit, d. h. der Gott aller Menschen werden zu können. Die *Macht* der Kinder Gottes (Joh 1,12) bestände dann genau darin, dass das Schöpferabsolute ohne ihren Glauben, ohne freie Zustimmung gar nicht die Möglichkeit hat, ihr Gott zu sein. Die oben angesprochene *positive* Korrelation von Immanenz und Transzendenz übersetzt sich dann dahingehend, dass eine Person in dem Maße ihre eigenen besten Möglichkeiten realisiert und sich selbst findet, indem sie Gott ermöglicht, in der Welt anzukommen.

Der Vergleich zur Liebe drängt sich hier geradezu auf: Ohne freie gegenseitige Zustimmung können ein Mann und eine Frau nicht einander Mann und Frau werden. Die Liebe ist nicht etwas, was als Wirklichkeit einfach existiert, sondern sie ist (und bleibt!) eine Möglichkeit. Liebe kann *per se* nicht erzwungen oder „gemacht“ werden: Liebe lockt, sie wirbt, sie drängt vielleicht sogar, weil es jetzt darauf ankommt – aber sie zwingt nicht.[55] Sie will immer wieder neu als Möglichkeit erkannt werden (was Aufmerksamkeit und eine entsprechende Bereitschaft voraussetzt), und kann nur dadurch Wirklichkeit werden, dass konkrete Personen das unvertretbare Wagnis der Liebe eingehen, ihrer Liebe trauen und ihr Handeln durch diese Liebe bestimmen lassen – doch niemand *muss* lieben. Liebe kann scheitern. Die Liebe ist eine Himmelsmacht – wenn man sie lässt. Die Liebe bietet auch ein gutes Beispiel dafür, dass Möglichkeiten oft gewählt werden, weil sie wiederum neue Möglichkeiten erschließen.

Die biblischen Offenbarungs- und Glaubensgeschichten erzählen davon, dass das Schöpferabsolute (der eine Gott) wie ein Liebender (oder besser: als Liebender) die unüberbietbare Möglichkeit und alles bestimmende Wirklichkeit seines auserwählten Volkes Israel sein will, damit Israel seine eigene höchste Möglichkeit realisiert und zum Segen für alle Völker wird. Doch weil es um ein Liebesverhältnis geht, kann das Schöpferabsolute nur unter der Bedingung der Gott Israels sein, dass Israel dies will. Immer wieder erschließt sich im Laufe der Geschichte diese Möglichkeit einzelnen Personen, die – meist nach heftigem Zögern und Zaudern – als Propheten um Israels Glauben werben, bekanntermaßen mit wechselndem Erfolg. Die Orts- und Situationsgebun-

---

[55] Offensichtlich hätten pharmakologisch erzwungene „Liebeszustände“ oder „moralische Handlungen“ nichts mit Liebe und Moral zu tun; denn Liebe und Moral setzen jeweils voraus, dass die Möglichkeit besteht, nicht zu lieben oder nicht moralisch zu handeln.

denheit der biblischen Erzählungen, die dem Monotheismus zugrund liegen, ist in der Perspektive des hier relevanten Möglichkeitsdiskurses alles andere als überraschend, sondern zwingend und angemessen – während sie aus der Sicht eines philosophischen Wirklichkeitsdiskurses regelmäßig verkannt und als unbefriedigend empfunden wird.

Die unbedingte Voraussetzung für Theologie – jenseits philosophischer Metaphysik und bloßer Weltanschauung – besteht darin, dass man akzeptiert, dass das konkret-historische Schicksal einzelner Personen und des Volkes Israel, wie es die Bibel beschreibt, für uns heute maßgeblich ist, weil es eine im Grunde undenkbare Möglichkeit bezeugt und uns auffordert, diese Möglichkeit zu erkennen und ihr zu trauen: dass nämlich der Seinsgrund als Gott in der Welt vorkommen und zu ihrem Heil wirken will, wenn wir ihn lassen. Offensichtlich ist hier die Grenze des Denknotwendigen und der objektiven, theoretischen Systematik – also die Grenze des wissenschaftlich-philosophischen Diskurses – überschritten. Aus den folgenden Überlegungen kann man sich selbst als Person in seiner bestimmten Lebenssituation mit seinen bestimmten Lebenserfahrungen und -herausforderungen nicht heraushalten. Biblisch-theologisches Denken wirft die Frage nach dem eigenen, persönlichen Lebenswagnis auf.

3. Christlich: der Glaube Jesu und der Glaube der Christen

In Jesus erfährt die Offenbarungs- und Glaubensgeschichte Israels eine weitere und wohl auch die entscheidende Verdichtung. Die prophetische Botschaft verbindet sich durch seinen Tod mit ihm als Person, und die Wirksamkeit dieser Botschaft überschreitet schon zu seinen Lebzeiten die Grenzen Israels und schließlich die Grenze seines Todes.

3.1. Das Königreich der Himmel ist zum Greifen nahe

Jesus lädt ein zum Glauben, fordert Glauben, lebt im Glauben. Mit gutem Recht kann man sagen, dass Glauben der Kerngedanke seiner Predigt ist. Aber an keiner Stelle fordert er weltanschauliche Bekenntnisse oder die Zustimmung zu philosophischen oder theologischen Theorien. Zugespitzt formuliert, kümmert ihn die Frage, wie die Welt – physisch, ökonomisch, politisch, psychologisch – beschaffen ist, überhaupt nicht; Jesus theoretisiert nicht, es geht ihm nicht um ein allgemeingültiges Weltbild, das alle für richtig halten sollen. Der Glaube, zu dem Jesus einlädt und auffordert, ist gerade kein bloßes zu wissen Glauben. (Ich fürchte daher, er wäre kein Fan moderner Theologie.)

Jesu ganzes Interesse richtet sich auf die Frage, *was hier und jetzt in der Begegnung mit genau diesem Menschen möglich ist.* Der Kerngedanke seiner Gotteserkenntnis und seiner Glaubensbotschaft ist einfach: Das Königreich der Himmel – Gerechtigkeit, Friede, Heil und Liebe – ist zum Greifen nahe, Gott ist längst angekommen und „mitten unter euch" (z. B. Mt 12,28; Lk 11,20; Lk 21,31).[56] Aber: Das Gottesreich drängt sich – entgegen mancher Erwartung – gerade nicht auf, setzt sich nicht mit Macht gegen die herrschenden Verhältnisse durch, sondern es kann und will ausschließlich durch Glaube hier und jetzt Wirklichkeit werden: dadurch also, dass Menschen es als konkrete Möglichkeit erkennen, dieser Möglichkeit trauen und aus freien Stücken ihr Handeln von dieser Möglichkeit her bestimmen lassen. Ohne diesen Glauben kann Gott in der Welt nichts tun, nicht in ihr vorkommen.[57] Offensichtlich ist die geforderte Glaubenshaltung weit entfernt von einem passiven Warten auf Gott.

Wenn Jesus vom Gottesreich spricht, dann zumeist von alltagsnahen Begebenheiten, zwischenmenschlichen Möglichkeiten, die unwahrscheinlich oder überraschend erscheinen mögen, aber keine Wunder im Sinne einer Durchbrechung von Naturgesetzen (also nichts Unmögliches) verlangen. Er spricht von dieser geschichtlich-konkreten Welt *aus der Perspektive ihrer eigenen besten Möglichkeit*, dem Königreich der Himmel: ein Vater vergibt seinem Sohn, der nach Hause zurückkehrt, nachdem er das Erbe verprasst hat (Lk 15,11–32); ein vermeintlich ungläubiger Samariter kümmert sich pragmatisch um einen, der unter die Räuber gefallen ist, versorgt seine Wunden und bringt ihn zur weiteren Pflege in eine Herberge, eine Wunderheilung findet gerade nicht statt (Lk 10,30–37); eine Witwe gibt ihre letzten zwei Münzen (Lk 21,1–4); einer besucht Kranke und Gefangene (Mt 25,34–40). In verschiedenen Gleichnissen beschreibt er das Königreich der Him-

[56] Im apokryphen Thomas-Evangelium, Logion 3 heißt es noch drastischer: das Königreich der Himmel ist „innerhalb von euch und außerhalb von euch", vgl. Nordsieck (2004). Vgl. zum Folgenden auch Ringleben (2008).

[57] Ganz deutlich in diese Richtung argumentiert auch K.-H. Menke, z. B. in seinem Beitrag in Striet (2010), These 3 (S. 93): „An Jesus … lässt sich ablesen, dass Gott sein Handeln nicht nur scheinbar, sondern mit allen Konsequenzen an die von ihm selbst ermöglichte Freiheit seiner Adressaten bindet. An Jesus lässt sich ablesen, wie Gott allmächtig ist, nämlich in der unbedingten Bindung seiner selbst an die einmal gewährte Freiheit seiner Geschöpfe." Ähnlich auch in Menke (2008).

mel, das durch Glauben wirklich werden will, durch Naturvorgänge (z. B. Mk 4/Mt 13). Jesus wirbt für die Nähe und Möglichkeit des Gottesreiches und des Glaubens, indem er natürliche, alltagsnahe Vergleiche anführt; mit letztlich unglaubwürdigen Wundererzählungen hätte er die gegenteilige Wirkung erzielt. Viele seiner eigenen Begegnungen mit Menschen haben diesen einfachen, befreienden und keinesfalls Wunder heischenden Charakter, etwa wenn er sich bei Zöllnern zum Essen einlädt (Lk 19,1–10). Das einzige Gebet, das er lehrt, enthält keine Bitte um Wunder (Mt 6,9–13; Lk 11,2–4). Dies alles scheint sagen zu wollen: Wenn man die Augen und Ohren offen hält, dann zeigt sich das Gottesreich als Möglichkeit allüberall – man muss es nur erkennen *wollen* und dann der Gelegenheit trauen (Mt 13,13–17).

Die Glaubensforderung ergeht stets *akut* und *immer wieder neu* in bestimmten Situationen an bestimmte Menschen, die sich *jetzt* dafür oder dagegen entscheiden müssen. Dieser Glauben erschöpft sich nicht in einer habituellen religiös-moralischen Einstellung oder in einer weltanschaulichen Überzeugung, die man sich ein für alle Mal zulegen und anderen vorweisen könnte.[58]

Anfänglich zielte die Predigt Jesu auf eine Erneuerung des Volkes Israel, anknüpfend an dessen Offenbarungs/Glaubens-Geschichte: Gott will Gott seines Volkes sein – wenn man ihn nur ließe! Doch es wird immer deutlicher, dass Jesus – für ihn selbst wohl unerwartet[59] – eher außerhalb des jüdischen Establishments auf Glauben trifft (vgl. Lk 7,9: „Solchen Glauben habe ich in Israel nicht gefunden"); Frömmigkeit und (vermeintliches) Schriftgelehrtentum erweisen sich nachgerade als Glaubenshindernisse (s.u.). Die von Jesus im Namen Gottes ausgesprochene Glaubenseinladung schließt letztlich niemanden aus, dieser Glaube steht jedem offen: *Gott will bei jedem ankommen, der ihn lässt.* In diesem Sinne werden Glaube und Religionszugehörigkeit (Bekenntnisse, Riten, Moralvorstellungen) zwei voneinander unabhängige Größen. Da Gott aber Glaube, und nicht Religion will (vgl. Tempelkritik u.ä.), tritt der Glaube letztlich an die Stelle der Religion; mindestens bewirkt er eine tiefe Verwandlung der Religion von innen her.

Die politische Dramatik und Dramaturgie der letzten Tage Jesu mag eine nachösterliche Erfindung sein; vermutlich hat man kurzen Prozess mit ihm gemacht. Doch tatsächlich liegt in der Wende

[58] Im Vergleich der Liebe: Es mag sein, dass man den Ehebund an einem bestimmten Tag schließt, doch gelebt werden will die Liebe in jeder Situation neu.

[59] Vgl. die aufschlussreiche Perikope mit der kanaanäischen Frau, die Jesus mühsam überzeugen muss, auch ihre kranke Tochter zu heilen und in dieser Argumentation ihren Glauben unter Beweis stellt (Mt 15,21–28).

von der Religion zum Glauben – bis heute – politische Sprengkraft, obwohl der Glaube selbst bei Jesus nicht politisch ausgerichtet ist (vgl. Mt 22,21). Im Nachhinein scheint klar, dass Jesus angesichts der herrschenden Machtverhältnisse kaum eine reelle Chance hatte, mit dieser Botschaft durchzudringen. Zudem wurde Jesus klar, dass kein machtvolles göttliches Wunder eintreten würde; denn Gott will ja seiner Botschaft gemäß gerade nicht anders bei den Menschen ankommen als vermittels ihrer freien, vertrauensvollen Zustimmung: Gott stellt sich dem menschlichen Urteil. Die Geschichte Jesu konnte daher kaum anders enden als am Kreuz; Glaube verträgt sich nicht mit staatstragender Religion.[60]

Was immer in den Tagen und Wochen nach dem Tod Jesu geschehen sein mag – auf irgendeine Weise muss den Jüngern klar geworden sein, dass die Gottesreichbotschaft und die Glaubensaufforderung Jesu, für die er spätestens durch seinen Tod *in personam* steht, nicht mehr aus der Welt geschafft werden kann; d. h. auch die Grenze des Todes wird von diesem Person gewordenen Evangelium überwunden. So ist es nun der auferstandene Christus, der im Glauben der Jünger und dann der Christen gegenwärtig bleibt als der, der zu dem befreienden und heilenden Glauben an das schon nahegekommene Gottesreich einlädt, auf dass es durch Glaube Wirklichkeit werde. Diese unüberbietbare Möglichkeit muss von nun an jedem Menschen selbst in den entlegensten Winkeln dieser Erde glaubwürdig aufgezeigt und erschlossen werden (Mt 28,18–20). Die Kirche „hat“ unbestreitbar diese Botschaft vom Gottesreich und vom Glauben – aber der Glaube selbst hält sich wie schon zu Jesu Lebzeiten Gott sei Dank nicht an religiöse Konfessionsgrenzen.[61]

In Jesus hat sich demnach *die Möglichkeit*, dass der Seinsgrund in der Welt vorkommen und als Gott aller Menschen zu ihrem Heil wirken will, endgültig und in unüberbietbarer Weise erschlossen: Gott ist nahe, die Zeit des Wartens ist zu Ende – jetzt liegt es bei uns, der Kraft und Überzeugungskraft dieser Möglichkeit zu trauen.

---

[60] Die sich aus der Selbstbindung Gottes an die freie Glaubenszustimmung ergebende Ohnmacht wird im Kreuz offensichtlich. Winkelmann (2005) zeigt, dass gerade dieses Scheitern einer Annahme der christlichen Botschaft im Wege stand und als Ärgernis galt. Die Verkündigung des Kreuzes ist keine Verkündigung eines sado-masochistischen Opfers, das Gott mit den Menschen versöhnt, sondern Ausdruck der Achtung Gottes für die Eigengesetzlichkeit der Welt und des Menschen, um deren freie Zustimmung er mit dem Risiko des Scheiterns wirbt.

[61] Der barmherzige Samariter ist ja gleichsam der Prototyp des „anonymen Christen“.

3.2. Glaubenshindernisse

Was steht dem Glaubenswagnis, zu dem Jesus einlädt und drängt, im Wege? *Erstens*, Kleinglaube in Form von Religion (z. B. Mt 6,19–34): In vielen neutestamentlichen Perikopen findet sich eine kritische „Spitze“ gegen etablierte Religion und öffentlich zur Schau gestellte Frömmigkeit (z. B. Lk 10,30–37). Gerade Religion als habituelle Einstellung oder unerschütterliche weltanschauliche und moralische Überzeugung kann der akut in jeder Situation neu geforderten Offenheit für die ungeahnten Möglichkeiten Gottes im Wege stehen. Gott will nicht rituelle Reinheit und Opfer (vgl. bereits Ps 51,18f., diverse Prophetenbücher, usw.), sondern Glauben, durch den er in die Welt kommen und in ihr heilend und befreiend wirken kann. Jesu Mahlgemeinschaft mit notorischen Sündern – von denen häufig keine Sündenbekenntnisse überliefert sind! – ist hierfür ein untrügliches Zeichen; im Grunde werden alle religiösen Reinheitsvorstellungen *ad absurdum* geführt.

Zweitens, Kleinglaube in Form von Reichtum, Wissen und Macht (z. B. Mk 10,17–27): Wer sich in der Wirklichkeit eingerichtet und abgesichert hat, wer sich in ihr auskennt und die Kontrolle zu haben meint – was für eine Illusion! –, wird sich von der ganz andersartigen Möglichkeit eines neuen Lebens aus dem lebendigen Geist Gottes, der weht, wo er will, tendenziell wohl eher bedroht denn eingeladen fühlen; vielleicht wird er die Möglichkeit des Gottesreiches auch einfach ignorieren, da ihm nichts fehlt.

Offen und ansprechbar für den Glauben sind entsprechend: die Kleinen und Armen, pragmatische, aufmerksame und herzensgute Menschen mit kindlichem Gemüt, die Jesus tendenziell eher am Rande der Gesellschaft denn im Zentrum der Macht und Öffentlichkeit antrifft – und zwar unabhängig von ihrer Religion (vgl. Seligpreisungen Mt 5,1–12/Lk 6,21–25).

4. Exkurs: Wunderglaube?

Gerade im Hinblick auf die Verträglichkeit von Glauben und naturwissenschaftlicher Erkenntnis stellt sich nun jedoch unausweichlich die Frage, ob der von Jesus geforderte Glaube einen Glauben an die Möglichkeit von Wundern *im naturwissenschaftlichen Sinne*, also einer zeitweisen lokalen Außerkraftsetzung von Naturgesetzen, verlangt; dies käme aus Sicht naturwissenschaftlich informierten Denkens einem von vornherein unvernünftigen Glauben an prinzipiell Unmögliches gleich. Oder sitzen wir hier bereits in der Falle des Kleinglaubens in Form eines sich selbst überschätzenden naturwissenschaftlichen Wissens? Wenn ich mich als Naturwissenschaftler zu theologischen Fragen äußere, erwartet man zu Recht eine Stellungnahme zur Thematik des Wunders.

Ich möchte im Folgenden einige Gründe nennen, warum meines Erachtens der von Jesus geforderte Glaube in seiner Hauptstoßrichtung gerade *keinen Glauben an Wunder im naturwissenschaftlichen Sinne* fordert. Ich bestreite nicht, dass es in den Evangelien eine Fülle an Texten gibt, in denen Ereignisse berichtet oder Lehren vertreten werden, die – aus heutiger Sicht – einen Wunderglauben vorauszusetzen scheinen; und ich werde zu zwei zentralen Themen Entmythologisierungsvorschläge bzw. Erklärungen unterbreiten. Ich möchte jedoch darauf hinaus, dass die eigentliche Glaubensaufforderung Jesu, nämlich sich hier und jetzt der Nähe des Gottesreiches zu öffnen, verständlich bleibt und vielleicht sogar ihrer ursprünglichen Intention nach besser verstanden werden kann, wenn man sie von modernem Wunderglauben befreit.

4.1. Unvereinbarkeit von Glaube und Wunder

Die Liebe mag verzaubern, doch wenn mich der Andere durch einen Zaubertrunk zur Liebe zwingt, dann handelt es sich eben nicht mehr um Liebe, auf keiner von beiden Seiten.

Wunderglaube liebäugelt mit religiösen Allmachtsphantasien in Bezug auf einen Gott, der sich gegen die Welt durchsetzt; doch die Glaubenslehre Jesu legt eher nahe, dass Gott sein Vorkommen in der Welt von einer freien Zustimmung der Menschen abhängig macht und er ohne diese Zustimmung nichts tun kann.[62] Im Kern ist die theologische Frage, ob das Ankommen des Gottesreiches Ereignisse voraussetzt oder bewirkt, die völlig außerhalb der Möglichkeiten der Schöpfung liegen und dieser in ihrer Eigengesetzlichkeit widersprechen, oder ob Offenbarung und Glaube sich wirklich in dieser Welt ereignen und diese Welt *zu ihrer eigenen besten Möglichkeit* bringen können, ohne die Eigenständigkeit und Eigengesetzlichkeit der Welt außer Kraft zu setzen;[63] sie bliebe also sie selbst, würde sogar mehr sie selbst, dadurch dass Gott, Offenbarung und Glaube sie von innen her verwandeln. So betrachtet bilden Glaube – als freie Zustimmung – und Wunder – als einseitige Durchsetzung des göttlichen Willens gegen die Eigengesetzlichkeit

[62] Menke (2008, 2010), Höhn (2008).

[63] Der Vergleich zur Liebe, die die beiden Liebenden zu ihren eigenen besten Möglichkeiten führt, ist hier wiederum aufschlussreich.

der Welt – miteinander unvereinbare theologische Modelle des Ankommens und des Handelns Gottes in der Welt. Mir scheint, die Auseinandersetzung um diese beiden Modelle ist das Grundthema der gesamten Jesus-Geschichte; sie spielt sich zwischen ihm und seinen Adressaten, aber auch in seiner Person selbst ab.

4.2. Versuchung

Die synoptischen Evangelien stellen die Geschichte von der Versuchung Jesu wie ein Vorzeichen vor den Beginn des öffentlichen Wirkens Jesu (Mk 1,12f.; Mt 4,1–11; Lk 4,1–13). Dies besagt jedoch, dass Jesus – wie andere Propheten vor ihm – in sich selbst um die beiden Weisen des Ankommens Gottes in der Welt gerungen hat und dass dieser Kampf immer wieder neu zugunsten des Glaubens entschieden werden musste. Satan bietet Jesus die Macht an, sein Reich an der Zustimmung der Menschen vorbei mit Hilfe von Wundern einseitig durchzusetzen. Genau dieser Versuchung zu widerstehen und daran festzuhalten, dass Gott nicht anders als durch Glauben und freie Zustimmung unter den Menschen wirken kann und will, ist jedoch der Kerngedanke der Lehre Jesu. Ein Durchsetzen des Gottesreichs mit Wunderkräften würde die Idee des Gottesreiches ins Gegenteil verkehren. Die Gebetsszene im Garten Gethsemane (Mk 14,32–42) lässt sich ebenfalls als Ringen zwischen Glauben und Wunder deuten. Dieser Kampf ging also vom ersten bis zum buchstäblich letzten Tag des öffentlichen Wirkens Jesu.

4.3. Befreiung von falschem modernen Wunderglauben

Doch keine Frage: Die kanonischen und erst recht die apokryphen Evangelien strotzen geradezu von Wundergeschichten, selbst wenn sie eher als Zeichen (*semeion*) denn als Wunder (*thauma*) bezeichnet werden. Jesus selbst predigt (scheinbar) den Glauben an Wunder: „Wenn euer Glaube auch nur so groß wäre wie ein Senfkorn, würdet ihr zu dem Maulbeerbaum hier sagen: Heb dich samt deinen Wurzeln aus dem Boden und verpflanz dich ins Meer! und er würde euch gehorchen.“ (Lk 17,5–6) Jesus verspricht die instantane und ausnahmslose Erfüllung aller Gebetsbitten (Lk 11,9f.).[64] Und es werden diverse Naturwunder von ihm selbst berichtet: die Wandlung von Wasser in Wein (Joh 2,1–12), das Wandeln auf dem Wasser (Mt 14,22–33), die Brotvermehrungen (Mt 14,15–21) usw. Noch aus den Verspottungen des Gekreuzigten

---

[64] In moderner Variante so auch bei Kinslow (2009).

durch die Vorübergehenden kann man herauslesen, dass Jesus im Ruf eines Wundertäters stand (z. B. Mt 27,39–44).

Hat Jesus selbst in einem Anflug an Selbstüberschätzung geglaubt, er vollbringe Wunder (im heutigen Sinne)? Oder handelt es sich um spätere Legendenbildung infolge einer Überschätzung seiner Fähigkeiten durch seine Anhänger? Die Wundererzählungen sind zwar stets eingebettet in den Kontext seiner Gottesreich-Rede; doch wurde die dadurch intendierte Bedeutung der Heilungen (Zeichen, nicht Wunder) von seinen Anhängern und Zuhörern verstanden? Hat Jesus seiner Botschaft möglicherweise keinen Gefallen damit getan, dass er durch seine vermeintlich wunderbaren Handlungen in den Ruf eines Wundertäters geriet? Wie weit haben seine ungewöhnlichen Fähigkeiten seine Selbsteinschätzung beeinflusst?

4.3.1. Beispiel 1: Krankenheilungen und Naturwunder

Jesus war in gleichem Maß Arzt wie Rabbi, beide Tätigkeiten werden bei Zusammenfassungen seines Wirkens gleichrangig nebeneinander genannt (z. B. Mk 1,39; Mt 4,23) und die erfolgreiche ärztliche Tätigkeit legitimiert seine theologische Lehre (z. B. Mk 2,10). Auch bei seinen Zuhörern dürften sensationelle Heilungen von Blinden und Lahmen mindestens in dem Maße Hoffnung und Interesse geweckt haben wie seine Predigt. Krankheit wird in den neutestamentlichen Erzählungen wie damals üblich durch Besessenheit erklärt und die Heilhandlung nimmt dementsprechend die hochdramatische Gestalt einer Austreibung von Dämonen, d. h. personalisierten, krank machenden Mächten, an. Die gelungene Heilung demonstriert die Macht Jesu über Satan und die Dämonen. Manche Dämonen lassen sich nur austreiben, wenn sich der Exorzist durch Beten und Fasten entsprechend geistig gerüstet hat (vgl. Mk 9,28f.).

Mir ist bewusst, dass der folgende Vergleich manche Leser irritieren oder sogar verärgern mag, aber wenn man die berichteten Phänomene besser verstehen will, kommt man meines Erachtens nicht darum herum, sich näher mit der Psychologie der Hypnose, der Suggestion und der Hypnotherapie zu befassen.[65] Die Medizingeschich-

[65] Vgl. zum Folgenden: Bryant/Mabbutt (2008), Hirschlaff (1904), Revenstorf/Peter (2008) und spezieller Dohse (1988). Welche Erwartungen mit Hypnose verknüpft werden, wird rasch klar, wenn man im Internet nach Websites, Videos oder Büchern zum Thema sucht – da gibt es fast nichts, was mit Hypnose als Allheilmittel nicht erreichbar erscheint, von der Gewichtsreduktion bis zur Brustvergrößerung. Tatsächlich ist die Wirksamkeit für diverse Indikationen wissenschaftlich gut belegt (u. a. Revenstorf/Peter 2008) und medizinische Fachgesellschaften widmen sich dieser Thematik (Milton-

te erzählt von wiederkehrenden Wellen lokal aufflammender Begeisterung und vermeintlicher Wirksamkeit suggestiv-hypnotischer Therapien (z. B. bei Paracelsus [1493–1551], Franz Anton Mesmer [1734–1815], Jean-Martin Charcot [1825–1893], Sigmund Freud [1856–1939], Josef Breuer [1842–1925], Émile Coué [1857–1926] usw.). Genaugenommen beruhte die gesamte Medizin bis ins späte 19. Jahrhundert im Wesentlichen auf Placebo- und Suggestivtherapien. Auch heute noch werden explizite und implizite Suggestivtherapien mit unterschiedlichem Erfolg eingesetzt, besonders im Bereich der Alternativ-/Komplementärmedizin.

Entscheidend für das Gelingen einer suggestiven Therapie ist der sogenannte (hypnotische) Rapport: Der Kranke öffnet sich der suggestiven Behandlung, vertraut sich dem Therapeuten rückhaltlos an und gibt ihm die Möglichkeit, bis in sein Unbewusstes hinein zu wirken; so jedenfalls sind die Induktionsrituale angelegt. Der Patient gibt dabei seine diskursive Kritikfähigkeit und intellektuelle Distanz zu dem Geschehen vollständig auf. Dabei nützt es gar nichts, wenn der Patient lediglich *sagt*, dass er bereit sei; ganz im Gegenteil, kann eine tatsächliche Bereitschaft viel ausgeprägter sein, wenn sich der Klient gegen diese Behandlung mit aller Heftigkeit wehrt, weil sich auch in dieser Gegenwehr Glaube ausdrückt und weil diese Gegenwehr als Teil des Induktionsrituals genutzt werden kann (Utilisation). Die Induktion der hypnotischen Trance wird – eventuell blitzschnell – durch voranschreitende Zustimmung und Ergebung erzielt; jedes Nein, jeder Misserfolg muss während der Induktion vermieden oder postwendend ins Positive umgedeutet werden. Letztlich ist keine formal-rituelle Induktion erforderlich, um hypnotischen Rapport zu erzielen (vgl. Hypnose im Sinne von Milton H. Erickson).

Wird hypnotische Trance erreicht, dann können faszinierende, aber auch sehr erschreckende Phänomene auftreten: Analgesie, Amnesie, Hypermnesie, positive und negative Halluzinationen in allen Sinnesmodalitäten, Paralysen/Katalepsie, vorübergehende Persönlichkeitsveränderungen, sexuelle Enthemmungen, usw. (Das Internet bietet unzählige Videos zur Veranschaulichung.) Suggestionen werden zum Teil auch posthypnotisch noch umgesetzt, ohne bewusstes Wissen des Patienten; die therapeutischen Effekte beruhen sogar größtenteils auf posthypnotischen Befehlen (z. B. bei der Raucherentwöhnung).

Erickson-Gesellschaft, Deutsche Gesellschaft für Hypnose, u. a.); z. B. feiert die Zahnarzt-Hypnose derzeit ein Comeback. Effiziente Hypnoseinduktionen können im Grunde von jedermann rasch erlernt und erfolgreich angewendet werden.

Wenn man überhaupt ernsthaft nach dem historischen Wahrheitskern der Heilungsberichte im Neuen Testament suchen möchte, dann können die berichteten Heilungen aus heutiger medizinischer Sicht *am ehesten* als Suggestivtherapien bei sogenannten somatoformen, dissoziativen oder Konversionsstörungen und ferner als Placebo-Effekte gedeutet werden. Der von Jesus geforderte Glaube induziert therapeutischen Rapport auf der Basis einer „Dissoziation" im Kranken, die stark an das hypnotische Geschehen erinnert: der Kranke überlässt sich dem Heilhandeln Gottes. Tatsächlich ist es am Ende der Glaube, der heilt (Lk 7,50: „Dein Glaube hat dir geholfen.").

In das Bild eines Suggestivtherapeuten fügt sich gut, dass Jesus seine Jünger in die Dörfer vorausgeschickt hat; so eilte ihm sein Ruf als Heiler bereits voraus und die dadurch auf Seiten der Zuhörer geweckte Erwartungshaltung verstärkte die Wirkung seiner Heilsuggestionen. Selbst Leute, die sich gar nicht dem Jüngerkreis anschlossen, konnten „im Namen Jesu" Dämonen austreiben (Mk 9,38f.). Auch Showhypnotiseure sorgen heute im Vorfeld ihrer Auftritte für öffentliche Aufmerksamkeit durch entsprechende Vorankündigungen (Poster, Radio-/TV-Werbung), was die Erwartungshaltung und damit die Wirksamkeit deutlich steigert. Vergleichbar dürften die expliziten und impliziten suggestivtherapeutischen Erfolge bei anerkannten „Kapazitäten ihres Faches" oder „berühmten" Heilpraktikern, die von vielen „unbedingt!" weiter empfohlen werden, deutlich höher sein als bei bescheidenen, nüchternen *No-Names*.

Hat Jesus also Kranke geheilt im Sinne einer Außerkraftsetzung von Naturgesetzen? Nehmen wir die Fallsucht (Epilepsie), z. B. Mk 9,14–29: Heilung des fallsüchtigen Jungen. *Erstens,* wird in diesem medizinisch erstaunlich genauen Bericht gar keine Heilung beschrieben; denn Anfälle enden mit 99.9 %iger Wahrscheinlichkeit nach wenigen Minuten ohnehin von selbst, und zwar völlig unabhängig davon, ob man dabei einen Exorzismus spricht oder einfach nur zuwartet. Zur entscheidenden Frage, ob die Wirkung des Exorzismus denn anhaltend war oder ob später doch wieder Anfälle aufgetreten sind, erfahren wir nichts. *Zweitens,* ergeben sich aus dem Bericht klare Hinweise darauf, dass es sich bei dem behandelten Anfallsleiden mit an Sicherheit grenzender Wahrscheinlichkeit um heute sogenannte „psychogene nicht-epileptische Anfälle" (PNES) gehandelt haben könnte – und eben nicht um „echte", organisch bedingte epileptische Anfälle (mit paroxysmalen neuronalen Entladungen im Gehirn). PNES zählen psychiatrisch zu den dissoziativen bzw. somatoformen Störungen bzw.

den Konversionssyndromen. Der Bericht über die Heilung des fallsüchtigen Jungen deutet eher auf eine suggestive oder stressbedingte Auslösbarkeit der Anfälle hin, wie sie für PNES typisch ist. „Echte" Epilepsiepatienten bekommen beispielsweise nicht just in dem Moment einen Anfall, wo der Arzt auftaucht (V. 20); vielmehr muss man oft Tage oder länger warten, bis man einen Anfall mit modernen Diagnoseverfahren aufzeichnen kann. Jesus schätzt die öffentliche Wirkung seines Tuns offensichtlich sehr genau ab und wartet mit dem Exorzismus, bis die Menge zusammen gelaufen ist (V. 25).[66]

Psychogene Überlagerungen organischer Leiden oder vollständig psychogene Krankheitsbilder werden für viele ernste Erkrankungen berichtet, z. B. Lähmungen, Erblindungen usw. Die Prävalenz psychogener Störungen ist erstaunlich hoch; in Spezialzentren, die schwer behandelbare Patienten behandeln, könnten bis zu 30 % der Erkrankten betroffen sein.[67] Bis zur endgültigen Diagnosestellung und bis zum endgültigen Ausschluss organischer Ursachen gehen oft mehrere Jahre ins Land. Wir wissen heute, dass diese Erkrankungen zwar suggestiv beeinflussbar sind, dass die therapeutischen Suggestionen jedoch häufig nicht nachhaltig wirken.[68] Die Prognose für pseudoneurologische Krankheitsbilder einschließlich PNES ist insgesamt ungünstig.

Wenn es zutrifft, dass Jesus ein Suggestivtherapeut war, der durch Inszenierung exorzistischer Heilrituale dissoziative Zustände in den Erkrankten auslösen und dadurch deren Symptomatik (kurzfristig) auf suggestive Weise lindern konnte, so dass Lahme gehen und Blinde sehen konnten, dann müssen wir damit rechnen, dass auch andere aus dem Umfeld Jesu berichtete erstaunliche Phänomene mit derartigen Suggestionen in Verbindung stehen könnten. Sensorische Halluzinationen infolge entsprechender Suggestionen könnten z. B. das Weinwunder zu Kana erklären; die subjektiv empfundene Sattheit von Menschen, die lediglich einige Brotkrumen gegessen haben; sowie wundersame Erscheinungen (Jesus, der auf dem Wasser wandelt; Verklärung auf dem Berg Tabor; Erscheinungen des Auferstandenen nach seinem Tode).

---

[66] Aus heutiger Sicht wäre ein öffentlich inszenierter Exorzismus im Stil von Mk 9 jedenfalls eine geschmacklose Show, bei der „gute Unterhaltung" ohne jeden therapeutischen Nutzen voll auf Kosten des Kranken ginge.

[67] Z. B. Reuber (2008).

[68] Vgl. dagegen die positiven Erfahrungen L. Hirschlaffs mit „hysterischen" Epilepsien (Hirschlaff, 1904). Interessanterweise hatte er bei „echten" (organischen) Epilepsien trotz zahlreicher Versuche überhaupt keinen Erfolg. Dies entspricht gut auch modernen Studien zur Wirkung von Hypnose auf PNES und Epilepsie.

Die ursprüngliche suggestive Kraft eines charismatischen Meisters flaut von Jüngergeneration zu Jüngergeneration meist rasch ab. Die Fähigkeit, Kranke zu heilen, ging der frühen Kirche noch zu Zeiten der Apostel verloren: Petrus heilte Kranke (Apg 5,12–16), auch Paulus (Apg 14,8–10); doch später konnte Paulus eigene Mitarbeiter (und sich selbst, 2 Kor 12,17) nicht mehr heilen (1 Tim 5,23; 2 Tim 4,20).

Aber, so könnte man abschließend fragen, wurden nicht in Lourdes und an anderen christlichen Wallfahrtsorten von unvoreingenommenen medizinischen Experten Wunderheilungen anerkannt?! In Lourdes kommen seit Jahrzehnten (seit 1858) täglich Hunderte, ja Tausende von Kranken zusammen. Die Zahl der dokumentierten unerwarteten Heilungen (67 von 7000 gemeldeten „Heilungen") liegt ganz im Rahmen der statistisch zu erwartenden, sogenannten Spontanremissionen. Denn unerwartete Heilungen sind stets (unter Wahrung der Gültigkeit aller Naturgesetze) möglich, weil sehr seltene günstige Ereignisse extrem selten zusammentreffen und so eine an und für sich als unheilbar geltende Krankheit heilen können. Bis heute sind keinerlei Prädiktoren für das Auftreten von Spontanremissionen (z. B. bei Krebserkrankungen) bekannt; es gibt keine belastbaren Hinweise darauf, dass besondere religiöse Einstellungen oder Handlungen hierzu beitragen.[69] Von einem über das statistisch gut erklärbare Phänomen der Spontanremission hinaus gehenden Lourdes-Effekt oder ähnlichem kann keine Rede sein.[70]

4.3.2. Beispiel 2: Auferstehungswunder

Aber das Auferstehungswunder?! Ist denn auch das keine Außerkraftsetzung von Naturgesetzen? Die entscheidende Frage ist selbstverständlich, was genau man denn unter Auferstehung zu verstehen hat. Man wird darauf in der Theologie keine eindeutige Antwort finden.[71] Man ist sich einig, dass Auferstehung nicht die Rückkehr eines reanimierten Leichnams wie bei den im NT berichteten Totenerweckungen (Sohn des Jairus, Mk 5,21–43; Jüng-

[69] Vgl. Heim/Schwarz (1998).
[70] Vgl. hierzu die sorgfältige Analyse von Scott (2010); dort auch eine ausführlichere Besprechung des sogenannten Placebo-Effektes, der hier nicht weiter besprochen werden kann. Sehr anregend sind die abschließenden, persönlichen Überlegungen zur Thematik der Wunderheilungen am Ende von Höhn (2008). Vielleicht sollten wir das Wunder, dass Menschen einander leidensbereit lieben auch angesichts unabänderlicher natürlicher Tatsachen, nicht gering schätzen.
[71] Vgl. Brüntrup et al. (2010), Kessler (2002), Stewart (2006), Thiede/Lüdemann (2001), Thiede (2006).

ling zu Naïn, Lk 7,11–17; Lazarus, Joh 11,1–45) meint; die Auferweckten konnten nicht durch Wände gehen und sind später gestorben. Aber ergibt das Modell des Literaturwissenschaftlers und Papyrologen Carsten P. Thiede (1942–2004) wirklich Sinn, dass Auferstehung ein historisches Ereignis sei und bedeute, dass Jesus nach seiner Auferstehung in einem geistig verwandelten „Astralleib" mit besonderen physischen Eigenschaften (z. B. durch Wände gehen, aber dennoch Fische verspeisen können) noch eine Zeitlang über die Erde wandelte, sich den Seinen zeigte und dann gen Himmel zur Rechten Gottes auffuhr? Dies ist (nach Thiede) auch die endgültige Zukunft, die den Erwählten am Ende der Zeiten blüht: in Astralleibern unsterblich unter dem neuen Himmel über die neue Erde zu wandeln.

Mir erscheinen Berichte von sogenannten Wiederbegegnungen mit Verstorbenen aufschlussreich.[72] Gar nicht selten erleben Trauernde in den Wochen unmittelbar nach dem Tod eines geliebten Menschen eine, manchmal mehrere Begegnungen mit dem Verstorbenen. Häufig wird dabei lediglich ein unbestimmtes Gefühl der Anwesenheit des Toten verspürt, manchmal geht dies mit dem sinnlichen Eindruck einer typischen Berührung am Arm oder eines ganz charakteristischen Geruchs der verstorbenen Person einher; manchmal hört man jedoch die Toten etwas sagen oder man sieht sie vor sich in ganzer Gestalt. Wiederbegegnungen werden vor allem in den Wochen nach plötzlichen und emotional aufwühlenden Todesfällen berichtet. Die Trauernden befinden sich während des Erlebnisses häufig in einem desolaten Zustand völliger Verzweiflung und Erschöpfung. Viele sind während des Erlebnisses wach, aber Wiederbegegnungen werden auch im Traum erlebt.

Eine besonders genaue Beschreibung findet sich bei C. S. Lewis (1898–1963), dessen Frau Joy im Alter von nur 45 Jahren vier Jahre nach ihrer Hochzeit 1960 an Krebs gestorben war[73]: „Und in dem Augenblick, wo ich um H. die bisher mindeste Trauer empfand, erinnerte ich mich ihrer plötzlich am klarsten. Ja, es war (beinahe) besser als bloße Erinnerung; ein augenblicklicher, unbe-

[72] Guggenheim/Guggenheim (2007), Serwaty/Nicolay (2011). Zu dieser Thematik gibt es auffällig weniger Literatur als zu sogenannten Nahtod-Erfahrungen. Mir selbst sind diverse Erlebnisse glaubwürdig berichtet worden. Wiederbegegnungserlebnisse können als psychologische Phänomene ohne Widerspruch zu naturwissenschaftlichen Erkenntnissen untersucht werden; die Toten sind physisch abwesend, aber sie sind eine seelische Realität in den Trauernden.

[73] Die Geschichte der Liebe und Freundschaft von C.S. Lewis und seiner Frau Joy Davidman wurde 1993 eindrücklich verfilmt: *Shadowlands* (von Sir Richard Attenborough, mit Anthony Hopkins und Debra Winger in den Hauptrollen).

streitbarer Eindruck. Es eine Begegnung zu nennen, ginge zu weit. Und doch war daran etwas, was einem dieses Wort auf die Zunge legt. Es war, als hebe sich mit der Aufhellung des Kummers eine Schranke."[74]

Wie bei Lewis haben die „Begegnungen" häufig einen tröstlichen, versöhnlichen und auch Sinn erschließenden Charakter; es kommt zu einem Abschluss, der vor dem Tod nicht mehr möglich war. Die Wiederbegegnung gibt der Trauer oft die entscheidende Wende und eröffnet den Zugang zu einer Zukunft im Leben, ohne den Toten. Hierzu trägt bei, dass der Tote meist in (wiederhergestellter) „physischer Unversehrtheit" oder „verklärt" wahrgenommen wird, auch wenn die Leiche beispielsweise durch einen Unfall schrecklich zugerichtet wurde. Wenn schließlich vor dem Tod verabredet oder angekündigt wurde, dass der Verstorbene ein Zeichen geben wird – so es ihm denn möglich sein sollte –, dann können auch in dieser Erwartungshaltung Momente von Wiederbegegnungen häufiger erlebt werden; auch dies ist keinesfalls selten.

Mein Eindruck ist, dass sich verschiedene Aspekte des Phänomens Wiederbegegnung mit Verstorbenen gut auf den Tod Jesu und die Erscheinungen des Auferstandenen beziehen lassen. Besonders aufschlussreich ist, dass Jesus seinen Tod und seine Auferstehung (also eine Rückkehr zu seinen Jüngern nach seinem Tod) in einer möglicherweise ohnehin suggestiv geprägten Atmosphäre wiederholt angekündigt hat. Ferner wird die Gegenwart des Auferstandenen in einer schwer beschreibbaren und äußerst variablen Weise erlebt: zum Beispiel in der Gestalt des Gärtners (Maria von Magdala, Joh 20,15) oder einer dritten unbekannten Person (Emmaus-Jünger, Lk 24,13–35) oder in bekannter Gestalt (Lk 24,36; Joh 20,19–31, Joh 21). Zu modernen Wiederbegegnungsberichten passt auch gut, dass die Erscheinungen des Auferstandenen bald (einige Wochen?) nach seinem Tode endeten.

Vielleicht erklärt der Hinweis auf die Möglichkeit von Erschließungserlebnissen im Sinne von Wiederbegegnungen nicht alle in den Auferstehungsberichten berichteten Phänomene, aber diese Interpretation bleibt jedenfalls im Rahmen heute bekannter psychologischer Erlebensmöglichkeiten, ohne Rückgriff auf Wunder in einem modernen naturwissenschaftlichen Sinne – sie erklärt also überhaupt irgendetwas.[75]

---

[74] Lewis (2006), 48.

[75] Der exkursorische Abschnitt über Auferstehung beabsichtigte keine Theologie der Auferstehung oder des ewigen Lebens. Doch die religiöse Vorstellung, dass die Toten

5. *Also: Christlich an Schöpfung glauben?*

5.1. *Religionskritik*

Ich gestehe, dass ich immer skeptisch werde, wenn erwachsene Menschen dieselbe Kleidung (bzw. Verkleidung) anziehen, dieselben Texte sprechen oder singen, dieselbe Körperhaltung einnehmen und sich auf dieselbe Weise bewegen – unabhängig davon, ob dies in Gottesdiensten, Fußballstadien oder bei politischen Massenaufläufen geschieht. Die genannten Beispiele sind allesamt wirksame Verfahren einer Tranceinduktion; wer hier den kleinen Finger reicht, der steckt bald mittendrin in dem „heiligen Spiel" – und vergisst rasch, dass er bloß spielt.

Seit gut zweitausend Jahren macht man nun aus der Glaubensbotschaft des Jesus von Nazareth, eines Zimmermanns, der als Arzt und Lehrer predigend durch Galiläa zog, eine neue, durchaus staatstragende Religion und aus Jesus einen Religionsstifter. Aber würde es den Juden Jesus nicht doch sehr überraschen, dass wir ihn quasi als Gott verehren und diverse außeralltägliche, öffentliche religiöse Rituale auf ihn zurückführen?[76] Wo findet sich denn bei Jesus eine Anleitung zum richtigen Kerzenanzünden, zum andächtigen Händefalten, oder zum orthodoxen öffentlichen Gebet? War ihm religiöses Getue in der Öffentlichkeit nicht suspekt und häufig sogar zuwider? Sind die Verletzungen des Sabbatgebotes durch ihn und seine Jünger sowie die ihn selbst verunreinigende Mahlgemeinschaft mit notorischen Sündern nicht

„im Himmel" (*heaven*, nicht *sky*) sind, bringt die hier nur angedeutete Phänomenologie eines Lebens der Lebenden mit ihren Toten auf den Punkt: Die Toten mögen physisch abwesend sein, sie sind aber nicht „weg". Sie sind vielmehr in ihrer Abwesenheit bedrängend gegenwärtig, doch unerreichbar fern (wie der Himmel). Der Tod ist das Ende des Lebens, aber er vernichtet es nicht, weil alles, was je wirklich war, nicht mehr ungeschehen gemacht werden kann. Die Toten leben ihr Leben nicht im Himmel (zeitlich) weiter – ein verstorbenes Kind geht im Himmel nicht in die Schule wie das überlebende Geschwisterkind –, sondern „im Himmel" sind sie, was sie *wirklich* waren; d. h. die Wirklichkeit ihres *tatsächlich gelebten Lebens* ist auf Zeit und Ewigkeit bewahrt, weil es *in Wirklichkeit* (also in Gott) gelebt war. Im Tod ist eine Person ganz verwirklicht, ganz sie selbst – auch wenn in unserer Vorstellung unerträglich viel unvollendet geblieben sein mag; sie hat von sich her keinerlei Möglichkeiten mehr in dem Sinne, wie wir sie während unserer irdischen Existenz haben (Jüngel 1990). Das ewige Leben ist somit das wirkliche, „fleischliche", historisch-konkrete Leben in seiner ganzen Wahrheit, und diese Wahrheit ist unsere Seligkeit und unser Gericht: „Gott sieht mich wie ich wirklich bin"; die einzige verbliebene, im Grunde jedoch undenkbare Möglichkeit des ewigen Lebens ist von Gott her Gott selbst als die absolute Seinsermöglichung (*visio beatifica*).

[76] Vgl. Kuitert (2004).

ein regelrechter Affront gegen das religiöse Establishment? Wäre er nicht irritiert, dass beim liturgischen Spiel des Abendmahls seine Rolle von quasi-beamteten Darstellern[77] wahlweise in antik-römischer oder preußischer Beamtenkleidung gespielt wird – und dass überhaupt wieder Priester die Vermittlung des Heils in die Hand genommen haben?[78] Hätte ihn die hoch wissenschaftliche theologische Ausarbeitung seiner Lehre nicht überrascht; denn sicher hätte er selbst weder die *symbola*, mit denen Christen den Glauben an ihn durch die Jahrhunderte bekannten, noch den theologischen Diskurs mit den Naturwissenschaften verstanden!

Tatsächlich steht die Glaubenseinladung Jesu, wie sie in den Gleichnissen und seinen schlichten Begegnungen mit Menschen zum Ausdruck kommt, quer sowohl zu wissenschaftlicher Erkenntnis wie auch zur Religion; sie ist schlichtweg unabhängig von beiden. Denn sie betrifft die Ebene des persönlichen, auch gemeinschaftlichen Lebenswagnisses: Von welchen Möglichkeiten lasse ich mein Handeln hier und jetzt bestimmen, worauf setze ich? Erkenne ich hier und jetzt die Möglichkeit des längst angekommenen, zum Greifen nahen Gottesreiches? Wenn selbst ein Samariter oder gar ein heidnischer römischer Hauptmann der Glaubensaufforderung Jesu entsprechen konnten, dann heute doch sicher auch ein Buddhist, ein Muslim oder ein Atheist! Der Glaube, zu dem Jesus einlädt, kann in jeder Religion oder ganz ohne Konfession, in jeder Weltanschauung oder ohne festgelegtes Weltbild gelebt werden. Umgekehrt garantiert kein Weltbild und keine moralische Einstellung per se, dass man das tut, was Jesus forderte: zu glauben.

Und doch: Wie sollte das in Jesus Person gewordene Angebot der Gottesnähe denn zu individuellen Menschen, und am Ende genau zu mir (geb. im Juli 1967 in einer westfälischen Kleinstadt) gelangen, wenn nicht hindurch durch eine konkrete menschliche Geschichte mit ihren faszinierenden Aufs und grässlichen Abs? Gerade weil die Botschaft keine allgemein-gültige Idee ist, sondern sie sich an individuelle Personen richtet, kann sie nur durch Zeugen glaubwürdig weitergegeben werden, die ihr persönliches Lebenswagnis auf die angebotene Möglichkeit der Gottesnähe

---

[77] Frerk (2010). Der Kölner Erzbischof erhält beispielsweise monatlich ca. € 11.000, und zwar nicht aus Kirchensteuermitteln, sondern aus allgemeinen Steuermitteln des Landes Nordrhein-Westfalen.

[78] Kunstmann (2010) äußert ähnliche Hoffnungen in Bezug auf eine religionskritische christliche Religion, doch mir scheint, dass der Alltag und nicht die Religion der Rahmen ist, in dem der Glaube gelebt werden will; ich sehe die Zukunft des Glaubens daher nicht in einer „Rückkehr der Religion“.

hin ausgerichtet und damit ihre Erfahrungen gemacht haben. Ist nicht verständlich, dass man in diesen Glauben auch alle religiösen Kräfte des Menschen einbinden möchte (bei aller Gefahr, dass Religion am Ende dem Glauben im Wege steht)? Und auch wenn der Glaube sicher nicht durch Bücher weitergegeben werden kann, wird man doch zugestehen dürfen, dass dieser ungeheure, im Grunde undenkbare Glaube und seine Geschichte jegliche intellektuelle (also philosophisch-theologische) Anstrengung verdient, 1. um das Evangelium in der Weitergabe vor Missverständnissen, Verkürzungen und Verdrehungen zu schützen, und 2. um die Welt im Lichte dieser Möglichkeit zu deuten.

5.2. Ich glaube an Gott, den Schöpfer

Ein allgemeiner, weltanschaulicher „Glaube an die Schöpfung" macht keinen Sinn; dies wäre ja nur zu verstehen als ein zu wissen Glauben im Hinblick auf den Entstehungsprozess der Welt.[79] Ein solches zu wissen Glauben wäre keine vernünftige Option, da es fehlendes Wissen lediglich überspielt; träte unnötigerweise in Opposition zur naturwissenschaftlichen Erkenntnis; und verleiht dem persönlichen Leben gar nicht die gesuchte tragfähige Orientierung. Gemeint sein kann daher immer nur der persönliche Glaube an Gott, den Schöpfer: „*Ich* glaube ...".

Das Schöpferabsolute konnte metaphysisch als trinitarisch strukturierte, absolut notwendige Möglichkeit und Wirklichkeit einer kontingenten Welt erschlossen werden, in welcher erkenntnisfähige und handelnde Personen in ein geschichtliches Verhältnis zu dieser Welt treten und sich zur Wirklichkeit im Ganzen und als solcher verhalten können und müssen. Diese Analyse stimmt sehr genau überein mit dem Kerngedanken der Areopag-Predigt des Paulus (Apg 17,16–34): *Denn in ihm leben, weben und sind wir; wie auch etliche Poeten bei euch gesagt haben: „Wir sind seines Geschlechts"* (V. 28). Doch von welcher Möglichkeit will ich mein Handeln hier und jetzt leiten lassen, auf welche Möglichkeit hin bestimme ich mein Leben? Welcher Macht traue ich? Der allgemein-philosophische Diskurs muss überschritten werden auf den Möglichkeits- und Glaubensdiskurs des persönlichen und gemeinschaftlichen Lebenswagnisses hin.

Jesus steht *in personam* und über seinen Tod hinaus für die endgültige und unüberbietbare Zusage, dass das Gottesreich jedem

[79] „An Schöpfung glauben" im Sinne des Resultats hieße ja, an die Welt zu glauben, was sicher nicht gemeint ist.

einzelnen Menschen in jedem Augenblick seines Lebens unmittelbar nahe ist, unabhängig von allem, was Menschen üblicherweise voneinander unterscheiden und trennen könnte, und dass Gott an jedem Ort dieser Welt heilende und befreiende Wirklichkeit wird – wenn man ihn lässt. Trotz der Ablehnung Jesu durch die religiösen Autoritäten seiner Zeit und trotz des Todes Jesu ist dieses in Jesus Person gewordene Evangelium nicht mehr aus der Welt zu schaffen; die Kirche steht im Dienst dieser Botschaft und trägt sie in alle Welt. Im Lichte dieser Möglichkeit sieht die Welt und mein persönliches Leben anders aus.[80]

Ja, ich glaube an Gott, den Schöpfer. Ich rechne damit, dass Gott (d. h. Seinsermöglichung: Liebe, Heil, Befreiung, Gerechtigkeit, Frieden, Versöhnung) in jedem Augenblick gleichsam zum Greifen nahe ist und mitten im Alltag Wirklichkeit werden kann, wenn wir ihn nur ließen. Ich hoffe, dass ich selbst und viele Menschen immer wieder den Mut aufbringen, diese oft undenkbar erscheinende Option zu erkennen und zu wählen, wenn es darauf ankommt. Ich kann nicht erkennen, dass diese Option eines persönlichen Lebenswagnisses weniger vernünftig wäre als etwa die, sein Leben dem Erwerb von Lust, Macht, Wissen oder Reichtum zu weihen. Ich kann auch keinen Widerspruch zu Erkenntnissen der modernen Naturwissenschaften und zu jeder ernsthaften Form der Wahrheitssuche erkennen.

Literatur

Almaas A.H. (2005), Das wirkliche Leben beginnt jetzt: der diamantene Weg des Herzens, Freiburg 2005.

Boff L. (2009), Was kommt nachher? Das Leben nach dem Tode, Kevelaer 2009.

Boghossian P.A. (2006), Fear of knowledge. Against relativism and constructivism, Oxford 2006.

Brantschen, J.B. (2010), Leben vor und nach dem Tod. Die Hoffnung der Christen, Kevealer 2010[2].

[80] In einem Hl. Geist-Gebet, das früher vor theologischen Vorlesungen gemeinsam gebetet wurde, heißt es zu Beginn entsprechend: *Komm, heiliger Geist, erfülle die Herzen deiner Gläubigen und entzünde in ihnen das Feuer deiner Liebe. Sende aus deinen Geist, und alles wird neu geschaffen. Und du wirst das Antlitz der Erde erneuern.* Dies fasst die Überlegungen des gesamten Beitrags sehr genau zusammen. Ohnehin müsste der Gedankengang nun in eine Theologie des Hl. Geistes (bzw. der Gegenwart Gottes in der Welt) münden, die leider heute fast völlig vergessen ist (m.W. zuletzt Welker, 1992[4]).

Bresch C./ Daecke S.M./ Riedlinger H. (1990), Kann man Gott aus der Natur erkennen? (Quaestiones disputatae 125), Freiburg 1990.

Brüntrup G./ Rugel M./ Schwartz, M. (Hg) (2010), Auferstehung des Leibes – Unsterblichkeit der Seele, Stuttgart 2010.

Bryant M./ Mabbutt P. (2008), Hypnotherapie für Dummies, Weinheim 2008.

Bunge M./ Mahner M. (2004), Über die Natur der Dinge, Stuttgart 2004.

Clayton P./ Peacocke A. (Hg) (2004), In whom we live and move and have our being. Panentheistic reflections on God's presence in a scientific world, Grand Rapids Michigan 2004.

Dahl E. (2010), Wer zur Hölle will schon in den Himmel? Ein Brevier für Ungläubige und solche, die es werden wollen, Norderstedt 2010.

Dahl E. (Hg) (2005), Brauchen wir Gott? Moderne Texte zur Religionskritik, Stuttgart 2005.

Dalferth I.U. (2006), Becoming present. An inquiry into the Christian sense of the presence of God, Leuven 2006.

Dawkins R. (2006), The God delusion, London 2006[9].

Dohse W. (1988), Parapsychologie und Religion. Das Übersinnliche als Brücke zum Glauben, Berlin 1988.

Drewsen M./ Fischer M. (Hg) (2006), Die Gegenwart des Gegenwärtigen (Festschrift für P. Gerd Haeffner SJ zum 65. Geburtstag), Freiburg 2006.

Dummett M. (2004), Truth and the past, New York/Chichester 2004.

Dummett M. (2006), Thought and Reality, Oxford 2006.

Durie R. (Hg) (2000), Time and the instant. Essays in the physics and philosophy of time, Manchester 2000.

Flasch K. (2011), Was ist Gott? Das Buch der 24 Philosophen, München 2011[2].

Frerk C. (2010), Violettbuch Kirchenfinanzen. Wie der Staat die Kirchen finanziert, Aschaffenburg 2010.

Guggenheim J./ Guggenheim B. (2007), Trost aus dem Jenseits. Unerwartete Begegnungen mit Verstorbenen, Frankfurt/Main 2007.

Halbig C./ Suhm C. (Hg) (2004), Was ist wirklich? Neuere Beiträge zur Realismusdebatte in der Philosophie (Reihe Epistemische Studien: Schriften zur Erkenntnis- und Wissenschaftstheorie, Band 3), Frankfurt/Main 2004.

Heim M.E./ Schwarz, R. (1998), Spontanremissionen in der Onkologie. Theoretische Modelle und klinische Befunde, Stuttgart 1998.

Hirschlaff L. (1904), Hypnotismus und Suggestivtherapie. Ein kurzes Lehrbuch für Ärzte und Studierende, Leipzig 1904.

Hoff G.M. (2009), Die neuen Atheismen. Eine notwendige Provokation, Kevelaer 2009.

Hoff G.M. (2010), Religionskritik heute, Kevelaer 2010[2].

Höhn H.-J. (2008), Der fremde Gott. Glauben in postsäkularer Kultur, Würzburg 2008.

Höhn H.-J. (2010), Zeit und Sinn. Religionsphilosophie postsäkular, Paderborn 2010.

Hoppe Ch. (2006), Nahtoderlebnisse – Blick ins Jenseits? in Bieneck A./ Hagedorn H.B./ Koll W. (Hg), „Ich habe ins Jenseits geblickt" – Nahtoderfahrungen Betroffener und Wege sie zu verstehen, Neukirchen-Vluyn 2006, 117–153; erneut erschienen als Hoppe Ch., Nahtoderlebnisse – Blick ins Jenseits?, in Souvignier G. (Hg), Durch den Tunnel. Nahtod-Erfahrungen interdisziplinär betrachtet (Aachener Beiträge zu Pastoral- und Bildungsfragen, Band 25), Aachen 2007, 98–130; ferner unter gleichem Kapiteltitel in einer Lizenzausgabe: Souvignier G. (Hg), Durch den Tunnel. Nahtoderfahrungen interdisziplinär betrachtet. Tagungsberichte 2006, Goch 2006, 89–120.

Hoppe Ch. (2008), Hirnforschung – wie geht das?, in Vogelsang F./ Hoppe Ch. (Hg), Ohne Hirn ist alles nichts, Neukirchen-Vluyn 2008 (= Dokumentation des I. Forum Neuroethik der Evangelischen Akademie im Rheinland, in Kooperation mit der Universitätsklinik für Epileptologie, Jan 2007, Bonn), 23–41.

Hoppe Ch. (2010), Expedition ins Bewusstsein – ein neurophänomenologischer Essay mit einem theologischen Epilog, in Vogelsang F./ Hoppe, Ch. (Hg), Bewusstsein und Geist – nur Hirngespinste? (III. Forum Neuroethik), Evangelische Akademie im Rheinland, Bonn-Bad Godesberg 2010, 7–33.

Hoye W.J. (1993), Gotteserfahrung? Klärung eines Grundbegriffs der gegenwärtigen Theologie, Zürich 1993.

Hoye W.J. (2006), Liebgewordene theologische Denkfehler, Münster 2006.

Hume D. (1982), Eine Untersuchung über den menschlichen Verstand, Stuttgart 1982.

Janßen M. (2008), Vom Augenblick. Geistesgeschichtliche Untersuchungen unter besonderer Berücksichtigung des Opusculums „De instantibus", Würzburg 2008.

Jüngel E. (1990), Tod, Gütersloh 1990.

Kermani N. (2008), Der Schrecken Gottes. Attar, Hiob und die metaphysische Revolte, München 2008.

Kessler H. (2002), Sucht den Lebenden nicht bei den Toten!, Würzburg 2002.

Kessler H. (2010), Evolution und Schöpfung in neuer Sicht, Kevelaer 2010[3].

Kinslow F. (2009), Quantenheilung. Wirkt sofort – und jeder kann es lernen, Kirchzarten 2009[2].

Kuitert H.M. (2004), Kein zweiter Gott. Jesus und das Ende des kirchlichen Dogmas. Düsseldorf 2004.

Kunstmann J. (2010), Rückkehr der Religion. Glaube, Gott und Kirche neu verstehen, Gütersloh 2010.

Lehnert U. (2009), Warum ich kein Christ sein will. Mein Weg vom christlichen Glauben zu einer naturalistisch-humanistischen Weltanschauung, Berlin 2009[3].

Leibniz G.W. (1718), Principes de la nature et de la grâce fondés en raison.

Lewis C.S. (2006), Über die Trauer. Düsseldorf 2006.

Lohfink G. (2008), Welche Argumente hat der neue Atheismus? Eine kritische Auseinandersetzung, Bad Tölz 2008.

Lüke U. (2001), Bio-Theologie. „Als Anfang schuf Gott …" Zeit – Evolution – Hominisation, Paderborn 2001[2].

Martini C.M./ Eco U. (2005), Woran glaubt, wer nicht glaubt? München 2005[4].

Menke K.-H. (2008), Handelt Gott, wenn ich ihn bitte?, Kevelaer 2008[3].

Müller K. (2001), Gott erkennen. Das Abenteuer der Gottesbeweise, Kevelaer 2001.

Müller, K. (2006), Glauben – Fragen – Denken. Band 1: Basisthemen in der Begegnung von Philosophie und Theologie, Münster 2006.

Müller K. (2010), Dem Glauben nachdenken. Eine kritische Annäherung ans Christsein in zehn Kapiteln, Münster 2010.

Neisser U. (1979), Kognition und Wirklichkeit. Prinzipien und Implikationen der kognitiven Psychologie, Stuttgart 1979.

Nordsieck R. (2004), Das Thomas-Evangelium. Einleitung – Zur Frage des historischen Jesus – Kommentierung aller 144 Logien, Neukirchen-Vluyn 2004[2].

Pieper J. (1990), Thomas von Aquin. Leben und Werk, München 1990[4].

Przywara E. (1932/1962), Analogia entis. Metaphysik. Ur-Struktur und All-Rhythmus, Einsiedeln 1932/1962.

Puntel L.B. (2006), Struktur und Sein. Ein Theorierahmen für eine systematische Philosophie, Tübingen 2006.

Puntel L.B. (2010), Sein und Gott. Ein systematischer Ansatz in Auseinandersetzung mit M. Heidegger, É. Lévinas und J.-L. Marion, Reihe: Philosophische Untersuchungen, Band 26, Tübingen 2010.

Rahner K. (1984), Grundkurs des Glaubens. Einführung in den Begriff des Christentums, Freiburg 1984[3].

Reininger R. (1916), Das psycho-physische Problem. Eine erkenntnistheoretische Untersuchung zur Unterscheidung des Physischen und des Psychischen überhaupt, Wien 1916.

Reininger R. (1931/1947), Metaphysik der Wirklichkeit. Wien 1931/1947.

Reiningerkreis (Hg) (1949), Philosophie der Wirklichkeitsnähe. Festschrift zum 80. Geburtstag Robert Reiningers, Wien 1949.

Rentsch T. (2005), Gott. (Reihe: Grundthemen Philosophie), Berlin 2005.

Reuber M. (2008), Psychogenic nonepileptic seizures: answers and questions, Epilepsy & Behavior 12, 622–635.

Revenstorf D./ Peter B. (2008), Hypnose in der Psychotherapie, Psychosomatik und Medizin: Manual für die Praxis, Heidelberg 2008[2].

Ringleben J. (2008), Jesus: ein Versuch zu begreifen, Tübingen 2008.

Rohr R. (2010), Pure Präsenz. Sehen lernen wie die Mystiker, München 2010.

Sander H.-J. (2003), Nicht verschweigen. Die zerbrechliche Präsenz Gottes, Würzburg 2003.
Sander H.-J. (2006), Einführung in die Gotteslehre, Darmstadt 2006.
Scharbert J. (2005), Genesis 1–11. (Die neue Echter Bibel. Kommentar zum Alten Testament mit der Einheitsübersetzung), Würzburg 2005[6].
Scott R.A. (2010), Miracle cures. Saints, pilgrimages, and the healing powers of belief, Berkeley 2010.
Serwaty, A./ Nicolay, J. (2011), Begegnung mit Verstorbenen? Beiträge aus Wissenschaft und Therapie zu einem tabubesetzten Thema, Goch 2011.
Singer W./ Ricard M. (2008), Hirnforschung und Meditation: ein Dialog, Frankfurt/Main 2008.
Spaemann R. (2007a), Das unsterbliche Gerücht. Die Frage nach Gott und die Täuschung der Moderne, Stuttgart 2007.
Spaemann R. (2007b), Der letzte Gottesbeweis, München 2007.
Stewart R. (Hg) (2006), The resurrection of Jesus. John Dominic Crossan and N. T. Wright in dialogue, Minneapolis 2006.
Striet M. (2010), Hilft beten? Schwierigkeiten mit dem Bittgebet, Reihe: Theologie kontrovers, Freiburg 2010.
Thiede C.P./ Lüdemann G. (2001), Die Auferstehung Jesu – Fiktion oder Wirklichkeit? Ein Streitgespräch, Basel 2001.
Thiede C.P. (2006), Der unbequeme Messias: Wer Jesus wirklich war, Basel 2006[2].
Waldenfels H. (1988), Kontextuelle Fundamentaltheologie, Paderborn 1988[2].
Welker M. (1992), Gottes Geist: Theologie des Heiligen Geistes, Neukirchen-Vluyn 1992[4].
Winkelmann F. (2005), Geschichte des frühen Christentums, München 2005[3].
Wittgenstein L. (1963), Tractatus logico-philosophicus, Frankfurt/Main 1963.

III.
Evolutive Religion und theologische Implikationen

Biologische, kognitive und kulturelle Evolution und ihre Implikationen

von Ludwig Huber

1. Einleitung

Als im Gedenkjahr Darwins 2009 (200. Geburtstag, 150 Jahre Buch „*Origin of Species*") die Evolutionstheorie wieder im breiten öffentlichen Interesse stand, so nicht nur im Hinblick auf Darwins Theorie der kausalen Mechanismen im Wandel der Arten (natürliche Selektion), sondern auch im Hinblick auf ihre Bedeutung für das Weltbild und das Menschsein. Vor allem Darwins Hypothese (Postulat) der Kontinuität von geistigen (mentalen) Fähigkeiten provoziert nach wie vor Widerstand und Ablehnung. Denn diese Kontinuität scheint für viele das Fundament der menschlichen Einzigartigkeit und Sonderstellung, seine erhabene Vernunft und hohe Moralität zu untergraben.[1] Die besondere, *göttliche* Natur von Vernunft und Moral wäre dahin. Wie einer seiner Vorgänger (Pius XII.) hat Papst Johannes Paul II. betont: „*Mit dem Menschen befinden wir uns also vor einer Differenzierung·ontologischer Art, vor einem ontologischen Sprung, könnte man sagen.*"[2] „Folglich sind diejenigen Evolutionstheorien nicht mit der Wahrheit über den Menschen vereinbar, die – angeleitet von der dahinter stehenden (materialistischen) Weltanschauung – den Geist für eine Ausformung der Kräfte der belebten Materie oder für ein bloßes Epiphänomen dieser Materie halten. Diese Theorien sind im Übrigen nicht imstande, die personale Würde des Menschen zu begründen."[3]

Selbst Charles Darwin war anfänglich skeptisch, ob die natürliche Selektion das Entstehen von menschlicher Vernunft erklären könnte. Ganz im Sinne der damaligen vorherrschenden Meinung, die besonders eloquent und überzeugend vom Theologen William Paley vorgebracht wurde, bezweifelte Darwin, dass die natürliche Selektion langsam fortschreitend und in kleinen Schritten komplexe Organe – wie etwa Augen – hervorbringen konnte. Das Prob-

[1] Huber (2007).
[2] Woytila (1996).
[3] Ebd.

lem für ihn und viele Zeitgenossen war zu verstehen, wie solche komplexen Organe in der Evolution entstehen konnten, wenn ihre Funktion vom Zusammenspiel vieler einzelner aufeinander wohl abgestimmter Teile abhängt. Doch später argumentierte Charles Darwin deutlich gegen die Annahme, dass die Differenz zwischen Menschen und Tieren, so klein diese ja offensichtlich im Bereich der Morphologie und Physiologie sei, im Bereiche des Geistigen von fundamentaler Größe sei. Die Differenz in den mentalen Fähigkeiten zwischen einem Amphioxus (ein „schädelloser" Chordat) und den Menschenaffen sei viel größer als zwischen Menschenaffen und Menschen.[4] Doch selbst diese Differenz ist aufgefüllt mit unzähligen Gradierungen.

Die Frage, was das spezifisch Menschliche ausmacht, ist zweifellos berechtigt und benötigt große Anstrengungen auf mehreren wissenschaftlichen Gebieten. Sie erfordert vor allem auch Antworten auf die komplementäre Frage, was nicht spezifisch menschlich ist, was also auch bei anderen Lebewesen in etwa derselben Art – wenn auch nicht unbedingt in derselben Stärke und Ausprägung – vorkommt. Bereits Darwin wusste um die besonderen Schwierigkeiten des Nachweises einer kontinuierlicher Entstehung und Veränderung kognitiver Mechanismen. Wie bei allen Verhaltensmerkmalen liegt ein Problem beim Fehlen von „Verhaltensfossilien", ohne die eine genaue historische Rekonstruktion bestimmter Fähigkeiten in bestimmten evolutionären Linien (zum Beispiel in der Primatenevolution zum Menschen) unmöglich ist.

2. Sind Religion und Wissenschaft kompatibel?

Da es nicht nur in der Vergangenheit, sondern auch in der Gegenwart viele Naturwissenschafter gibt, welche Religion und Wissenschaft für durchaus kompatibel halten und beide – wenn auch in unterschiedlichen Domänen – praktizieren, sehen sich viele Menschen in ihrer Haltung bestärkt, eine Konfrontation zu meiden und eine Politik des friedlichen Nebeneinanders zu bevorzugen. Das gängige Argument lautet, dass Religion und Wissenschaft zwei voneinander getrennte Bereiche der Wirklichkeit (der sog. NOMA-Standpunkt, non-overlapping magisteria) behandeln. So hatte etwa der bekannte amerikanische Evolutionsbiologe Stephen Jay Gould argumentiert, dass es keinen Konflikt zwischen Wissenschaft und Religion gäbe, weil Wissenschaft versuche, den fak-

[4] Darwin (1871).

tischen Charakter der natürlichen Welt zu erfassen, zu ordnen und zu erklären, während Religion in dem ebenso wichtigen, aber völlig unterschiedlichen Bereich der menschlichen Zwecke, Bedeutungen und Werte tätig sei.[5]

Für die gleichberechtigte Koexistenz von Religion und Wissenschaft treten auch viele Theologen und Philosophen ein, wie etwa der bekannte zeitgenössische Theologe Hans Küng. Ihm zufolge würde sich die Theologie lächerlich machen, wenn sie versuchen würde, die Vorgänge in einem Atomkraftwerk mit der Bibel oder dogmatischen Überlegungen zu erklären, wohingegen existenzielle Menschheitsfragen wie: „*Woher kommen wir?*“, „*Was ist der Sinn des Lebens?*“ auch heute noch Domänen der Religion und/ oder der Philosophie sind.[6] Auf den Punkt bringt es der Neutestamentler Gerd Theißen: „*Die Naturwissenschaft fragt nach dem Faktischen, die Theologie nach Sinn und Wert.*“[7]

Bei dieser Art Waffenstillstand könnte man es gerne bewenden lassen, würden nicht Vertreter fast aller Religionen Aussagen über den faktischen Bereich der Welt und manche (viele?) Wissenschaftler Aussagen über den geistigen und sogar moralischen Bereich des Menschen machen. Dabei sind keine wissenschaftlichen Bereiche schwerer mit religiösen Aussagen zu vereinbaren als jene der Evolution. Fast alle großen Religionen sind in vielen Details uneinheitlich, vertreten aber mehrheitlich doch den Gedanken einer theistischen Evolution und erheben den Anspruch sich auf das Ganze der Wirklichkeit zu beziehen und es als Schöpfung Gottes zu deuten. Unterschiede gibt es gegenüber der Frage, ob Gott die Welt nach der einmaligen Schöpfung verlassen hat oder sie in einer *Creatio Continua* erhält und ins Weltgeschehen fortgesetzt eingreift. Damit ist sie aber mit der Evolutionstheorie im Konflikt, wie immer man es auch drehen und wenden mag.

Zwischen Religion und Wissenschaft existieren also konfliktträchtige Überschneidungen im Erklärungsbereich, nicht aber in der Frage des Ursprungs und der Geltung der Aussagen. Hier ist die Sache klar getrennt. Religion beruht in ihrem Kern auf nicht beweisbaren „Wahrheiten“, die der Mensch in einer von Gott gegebenen *Offenbarung* (im Christentum, Judentum oder Islam) oder in eigener mystischer, meditativer Versenkung (z. B. Buddhismus) findet. Die Naturwissenschaft hingegen beruht auf sog. „empirischen Wahrheiten“, die durch wiederholbare Experimente jederzeit

[5] Gould (1999).
[6] Küng (2008).
[7] Theißen (2004).

überprüfbar sein müssen. Also ist ihr Geltungsanspruch, wie Karl Popper immer wieder betonte,[8] viel bescheidener.

Evolution ist sicher nicht mit einer wörtlichen Auslegung von Schöpfungsmythen, welche einen Bestandteil von vielen religiösen Schriften darstellen, kompatibel. Dennoch scheint nur der Buddhismus dem fundamentalen Konflikt zu entkommen, Schöpfung und Evolution zu vereinbaren. Ihr Gründer hat es abgelehnt, Fragen über den Ursprung von Leben zu beantworten.

Viele Menschen der westlichen Zivilisationen, welche an ein übernatürliches Wesen glauben, akzeptieren zwar, dass Evolution passierte, meinen aber gleichzeitig, dass ihr Verlauf durch dieses Wesen beeinflusst wurde. Zwar kann ohne eine Zeitmaschine, welche uns erlauben würde, jeden einzelnen Schritt in der Entstehungsgeschichte des Menschen zu beobachten, die Möglichkeit des Eingriffs des höheren Wesens nicht ausgeschlossen werden. Doch dieses „Gott als Lückenbüßer"-Argument steht auf schwachen Beinen (siehe den Beitrag von Christina Aus der Au). Immer mehr Lücken der Menschheitsgeschichte werden geschlossen, nicht nur durch immer mehr Fossilien zur Rekonstruktion der morphologischen und physiologischen Veränderungen, sondern besonders auch durch DNA-Vergleiche zur Aufdeckung von mutativen Ereignissen. Diese betreffen in zunehmendem Maße auch die Evolution von Verhaltensmerkmalen und geistigen Eigenschaften. Damit dringt die (naturwissenschaftliche) Forschung auch immer tiefer in die kognitive und kulturelle Evolution ein.

Ein alternatives Versöhnungsargument zielt darauf ab, dass das übernatürliche Wesen zwar die ganze Evolution in Gang brachte, danach aber keinen Einfluss auf die weitere Entwicklung nahm (wenn auch genau wissend, welchen Lauf diese nehmen würde). Andere wiederum sehen den Einfluss weniger stark, indem das Universum so geschaffen („designed") wurde, dass die Evolution eines intelligenten Wesens garantiert war, aber die Resultate der Evolution nicht vollständig vorherbestimmt waren. Diese „Gott als Anstoßer"-Interpretation vermeidet jeglichen Konflikt mit den etablierten Fakten über Evolution, aber wirft dennoch ein paar schwierige Fragen auf. Das bekannteste und vielleicht härteste Problem ist jenes der Theodizee, nämlich warum eine sich sorgende Gottheit einen doch so grausamen Prozess für die unschuldige Kreatur in Gang setzte, mit all den bekannten Katastrophen und Brutalitäten lange bevor der wissende Mensch die Bühne des Lebens betrat.

---

[8] Z. B. Popper (1973).

Eine weitere Spielart der Versöhnung von Religion und Wissenschaft wäre der sog. „Pantheismus", bei dem kein allwissender, planender Gott angenommen wird, sondern eine Göttlichkeit in allen Wesen und sogar natürlichen Dingen. Diese „Gott ist Natur"-Theologie gibt es fast in allen Religionen, besonders in den sog. Naturreligionen.

Es ist (momentan) sicher keine Frage von Beweis und objektiver Entscheidung, ob Religion und Wissenschaft in einer Weise zu versöhnen sind, wie sie für viele (die meisten) Menschen am angenehmsten wäre, nämlich dass es eine Gottheit gibt, die in der einen oder anderen Form in das Weltgeschehen eingreift. Es ist vielmehr eine Frage der Perspektive. Die Ansicht, die am ehesten mit dem gegenwärtigen naturwissenschaftlichen Wissensstand vereinbar ist, nämlich dass es keine göttlichen Eingriffe während der Evolution gab, ist für viele Menschen ungenießbar. Der Großteil der Naturwissenschafter hält daher jegliche Wirkung einer Gottheit oder Göttlichkeit in der Evolution für unplausibel, wenn auch nicht gleich in der besonders provokanten Weise Richard Dawkins. Dieser verwirft auch die NOMA-Theorie[9] Stephen Jay Goulds, da eine Welt mit einem Gott sich grundlegend von einer Welt ohne Gott unterscheide.[10] Allerdings gibt er auch zu, dass die behauptete Existenz eines höheren Wesens (oder einer Teekanne im Universum nach dem Philosophen Bertrand Russell) nicht zu widerlegen sei, da Nichtexistenz nicht bewiesen werden kann. Generell aber sollte man die Frage, ob Religion und Wissenschaft kompatibel sind, von der größeren Frage, ob eine theistische Religion mit Vernunft und Rationalität vereinbar wäre, unterscheiden.

3. Biologische und kulturelle Evolution

Die zentrale Frage scheint zu sein, wie weit die kulturelle Entwicklung des Menschen – einschließlich Technik, Zivilisation, Wissenschaft und sogar Religion – mit naturwissenschaftlichen Mitteln untersucht und letztlich erklärt werden könnte. Sind diese Errungenschaften des Menschen prinzipiell einer naturwissenschaftlichen Analyse entzogen oder lassen sich die unübersichtlich vielen möglichen Agenten bzw. Selektionseinheiten der kulturellen Evolution gar nicht aus naturwissenschaftlicher Perspektive in den Blick bekommen?

---

9 Gould (1999).
10 Dawkins (2007).

Für manche ist Evolution nicht bloß ein biologisches Phänomen, sondern ein allumfassendes Prinzip eines universalen Wettstreits, in dem es um „Replikationsraten" geht. Dieser spieltheoretische Ansatz wird nun auch für die kulturelle Evolution verwendet.[11] Ein zentrales Element dieser Konkurrenz-Evolution sind Kopiermechanismen, welche fehlerbehaftet sind oder durch die Umwelt gestört werden können, so dass Varianten entstehen, die wegen limitierter Ressourcen um Kopiermöglichkeiten konkurrieren. Somit arbeitet nicht nur die biologische Evolution nach einem Algorithmus, der als solcher indifferent ist gegenüber den verschiedenen Substraten, sondern in der Folge auch die kulturelle Evolution, einschließlich Sprache, Kunst, Religion, Ethik und Wissenschaft selbst.[12] Die Replikations- oder Selektionseinheit ist dabei ein Informationsquantum, das zu kopieren sich lohnt, wobei das Ziel nicht biologische Fitness, sondern – allgemeiner – Verbreitung ist. Die Selektionseinheiten können Ideen, Worte, Melodien, eine bestimmte Praxis, eine Anleitung zu solcher Praxis, eine Methode, ein Artefakt, ein Erzählmuster, Rituale oder Gesten sein. Die Mechanismen ihrer Verbreitung (Replikation) umfassen entsprechend alle möglichen Formen der sozialen, nicht-genetischen Wissensweitergabe. Man kann sogar sagen, das Freispielen von der genetischen Basis ist dabei der entscheidende Faktor. Oder noch etwas theatralischer ausgedrückt: „*Im Menschen emanzipiert sich die Evolution, denn er ist das einzige Lebewesen, das die Werkzeuge der natürlichen Evolution in die Hände nehmen und der natürlichen Welt eine eigene, humane entgegensetzen kann. Mit dem Menschen ist die Macht der natürlichen Evolution gebrochen, sie wird heute von einer schnelleren, kulturellen Evolution überlagert.*"[13] Der Autor dieser Zeilen geht sogar noch weiter, indem er behauptet, dass sich die jüngere Form der Evolution gegen die ältere richten kann.

Im Laufe der letzten 60.000 Jahre, nachdem Homo sapiens von Afrika aus die Welt erobert hat, sind die meisten Änderungen in der Lebensweise sicherlich kultureller Art gewesen. Das heißt aber nicht, dass es daneben nicht auch noch eine biologische, natürliche Evolution gab, die sich in den neu auftretenden Genen (in Bereichen des Genoms mit geringer Varianz) nachweisen lässt. Einige davon, wie das Gen für Milchverträglichkeit oder jenes für die helle Hautfarbe, sind schon länger bekannt, andere, wie die Anpassung der Tibeter an die Höhe, sind erst kürzlich entdeckt

---

[11] Dennett (2006).
[12] Ebd.
[13] Neuweiler (2008), 9.

worden.[14] Evolution passiert noch immer, wie man am Beispiel verstärkter Resistenz gegen Malaria (und vielleicht auch HIV) in Afrika sieht. Man könnte daher sagen, dass natürliche und kulturelle Evolution (oft) Hand in Hand gehen, ja sogar die ältere die jüngere Form unterstützt und begleitet, etwa wenn der Mensch neue Lebensräume (Tibet) oder neue Lebensgewohnheiten (Milch trinken) ersinnt.

Wenn wir Menschen also durch die sich akkumulierende kulturelle Evolution in der einzigartigen Situation sind, nicht nur der Gegenstand, sondern gleichzeitig ihr Gestalter zu sein, bleibt die Frage, wie diese entstehen konnte und auf welchen biologischen und eventuell vor-menschlichen Errungenschaften sie aufbaut. Ist sie mit dem Menschen quasi wie eine Fulguration eingeschlagen oder hat sie sich schleichend durch Entwicklung von Fähigkeiten, die auch Tieren in bescheidenem Maße nicht-genetische Wissensweitergabe in der Gruppe und über Generationen erlaubte, entfaltet?

Ich glaube, dass die bloße Gegenüberstellung von genetischer und kultureller Evolution einen wichtigen Faktor übersieht: die Evolution *kognitiver* Fähigkeiten. Ich sehe diese als Brücke zwischen den beiden, weil die Entstehung solcher Fähigkeiten bei Tieren mit „natürlichen" biologischen Gesetzen erklärbar ist, andererseits aber in wenigen Fällen zu proto-kulturellen Phänomenen führte. Es lohnt sich, eine Reihe mentaler Fähigkeiten vergleichend (bei ausgewählten Tierarten) zu untersuchen, die von Philosophen für die Entstehung des menschlichen Geistes vorgeschlagen wurden: Denken, Logik, Planen, Selbstbewusstsein, Sprache, Technik, Kultur und Moral. Obwohl diese Untersuchung von manchen Philosophen, wie zum Beispiel Hume und Schopenhauer, empfohlen wurde, blieb es nur bei Spekulationen, da man nicht die Möglichkeiten der modernen Naturwissenschaften hatte, die Existenz dieser mentalen Fähigkeiten oder Ergebnisse kollektiven Handelns bei Tieren zu untersuchen. Auch Darwin war schon an kognitiven Verhalten von Tieren interessiert, bezog aber seine Daten vornehmlich aus Berichten von Freunden (z. B. George Romanes) oder eigenen (dilettantischen) Beobachtungen (von Tauben, Hunden usw.). Wenige Jahre nach seinem Tod etablierte sich die behavioristische Lernpsychologie in Amerika mit dem Ziel tierisches Lernen experimentell zu untersuchen, beschränkte sich aber auf wenige einfache Phänomene (sog. assoziative Gesetze des Lernens) und ganz wenige „Modelltierarten" wie Taube, Ratte und Rhesusaffe. Wenig mehr Einsichten in tierisches Denken

[14] Yi et al. (2010).

lieferte die kontinental-europäische Ethologie, da sie sich wiederum auf instinktives Verhalten und die zu Grunde liegenden Motivationen konzentrierte. Erst in den Siebziger-Jahren des 20. Jahrhunderts kam es mit der sog. „kognitiven Wende" zu einem Durchbruch im Sinne der (experimentellen) Untersuchung von individuellen und sozialen Verhaltensweisen, die man als kognitiv gesteuert verstand.

Im Folgenden möchte ich diesen neuen Zweig der Naturwissenschaften skizzieren, der für die Frage des Entstehens kognitiver Strukturen im Tierreich unentbehrlich ist, aber in der philosophischen Debatte oft im Schatten anderer biologischer Disziplinen wie Genetik und Neurobiologie steht oder schlichtweg übersehen wird.

3.1. Die Untersuchung kognitiver Phänomene im Vergleich

Die Kognitionsforschung bei Tieren umfasst sehr viele verschiedene Phänomene aus den Bereichen der Navigation, Futtersuche und -verstecken, Wahrnehmung, Kommunikation, Lernen, Gedächtnis, Entscheidungsfindung, Täuschung, Kooperation und Sozialverhalten. Die all diesen in ihrer Funktion beträchtlich divergierenden Phänomenen zu Grunde liegende, gemeinsame Annahme ist die zentrale Verarbeitung von reichhaltiger Information im Sinne einer kohärenten *Repräsentation*, die einerseits stabil genug gegen Störungen ist, aber andererseits flexibel genug für die Bewältigung neuartiger Situationen. Dazu ist ein gehöriges Maß an Lernen und Gedächtnis notwendig, ebenso wie Abstraktion und Generalisation, Erfassung von Regelhaftigkeit, Voraussicht, Imagination, Erzeugung neuer motorischer Programme usw. In manchen Fällen liegt heute sogar Evidenz für *intentionales* Handeln, Vorausplanung, Einsicht, Zeitreise und Selbstbewusstsein vor.[15] Wichtig, aber nicht immer ganz eindeutig, ist dabei die Abgrenzung von nicht-kognitivem Verhalten, wie es bei reflexhaften Reaktionen, stereotypen Handlungen, fixierten Reiz-Reaktionsschemata und Reifungsprozessen der Fall ist. Ein immanenter Streitpunkt ist allerdings, wie weit assoziative Prozesse eine Rolle spielen.

Kurz gesagt scheint es im Verlauf der Evolution unterschiedlicher Formen der Verhaltenssteuerung in verschiedenen Stammeslinien zu einer zunehmenden Abkopplung der Reaktionsselektion von der unmittelbaren Reizsituation und Bedürfnislage gekommen zu sein. Damit verbunden war ein Zuwachs an Freiheitsgra-

---

[15] Gute Übersichten in Bekoff/Allen/Burghardt (2002), Wasserman/Zentall (2006), Shettleworth (2010).

den der Verhaltenskontrolle. Während angeborene Reflexe und Instinkte in relativ starrer Weise durch spezifische Reize ausgelöst werden und Anpassungen an invariante Umweltbedingungen darstellen, bestand ein entscheidender Schritt hin zu größerer Verhaltensflexibilität darin, dass Lebewesen die Fähigkeit erwarben, ihre Reaktionsdispositionen erfahrungsabhängig, also durch individuelles oder soziales Lernen zu verändern. Dabei wird das Verhalten durch erlernte Reiz-Reaktions-Assoziationen bestimmt, die ein Niederschlag früherer Erfahrungen sind.

Wie Goschke erörtert, bestand ein bedeutsamer Schritt in der Evolution der kognitiven Verhaltenssteuerung darin, dass einige Lebewesen die Fähigkeit entwickelten, ihr Verhalten an inneren *Repräsentationen* zukünftiger Zustände auszurichten, so dass man von einer *zukunftsorientierten* Verhaltensplastizität sprechen kann.[16] Dadurch wurde es möglich, mehr oder weniger weit in der Zukunft liegende Effekte des eigenen Verhaltens zu antizipieren und zu bewerten und Verhalten an solchen mental repräsentierten Zielzuständen auszurichten (*Effektantizipation* und *Zielgerichtetheit*). Des Weiteren haben manche Tiere die Fähigkeit entwickelt, zukünftige Veränderungen der eigenen Bedürfnislage zu antizipieren und bei der Ausrichtung des Verhaltens an solchen antizipierten Bedürfnissen wenn nötig aktuelle Bedürfnisse oder emotionale Impulse zu unterdrücken (*Bedürfnisantizipation* und *Selbstkontrolle*). Es ist leicht zu sehen, dass diese kognitiven Kapazitäten im engen Zusammenhang mit der Ausbildung willentlichen Handelns und *moralischer* Bewertung stehen.[17]

3.2. Die Evolution von Sprache

Darüber hinaus wird die menschliche Antizipationsleistung in kaum zu überschätzender Weise durch die Sprache erweitert. Mit ihr verfügt der Mensch über ein generatives und produktives Repräsentationssystem, in dem sich eine unbegrenzte Zahl beliebiger Instruktionen, Intentionen und Aufgabenregeln kodieren lässt. Die sprachliche Repräsentation von Zielen, Handlungen und Effekten spielt eine zentrale Rolle bei der menschlichen Fähigkeit, Reaktionsdispositionen von einem Moment zum nächsten und ohne längeres Training „umkonfigurieren“ zu können.[18] Wie wurde das möglich?

---

[16] Goschke (2004).
[17] Ebd.
[18] Ebd.

Für die Frage der Sprachevolution empfiehlt es sich, eine allgemeine und spezielle Sprachfähigkeit zu unterscheiden.[19] Zur allgemeinen tragen spezielle sensorisch-motorische Fähigkeiten der Lautäußerung (phonologisches System bestehend aus Kehlkopf, Zunge, Mund- und Rachenhöhle, usw.) und ein konzeptuell-intentionales Kategorisierungssystem bei, während Syntax und Grammatik als das kritische Merkmal der menschlichen Sprache angesehen wird.

Die Grammatik oder Syntax der menschlichen Sprache ist gewiss einzigartig. Wie eine Zwiebel oder eine Russische Puppe ist sie rekursiv. Ein Element einer Einheit ist eingebettet in ein anderes Element derselben Einheit. *Rekursivität* macht es möglich, dass ein Wort von einem anderen Wort im Satz weit getrennt ist, aber dennoch voneinander abhängig ist. Die „Wenn-dann"-Paarung ist ein gutes Beispiel dafür. Die kombinatorischen Mechanismen der *Rekursivität* ermöglichen die Erzeugung von unbegrenzten Ausdrücken trotz begrenzter Zahl von Elementen, was bereits von Denkern wie Galilei, Descartes und Humboldt erkannt wurde. Sind Tiere dazu fähig? Tamarine, kleine südamerikanische Krallenaffen, können zwar nicht-rekursive Grammatik erlernen, scheitern aber bei der rekursiven Form.[20] Menschen erlernen beide Arten, auch außerhalb der Wortsprache.

Wie schnell sich allerdings kognitive Zuschreibungen ändern können, zeigt ein jüngeres Beispiel. So wurde tatsächlich an Staren die Fähigkeit der Unterscheidung rekursiver, in sich selbst eingebetteter, kontextunabhängiger Sequenzen von Lautmustern gefunden.[21] Damit ist aber noch nicht bewiesen, ob diese Vögel auch die Fähigkeit der *Erzeugung* von rekursiven Gesangssequenzen haben. Zurzeit laufen an unserem Institut (Department für Kognitionsbiologie, Universität Wien) Versuche zum Verstehen von Rekursivität im nichtverbalen, nämlich im visuellen Kontext. Tauben, Papageien, Totenkopfäffchen und Menschen werden getestet, Bilder an Hand der zu Grunde liegenden *generativen Grammatik* zu unterscheiden. Es könnte tatsächlich sein, dass die Fähigkeit zum Erzeugen und Erkennen grammatikalischer Kombinatorik viel älter ist als die menschliche Sprache und die Fähigkeiten von dieser nur sekundär „in den Dienst genommen" wurden. Sie könnte zur Lösung kombinatorischer Aufgaben im Kontext der Navigation, der numerischen Abschätzung und der Perspektivenübernahme entstanden sein.

---

[19] Hauser/Chomsky/Fitch (2002).
[20] Fitch/Hauser (2004).
[21] Gentner et al. (2006).

Würde dies zutreffen, bliebe zu klären, wieso es dann scheinbar nur dem Menschen möglich ist, Rekursivität auch im Rahmen der Kommunikation zu verwenden und dabei eine potentiell unbegrenzte Menge von Bedeutungen zu erzeugen. Manches spricht dafür, dass die Vorläufersysteme im Tierreich stark aufgabenspezifisch und kontextgebunden sind, während sie beim Menschen durchlässig, aufgabenneutral und kontextunabhängig geworden sind. Ob dies als Nebeneffekt erheblicher neuronaler Umorganisationen im Gehirn oder als Folge bestimmter Selektionsdrücke geschehen ist, ist noch unklar. Zumindest sind aber Wege zur Erforschung der Evolution der Menschensprache und ihrer kognitiven Primär- und Sekundärkomponenten aufgezeigt.

Premack stellt folgende (weitere) Faktoren zur Diskussion.[22] Es sind allesamt Fähigkeiten, die beim Menschen offensichtlich sind und deren Beziehung zur Sprache seit langem diskutiert wird: die Fähigkeit zu willentlicher Kontrolle des senso-motorischen Systems, zu reflexiver Imitation, zum absichtsvollen Lehren, zur Verwendung der Perspektivenübernahme, und zu rekursiver und nicht-rekursiver Grammatik. Dabei sind die genannten Leistungen einzeln nicht ausreichend, sondern ergeben nur gemeinsam die komplexe Fähigkeit der Menschensprache. Die Hauptschwierigkeit liegt allerdings im Verstehen eines sich langsam entwickelnden kognitiven Systems, bei dem viele Komponenten dynamisch zusammenwirken und sich selbst auch langsam entwickelt haben, also jeweils Vorformen hatten. Außerdem nehmen diese kognitiven Komponenten der Sprache nicht nur bei der Entwicklung und Ausprägung der Sprache teil, sondern sind auch konstitutiv für andere geistige Fähigkeiten. Und ganz besonders große Schwierigkeiten macht die Tatsache, dass wahrscheinlich die meisten oben beschriebenen Fähigkeiten einen Funktionswechsel durchgemacht haben, also ursprünglich im Dienste ganz anderer Leistungen standen. Erst die „In-Dienst-Nahme" für die gegenseitige Verständigung bei der Kooperation und Synchronisation mit Gruppenangehörigen und später für den Aufbau von Kultur und Wissenschaft haben alle diese Fähigkeiten selbst wieder verändert.

---

22 Premack (2004).

3.3. Elemente von Bewusstsein

Für die Annäherung an die Frage, wo, wie und warum Bewusstsein entstanden ist, braucht man *operationalisierbare* Konzepte. Konkret gesagt sollte man davon ausgehen können, dass Lebewesen, die phänomenales Ich-Bewusstsein besitzen, bestimmte Aufgaben lösen, die Lebewesen ohne dieses Bewusstsein nicht bewältigen können. Diese Ingredienzien von Bewusstsein wären nach Kircher und Leube: (a) die Ich-Aktiviät und das Reafferenzprinzip, (b) die Perspektive des Anderen einnehmen, (c) Imitation und Spiegelneurone, d) Erkennen des eigenen Gesichtes und (e) autobiografisches Gedächtnis.[23]

Während das Reafferenzprinzip bereits vor über fünfzig Jahren von deutschen Verhaltensphysiologen postuliert, später bei Fischen oder Grillen nachgewiesen werden konnte und heute sogar auf neuronaler Ebene gut beschrieben ist, sind Nachweise für die anderen vier Fähigkeiten noch sehr jung und keineswegs unumstritten. Den Stein ins Rollen gebracht haben die berühmten Spiegelversuche an Schimpansen.[24] Heute gibt es Nachweise des Erkennens des eigenen Gesichts oder auch anderer Körperteile im Spiegel selbst bei Elefanten[25] und jüngst auch bei Elstern.[26]

Eng damit in Zusammenhang stehen die Experimente zur Fähigkeit, sich in die Gedanken des Gegenübers zu versetzen, also wie schon gesagt eine *Theorie des Geistes* (Theory of Mind) zu haben.[27] Ein Kernstück dieser Fähigkeit ist der Zusammenhang von Sehen und Wissen. Es mag sein, dass sich ein Konsens darüber abzeichnet, dass es eine *typisch* menschliche Fähigkeit ist, mittels intentionaler Zuschreibungen die Verhaltensweisen anderer Lebewesen zu erklären und erfolgreich zu prognostizieren (siehe Beitrag von Josef Quitterer). Aber dem natürlichen Verhalten der Tiere angepasste Experimente haben eindrucksvoll bewiesen, dass auch Tiere sich in ihr Gegenüber versetzen können und dieses Wissen nutzbringend für ihr eigenes Tun verwenden können. Solche *Machiavellischen* Fähigkeiten[28] sind zunächst bei Schimpansen gefunden worden, mittlerweile aber sogar bei Kolkraben. Diese Vögel erweisen sich bezüglich ihrer kognitiven Fähigkeiten im sozialen Kontext als besonders interessant. Das Verhalten des Fut-

[23] Kircher/Leube (2005).
[24] Gallup (1970).
[25] Plotnik/de Waal/Reiss (2006).
[26] Prior/Schwarz/Güntürkün (2008).
[27] Premack/Woodruff (1978).
[28] Byrne/Whiten (1988).

terversteckens und gegenseitigen Futter-Plünderns hat zu einer Art „kognitiven Rüstungswettlauf" des Sehens und Gesehen-Werdens geführt. Zu wissen, wer wann was gesehen haben könnte, erhöht die Chancen, sein eigenes Futterversteck später unversehrt wieder zu finden.

Mein Kollege Thomas Bugnyar hat zusammen mit Bernd Heinrich mit ausgeklügelten Experimenten die Fähigkeiten der Einnahme der Perspektive anderer gut belegen können.[29] Nicht minder eindrucksvoll sind die Beweise für autobiografisches Gedächtnis bei anderen Rabenvögeln, den Hähern. Eine Besonderheit der menschlichen Antizipationsfähigkeit ist es, Zusammenhänge zwischen Reizbedingungen, Handlungen und Effekten als integrierte Episoden im deklarativen Gedächtnis speichern zu können. Es konnte gezeigt werden, dass Häher wissen, wann sie wo welches Futter versteckt haben.[30] Dieses Wissen ermöglicht es zu planen, also elementare Operationen versuchsweise zu neuen Handlungssequenzen zu rekombinieren und deren Effekte „mental zu simulieren". Episodisches Planen setzt voraus, dass sich das Subjekt in die zukünftige Bedürfnislage versetzt und vorbereitende Handlungen generiert. Neue Experimente der Cambridger Forschergruppe um Nicola Clayton haben nun sogar zeigen können, dass die Häher Futter dort verstecken, wo sie erwarten können (gelernt haben), dass es am nächsten Tag kein Futter geben wird.[31] Mehr noch, sie verstecken genau jene Futtersorte in dem Raum, wo sie erwarten können (gelernt haben), dass es dort diese Futtersorte nicht geben wird (aber sehr wohl ein anderes). Das Verstecken wurde daher von der Motivation am nächsten Tag und von den dann verfügbaren Ressourcen bestimmt.

Wir sprechen in all den zuvor beschriebenen Fällen von konvergenten Entwicklungen, die im Unterschied zu Ähnlichkeit durch Verwandtschaft (*homolog*) eine Gemeinsamkeit auf Grundlage ähnlicher Selektionsbedingungen erzeugt (*analog*). Anders als manche Vertreter der sog. „evolutionären Psychologie" vermuten die meisten Kognitionsbiologen analoge Ursachen in der Mehrzahl der entdeckten Übereinstimmungen in den Ausprägungen kognitiver Merkmale.[32] Auch Bewusstsein könnte mehrfach in der Evolution entstanden sein, mit je eigenen neuronalen Mecha-

[29] Bugnyar/Heinrich (2005), Heinrich/Bugnyar (2007).
[30] Clayton/Dickinson (1998).
[31] Raby et al. (2007).
[32] Huber (2000), Fitch/Huber/Bugnyar (2010).

nismen und Funktionen. Der selektive Druck seiner Entstehung scheint im komplexen Sozialverhalten zu liegen, als Anpassung an eine flexible, rasch wandelbare, weil reaktive Umwelt.

Jedenfalls sind alle fünf von Kircher und Leube beschriebenen Ingredienzien für Bewusstsein bei Tieren[33] gefunden worden und die Forscher der Rekonstruktion der Entstehungsbedingungen von Bewusstsein ein beträchtliches Stück näher gekommen. Obwohl heute manche Autoren, die sich über Jahre für ihre experimentellen Beiträge zur Kognition bei Tieren verdient gemacht haben, wieder die Unterschiede zum Menschen betonen,[34] neigt die überwiegende Anzahl an vergleichenden Kognitionsforschern zur Ansicht, dass sich auch der menschliche Geist allmählich und vielfach parallel bei nicht-menschlichen Vorformen entwickelt hat.

3.4. Soziales Lernen

Die eigene Forschung hat sich auf die Frage der Evolution von Imitation konzentriert, welche wir besonders an Krallenäffchen und Hunden untersucht haben.[35] Unter anderem konnten wir zeigen, dass Beobachter von Artgenossen vorgezeigte Techniken beim Futtererwerb bis in kleinste Details kopieren können. Dieser eindeutige Nachweis der Imitation hat die lange vorherrschende Meinung widerlegt, dass diese höchste Form des sozialen Lernens eine menschen- oder zumindest Menschenaffen-spezifische Fähigkeit ist. Obwohl es wahrscheinlich ist, dass die bei Makaken gefundenen Spiegelneurone beim Prozess der Imitation involviert sind,[36] können sie die gefundenen Imitationsleistungen nicht vollständig erklären, da es sich um ganz neuartige Bewegungen handelt, die noch nicht im Bewegungsrepertoire des Beobachters vorhanden sind.

Erst durch die selektive Kontrolle kann Imitation effektiv und daher zur Weitergabe von Wissen und Kultur verwendet werden. Bereits mit 14 Monaten beginnen Kleinkinder *selektiv* vorzugehen, indem sie nur bestimmte Handlungen genau imitieren, andere aber entweder nur grob oder gar nicht. Dass sie dabei nicht einfach weniger aufmerksam sind oder die Handlungen nur ungenügend verstehen, hat ein kluges Experiment ungarischer Entwicklungspsychologen gezeigt.[37] Die Kinder vermochten dabei die effektive, zielorientierte Handlung der „blinden“ Kopie vorzuzie-

---

[33] Kircher/Leube (2005).
[34] Penn/Holyoak/Povinelli (2008), Hauser (2009).
[35] Huber et al. (2009).
[36] Rizzolatti (2005).
[37] Gergely/Bekkering/Kiraly (2002).

hen. Aus diesen und weiteren Kontrollexperimenten konnten die Autoren schließen, dass die frühe Imitation von zielgerichteten Aktionen bei Kleinkindern ein selektiver, schlussfolgernder Prozess ist, der die Begründung (die „Beurteilung der Rationalität") der eingesetzten Mittel im Verhältnis zu den Sachzwängen einschließt. Man spricht daher von *rationaler Imitation*.

Es ist leicht nachzuvollziehen, dass diese Studie danach oft als ein weiterer, starker Beweis für die kognitive Überlegenheit des Menschen zitiert wurde. Selbst wenn Menschen und Tiere gleichermaßen aus der Möglichkeit des Zusehens und Imitierens profitieren, so tun dies Tiere blindlings, Menschen hingegen setzen dabei Perspektivenübernahme, Rationalisierung und Abwägung von Mittel und Zweck ein. Diese offensichtliche Diskrepanz hat uns vor wenigen Jahren bewogen, Hunde mit einer ähnlichen Aufgabenstellung wie jener bei den Kindern zu testen.[38] Das überraschende Ergebnis dieser Experimente war, dass auch bei Hunden Imitation selektiv unterdrückt werden kann und sie diese zielgerichtet und effektiv einsetzen. Diese Art des kulturellen Lernens und Lehrens könnte demnach nicht nur die menschliche kulturelle Evolution vorangetrieben haben, sondern analog – wenn auch ungleich schwächer und kürzer – bei der Domestikation des Hundes eine Rolle gespielt haben.

3.5. Soziale Wissensweitergabe

Viele Arten leben in sozialen Gruppen. Dies hat unter anderem zur Konsequenz, dass Individuen vom Verhalten der Gruppenmitglieder auf die eine oder andere Art beeinflusst werden. Es eröffnet auch die Möglichkeit, von anderen zu lernen. Beispiele für soziale Beeinflussung sind zahlreich. Sie reichen von Futterwahl und Feindvermeidung bis zum Lernen von Gesängen, Wegrouten und Bewegungsmustern. Solche Phänomene lassen sich in allen Tiergruppen finden. Soziale Beeinflussung kann auch zur Synchronisation etablierten Verhaltens in der Gruppe und zur Weitergabe von Wissen oder neuem Verhalten an Gruppenmitglieder führen.

Wissensweitergabe kann in mehrere Richtungen erfolgen. Zum einen kann diese horizontal sein, das heißt innerhalb der Gruppe zwischen Individuen derselben Generation, sogar zwischen nichtverwandten Individuen, wie etwa bei Fisch- oder Vogelschwärmen. Auch der Erwerb von Futterpräferenzen bei Ratten ist ein gutes Beispiel für horizontale Wissensweitergabe. Die Wissenswei-

---

[38] Range/Viranyi/Huber (2007).

tergabe kann aber auch vertikal erfolgen, also von Generation zu Generation, meistens von Eltern zu deren Nachkommen. Hierfür ist das Gesanglernen bei Singvögeln und Meeressäugern ein exzellentes Beispiel.

Es wurden in jüngster Zeit mathematische Modelle entwickelt, um die Kosten und Nutzen von sozialem Lernen zu vergleichen, die Auswirkungen von dynamischen Variationen von Gruppenstrukturen, die Faktoren welche die Verbreitung von Wissen in Populationen bestimmen, die adaptiven Vorteile von sozialem Lernen und die evolutionären Konsequenzen der dafür notwendigen Fähigkeiten. Die Debatte über das mögliche Vorhandensein tierischer Kulturen hat zur Annahme so genannter *„dualer Vererbungsmodelle“* („dual-inheritance“ models)[39] geführt, um die wechselseitigen Wirkungen von genetischen und kulturellen Einflüssen auf die Entstehung und Verbreitung von Verhaltensweisen oder allgemeiner von Wissen zu untersuchen.

Warum ist das Lernen vom Anderen so vorteilhaft? Anstatt einzeln durch Versuch und Irrtum zu lernen, können die von einem Mitglied gemachten Erfahrungen und Innovationen abgeschaut und weitergegeben werden. Dies trifft allerdings nicht nur auf praktische Belange, wie dem Finden und Erschließen von Nahrung zu, sondern auch auf soziale Spielregeln, Grußgesten und ritualisiertes Verhalten. Solche *Verhaltenstraditionen*, die auf sozialem Lernen beruhen, aber weder genetische noch ökologische Ursachen haben, würden eine wichtige Vorstufe zu Kultur darstellen.[40] Allerdings zeichnet sich menschliche Kultur durch ihre *kumulative Verbesserung* aus. Ohne diese Eigenschaft wären Innovationen auf Dauer wertlos. Im Fall der Evolution der Steinwerkzeuge von Homo erectus ist dies evident. Gibt es auch eine technische Kultur bei Tieren?

Schon vor fast 50 Jahren entdeckte Jane Goodall, dass Schimpansen Stöcke zum Termitenfischen verwenden.[41] Heute weiß man auch, dass sie manchmal ganze Werkzeugsets (Stöcke verschiedener Dicke und Form) verwenden.[42] Der kombinatorische Aufwand ist auch hoch beim Nüsse knacken, da hier bis zu drei Steine kombiniert werden: ein Stein als Hammer, einer als Amboss und einer zu Stabilisierung des unebenen Amboss.[43] Als sen-

---

39 Z. B. Boyd/Richerson (1985).
40 Avital/Jablonka (2000), Fragaszy/Perry (2003).
41 Goodall (1964).
42 Boesch/Heada/Robbins (2009), Sanz/Morgan/Gulick (2004), Sanz/Schoning/Morgan (2010).
43 Carvalho et al. (2009).

sationell zu bezeichnen ist der Fund einer ca. 4300 Jahre alten „Schimpansenwerkstatt" im Taï-Nationalpark, welcher zeigt, dass die Vorfahren von Schimpansen und Menschen mehrere tausend Jahre lang bestimmte gemeinsame kulturelle Merkmale aufwiesen, die man lange Zeit ausschließlich dem Menschen zugetraut hat. Dazu gehören die Auswahl und das Beschaffen von Rohmaterialien und deren gezielte Verwendung für eine bestimmte Arbeit an einem bestimmten Ort, sowie das wiederholte Aufsuchen eines Ortes für bestimmte Zwecke.[44] Insgesamt wurden 22 unterschiedliche Formen von Werkzeuggebrauch bei Schimpansen, darunter mehrere Varianten des Honig-Sammelns, des Termiten-Angelns und der Wasseraufnahme mit Hilfe von Blättern gefunden. Im Senegal benutzen Schimpansen sogar gewohnheitsmäßig Speere, um Beutetiere zu jagen,[45] offenbar der erste Nachweis, dass ein nichtmenschlicher Primat tödliche Waffen für die Jagd auf andere Tiere herstellt.

Beschränkt sich Werkzeuggebrauch nur auf Menschenaffen? In jüngster Zeit wurden erstaunliche Leistungen auch bei Neuweltaffen (Kapuzineraffen) entdeckt.[46] Auch sie verwenden Steine zum Aufschlagen von harten Nüssen. Und sogar Vögel verwenden Werkzeuge. Neben den Darwinfinken auf Galapagos sind es Neukaledonische Krähen, die Stöckchen zum Stochern in Astlöchern verwenden. Im Hinblick auf Vergleiche mit Menschen besonders interessant ist, dass sie nicht bloß herumliegende Äste verwenden, sondern diese entweder gekonnt modifizieren oder funktionale Äquivalente selbst herstellen.[47] Unter kontrollierten Laborbedingungen konnte nachgewiesen werden, dass diese Fähigkeiten auf ganz neues Material (Draht) angewendet werden können. Ein Individuum hat sogar zur Verbesserung der Angelfähigkeit das Ende des Drahtes zu einem Haken gebogen.[48]

Heiß umstritten ist zurzeit unter Kognitionsbiologen, ob Tiere die Weitergabe von Wissen so kontrollieren können, dass eine schrittweise Verbesserung ermöglicht und ein Rückfall auf frühere, einfachere Lösungen verhindert wird. Dieser so genannte „Wagenhebereffekt" scheint ein besonderes Charakteristikum menschlicher Kultur zu sein.[49] Allerdings dürfen wir nicht übersehen, dass etwa für die Verbesserung der Steinwerkzeuge von den ersten An-

---

[44] Mercader et al. (2007).
[45] Pruetz/Bertolani (2007).
[46] Fragaszy/Fedigan/Visalberghi (2004).
[47] Hunt (1996).
[48] Weir/Chappel/Kacelnik (2002).
[49] Tomasello (2002).

fängen bis zu den speziell hergestellten Faustkeilen tausende Generationen nötig waren. Vor wenigen Wochen erst wurde die Entdeckung bekannt, dass sogar *Australopithecus afarensis* (wozu die berühmte „Lucy“ gehört) Steine als Schneidewerkzeug für Fleisch benutzte, und zwar vor etwa vor 3,4 Millionen Jahren.[50] Möglicherweise haben Schimpansen erst vor wenigen tausend Jahren begonnen, mit Steinen Nüsse zu knacken. Vielleicht sind es auch unvorhersehbare ökologische Bedingungen oder selten auftretende Zufallsentdeckungen, die eine Technik verbessern lassen. Jüngste Beobachtungen eröffnen zudem die Möglichkeit für kumulative Verbesserung von Werkzeugen und sogar „industrielle“ Fertigungsabläufe bei Neukaledonischen Krähen.[51]

Es ist sehr plausibel anzunehmen, dass die Weitergabe von Wissen mithilfe eines komplexen, flexiblen Symbolsystems enorm verbessert und beschleunigt werden kann. Durch die Symbolisierung kann Wissen abstrahiert und gegen Verfälschung immunisiert werden. Den Beginn dafür könnten Gestik, Mimik und Zeichnung gemacht haben. Diese erste Form der Symbolisierung und Referenz könnte die Evolution von kombinatorischem und logischem Denken beschleunigt haben. Es könnte aber auch auf bereits existierenden Fähigkeiten aufgesetzt bzw. diese in Anspruch genommen haben. Man nennt das in der Evolutionstheorie *Exaptation* (anstatt Adaption). Erst später, nach der non-verbalen Phase, könnte die Evolution von vokaler Kommunikation eingesetzt haben. Vielleicht wurden zuvor die gestischen Zeichen durch Laute unterstützt, um sie deutlicher und für eine breitere Öffentlichkeit bemerkbar zu machen. Das Auftauchen gemeinsamer Aufmerksamkeit findet bei Kindern während der sog. 9-Monate-Revolution statt, also lange vor einer ausgefeilten Verbalsprache. Jedenfalls gibt es eine Konvergenz verschiedener Theorien aus unterschiedlichen Disziplinen (Neurobiologie, evolutionäre Anthropologie, Psychologie) in Richtung eines diesbezüglichen 2-Stufen-Prozesses der Evolution der Sprache.

Beim sozialen Lernen des Menschen ist aber noch ein anderer Faktor wichtig: die Rolle des Modells. Diese ist nicht wie bei allen bisher geschilderten Fällen tierischen Beobachtungslernens passiv, sodass das Lernen eines (potentiellen) Zusehers vom Modell aus gesehen unbeabsichtigt und unkontrolliert ist. Beim Menschen ist das Modell (oft) ein Lehrer, der aktiv genau das vorzeigt, was der Schüler noch nicht weiß. Selbst wenn dieses *Lehren* sprachlos ver-

[50] McPherron et al. (2010).
[51] Hunt/Gray (2007).

läuft, hat es eine Verbesserung des Wissensstandes oder der Fertigkeiten des Schülers zum Ziel und ist damit besonders effizient. Nicht nur ist diese Form der Unterweisung beim Menschen institutionalisiert (vom Kindergarten bis zur Universität), sie schien auch lange eine exklusive Fähigkeit des Menschen und – zusammen mit Imitation – der Schlüssel des Erfolgs seiner kulturellen Evolution zu sein. Nur diese beiden könnten die hohe Weitergabegenauigkeit gewährleisten, welche man für kumulative Kultur als notwendig erachtet.[52]

Bis vor kurzem war die Standardmeinung, dass Tiere typischerweise nicht lehren, weil sie nicht *aktiv* das Lernen Anderer unterstützen. Jede Art übertragener Information von einem Individuum auf das andere wurde charakterisiert als „versehentliche soziale Information", weil man das erfahrene Modell als kaum fähig oder motiviert ansah, andere zu unterrichten. Jüngste Forschungen haben diese Sichtweise unterminiert, indem sie überzeugende Belege für Wissensweitergabe durch Unterricht, also aktive Unterweisung bei einigen Tierarten gefunden haben.

Wiederum waren es zunächst Schimpansen, und zwar beim Lernen der schwierigen Technik des Nüsseknackens.[53] Man beobachtete Mütter, die ein erfolgloses Junges „korrigierten", indem sie eine von diesem bearbeitete Nuss vom Amboss entfernten, diese säuberten und anschließend wieder auf den Amboss legten, oder indem sie den Hammerstein in der Hand des Jungen umdrehten. Die momentan besten, weil experimentell überprüften Belege stammen jedoch von Erdmännchen und Ameisen. Junge, unerfahrene Erdmännchen (*Suricata suricata*) fordern ältere „Helfer" mit Bettelrufen zum Füttern auf. Diese betätigen sich dabei als geduldige Lehrer, die dem Nachwuchs beibringen, wie man mit gefährlicher Beute umzugehen hat.[54] Die Ameise *Temnothorax albipennis* verwendet eine Rekrutierungs-Technik, die als Tandemlaufen bekannt ist, um andere Ameisen aus dem Nest zu einem Futterplatz zu führen.[55] Das besondere dabei ist die Interaktivität, denn die Ameisen bestimmen mittels regelmäßiger Berührung die Geschwindigkeit sowie den Kurs und die Lehrerin beachtet die Rückmeldung ihrer Schülerin.

Die wenigen gut untersuchten Fälle von Lehren kommen überproportional häufig bei Arten mit kooperativer Aufzucht des

[52] Boyd/Richerson (1985), Galef (1992), Tomasello (2002).
[53] Boesch (1991).
[54] Thornton/McAuliffe (2006).
[55] Franks/Richardson (2006).

Nachwuchses oder bei Arten mit gefährlicher Beute bzw. schwierigen Jagdtechniken vor.[56] Beides war auch bei Hominiden der Fall. Somit ist das Lehren im Tierreich wieder ein exzellentes Beispiel für konvergente Entwicklung auf Grund ähnlicher Selektionsbedingungen und gleichzeitig für den Wert vergleichender, über den Tellerrand des Menschen hinausblickender Untersuchungen.

3.6. Kultur

Somit kommen wir schließlich zur Frage der Entstehung von Kultur. Seit im Jahre 1999 die führenden Feld-Primatologen der Zeit Belege von Langzeituntersuchungen von Schimpansen mit der Schlussfolgerung publizierten, auch bei diesen Tieren gäbe es Kultur,[57] wird diese Frage von Anthropologen, Psychologen und Kognitionsbiologen heftig diskutiert.[58] Hierbei geht es vorwiegend um die Frage, ob Verhaltensunterschiede zwischen Populationen derselben Art (sog. Traditionen) a) tatsächlich durch soziale Wissensweitergabe entstanden sind, b) sich nicht genetisch fixierten (stattdessen durch Konformismus etc.) und c) nicht auf ökologische Faktoren (zum Nüsse knacken braucht man auch die richtigen Nüsse) zurückzuführen sind. Doch im vergangenen Jahrzehnt hat sich eine erdrückende Zahl von weiteren Befunden hinzugesellt, sodass nicht nur diese Kriterien in manchen Fällen als erfüllt angesehen werden konnten, sondern die zugrunde liegenden Mechanismen (teilweise experimentell) aufgeklärt wurden.[59]

Wie wirkt nur kulturelle Evolution auf die biologische Evolution zurück? Kultur greift in zweierlei Weise in menschliches Verhalten ein. Einmal durch Veränderung des Umfeldes, in dem sich bestimmtes Verhalten bewähren muss. Dies geschieht über lange Zeiträume und wird „*Nischenkonstruktion*" genannt.[60] Werkzeuge sind ein Beispiel, wie die kulturellen Erzeugnisse des Menschen die Möglichkeiten des Einzelnen erweitert haben. Im sozialen Milieu ist es die immer größer und komplexer werdende Gruppe, in die der Mensch hineingeboren wird und in der er sich bewähren muss. Neben diesen Anpassungen in evolutionären Maßstäben gibt es noch jene im individuellen Leben. Der heranwachsende Mensch ist von kulturellen Einflüssen umgeben, die bestimmte Verhaltensdispositionen wie offene Programme ausformen. Dazu

---

[56] Caro/Hauser (1992).
[57] Whiten et al. (1999).
[58] Z. B. Byrne et al. (2004), Laland/Galef (2009).
[59] Mesoudi/Whiten (2008).
[60] Laland/Odling-Smee/Feldman (2000), Odling-Smee/Laland/Feldman (2003).

sind umfangreiche Lernprozesse notwendig. Dies ist besonders bei der Sprache evident und gut untersucht. Die Muttersprache muss gelernt werden, aber es gibt dafür eine genetisch und epigenetisch vorbereitete Spracherwerbskompetenz. Somit wirkt Kultur auf das Gehirn zurück, welches immer mehr und immer schneller Information verarbeiten muss. Die Hominidenevolution bezeugt diese Wirkungsspiralen durch die rasche Zunahme des Gehirns. Das Gehirn ist ein biologisches Organ, welches einerseits genetisch, andererseits kulturell determiniert wird.

Mit der biologischen Evolution teilt die kulturelle nicht nur die Tatsache, dass bei beiden Information ausgetauscht wird, sondern dass diese Weitergabe einem Selektionsdruck unterliegt. Während dies bei der biologischen Evolution die Umwelt ist, ist es bei der kulturellen Evolution das soziale Milieu. Letzteres entscheidet auch, welche Information an wen weitergeben wird bzw. vernichtet wird. Doch es gibt auch bemerkenswerte Unterschiede zwischen beiden evolutionären Prozessen. Anstatt einer von Zufall und strukturellen Zwängen bestimmten Evolution dominiert eine zumindest partiell gerichtete Evolution. Die Gruppe (anstatt des Individuums) ist ihre Einheit und es gibt (dominiert) die Weitergabe von erworbenen Eigenschaften.[61]

Die Schwierigkeit, die menschliche Evolution zu verstehen, besteht sicherlich darin, dass sich seit dem Paläolithikum drei geschichtliche Prozesse übereinander lagerten. Einmal ist es die biologische (genetische) Evolution, die zu aufrechtem Gang, Gehirnvergrößerung usw. geführt hat. Dann ist es die kognitive Evolution, welche eine ganze Reihe von kognitiven Fähigkeiten – wie Bewusstsein, Zielrepräsentation, numerische Fähigkeiten, Planung usw. – verbesserte. Diese Eigenschaften sind natürlich genetisch verankert, entfalten sich aber erst im individuellen Leben durch starke Einflüsse der Umwelt. Und schließlich begann die kulturelle Evolution, welche Imitation, Lehren, Kommunikation und Perspektivenübernahme weiterentwickelte, aber besonders auch kreative Prozesse wie Technik, Wissenschaft, Kultur und Religion überhaupt erst hervorbrachte. Meist wird dabei auf die unterschiedliche Geschwindigkeit verwiesen, aber ohne Zweifel haben wir es hier auch mit emergenten Entwicklungen zu tun, die noch lange nicht vollständig verstanden werden können, zumal es sich um historische Prozesse handelt, die einer experimentellen Untersuchung kaum zugänglich sind. Doch wie Wieser folgerichtig feststellt, handelt es sich dabei nicht nur um spezifisch humane Entwicklungen. Im frü-

---

[61] Wieser (2007).

hen und mittleren Paläolithikum kam es seiner Ansicht nach zu einer „*Fortsetzung der phylogenetischen Evolution mit anderen Mitteln*“[62]. Phänomene wie Gruppenkonkurrenz, Erweiterung der Ernährungsbasis, Werkzeuggebrauch, Besiedlung neuer Lebensräume sind auch im Tierreich verbreitete Strategien der Anpassung an aktuelle Lebensbedingungen.

Erst vor sehr kurzer Zeit, also lange nach dem Auftauchen der heute lebenden Menschenart (*Homo sapiens*), begannen sich Individuen mit dem *Sinn* des Lebens zu beschäftigen, wie reichhaltige Ausstattungen von Gräbern im Aurignacien belegen. Diese kultischen Phänomene gehen mit Höhlenmalereien und magischen Praktiken einher. Wie auch immer dieses faszinierende letzte Kapitel der Urgeschichte des Menschen begann, stellt es in den Äonen langen Zeiträumen der Evolution nur einen Wimpernschlag dar. Die große philosophische Frage „Was ist der Mensch?“ kann jedenfalls nur dann zufrieden stellend beantwortet werden, wenn wir sowohl die Gemeinsamkeiten als auch die Differenzen gegenüber anderen Lebewesen betrachten.

Mit jeder Schärfung des Blicks auf die Gemeinsamkeiten wird auch die Einschätzung der Unterschiede deutlicher. Doch vom evolutionären Gesichtspunkt wäre es missverständlich, von *Diskontinuitäten* zu sprechen. Die Evolution macht keine Sprünge. Würde man eine lückenlose Genealogie kennen, würde man schwer ein Kind treffen, von dem man sagen könnte, es hätte eine „spezifisch menschliche Fähigkeit“, welche seine Eltern noch nicht hatten. Außerdem ist vieles von dem, was in philosophischen Debatten als eine Eigenschaft *des* Menschen postuliert wird (inklusive der Etablierung von Religionen), maximal eine Eigenschaft von wenigen Menschen, zieht man alle jemals lebenden Individuen der Art *Homo sapiens* – die bereits mehrere hunderte tausend Jahre existiert – in Betracht. Auch *der Mensch* ist eine Abstraktion und steht im Wandel.

Von den großen Errungenschaften – Bewusstsein, Sprache, Technik, Kultur und Religion – scheint nur die letzte wirklich auf (manche) Menschen beschränkt zu sein. Wir wissen nicht, wann genau Menschen religiös wurden, aber von allen je lebenden Menschen ist es eine Minderheit. Es ist plausibel anzunehmen, dass diese letzte, vor etwas mehr als hunderttausend Jahren (im Mittelpaläolithikum) sowohl bei H. sapiens als auch bei H. neanderthalensis einsetzende Entwicklung bestimmter kognitiver Voraussetzungen bedurfte. Zu ihnen zählt vor allem die Erweiterung der

[62] Ebd.

Introspektion und der Vorstellung von der Zukunft. Dazu kam das Nachdenken über die eigene Stellung in der Gemeinschaft, die zunehmend komplexer werdenden Regeln der Sittlichkeit und die Etablierung von institutionalisierten Moralsystemen. Diese sickerten langsam in das ethische Denken der Menschen und schlugen sich im *Gewissen* des Einzelnen nieder. Religion wurde dabei ein kritisches Korrektiv. Sie wurde als *soziale* Realität universell, schaffte als ein spezifischer Kommunikationsprozess Wirklichkeiten und gewann durch soziale Handlungen selbst reale Gestalt.[63] Manche sprechen von Offenbarung.

Literatur

Avital E./ Jablonka E. (2000), Animal traditions: behavioural inheritance in evolution, Cambridge 2000.

Bekoff M./ Allen C./ Burghardt G.M. (Hg) (2002), The cognitive animal. Empirical and theoretical perspectiveson animal cognition, Cambridge MA 2002.

Boesch C. (1991), Teaching among wild chimpanzees, Animal Behaviour 41A, 530–532.

Boesch C./ Heada J./ Robbins M.M. (2009), Complex tool sets for honey extraction among chimpanzees in Loango National Park, Gabon, Journal of Human Evolution 56(6), 560–569.

Boyd R./ Richerson P.J. (1985), Culture and the evolutionary process, Chicago 1985.

Bugnyar T./ Heinrich B. (2005), Food-storing ravens differentiate between knowlegeable and ignorant competitors, Proceedings Royal Society London Series B 272, 1641–1646.

Bugnyar T./ Huber L. (1997), Push or pull: an experimental study on imitation in marmosets, Animal Behaviour 54(4), 817–831.

Byrne R./ Whiten A. (Hg) (1988), Machiavellian intelligence. Social expertise and the evolution of the intellect in monkeys, apes, and humans, Oxford 1988.

Byrne R.W./ Barnard P.J./ Davidson I./ Janik V.M./ McGrew W.C./ Miklosi A. et al. (2004), Understanding culture across species, Trends Cogn Sci 8(8), 341–346.

Caro T.M./ Hauser M.D. (1992), Is there teaching in nonhuman animals?, Quarterly Review in Biology 67(2), 151–174.

Carvalho S./ Biro D./ McGrew W.C./ Matsuzawa T. (2009), Tool-composite reuse in wild chimpanzees (Pan troglodytes): archaeologically invisible steps in the technological evolution of early hominins?, Anim Cogn 12 Suppl 1, S103–114.

---

[63] Hock (2008).

Chalmers D.J. (1995), Absent qualia, fading qualia, dancing qualia, in Metzinger Th. (Hg), Conscious experience, Paderborn 1995, 309–330.

Chalmers D.J. (1996), The conscious mind: in search of a fundamental theory, New York 1996.

Clayton N./ Dickinson A. (1998), Episodic-like memory during cache recovery by scrub jays, Nature 395(6699), 272–274.

Darwin Ch. (1859), On the origin of species by means of natural selection or the preservation of favoured races in the struggle for life, London 1859.

Darwin Ch. (1871), The descent of man and selection in relation to sex, London 1871.

Dawkins R. (1978), Das egoistische Gen, Berlin 1978.

Dawkins R. (2007), Der Gotteswahn, Berlin 2007[7].

Dennett D.C. (2006), Breaking the Spell. Religion as Natural Phenomenon, New York 2006.

Fitch T./ Hauser M. (2004), Computational constraints on syntactic processing in a nonhuman primate, Science 303, 377–380.

Fitch W.T./ Huber, L./ Bugnyar, T. (2010), Social cognition and the evolution of language: constructing cognitive phylogenies, Neuron 65(6), 795–814.

Fragaszy D.M./ Fedigan L.M./ Visalberghi E. (2004), The complete Capuchin: the biology of the genus Cebus, Cambridge 2004.

Fragaszy D.M./ Perry S. (2003), The biology of traditions. Models and evidence, Cambridge 2003.

Franks N.R./ Richardson T. (2006), Teaching in tandem-running ants, Nature 439(7073), 153.

Galef B.G.J. (1992), The question of animal culture, Human Nature 3, 157–178.

Gallup G.G. Jr. (1970), Chimpanzees: Self-Recognition, Science 167(3914), 86–87.

Gentner T.Q./ Fenn K.M./ Margoliash D./ Nusbaum H.C. (2006), Recursive syntactic pattern learning by songbirds, Nature 440, 1204–1207.

Gergely G./ Bekkering H./ Kiraly I. (2002), Rational imitation in preverbal infants, Nature 415(6873), 755.

Goodall J. (1964), Tool-using and aimed throwing in a community of free-living chimpanzees, Nature 201, 1264–1266.

Goschke T. (2004), Vom freien Willen zur Selbstdetermination, Psychologische Rundschau, 55(4), 186–197.

Gould St.J. (1999), Rocks of Ages: Science and Religion in the Fullness of Life, New York 1999.

Hauser M. (2009), Origin of the mind, Scientific American 301(3), 44–51, 22.

Hauser M./ Chomsky N./ Fitch, W.T. (2002), The faculty of language: what is it, who has it, and how did it evolve?, Science 298, 1569–1579.

Heinrich B./ Bugnyar T. (2007), Just how smart are ravens?, Scientific American 296(4), 64–71.

Hock K. (2008), Einführung in die Religionswissenschaft, Darmstadt 2008[3].

Huber L. (2000), Psychophylogenesis: innovations and limitations in the evolution of cognition, in Heyes C./ Huber L. (Hg), The evolution of cognition, Cambridge MA 2000, 23–41.

Huber L. (2007), Evolution von Erkenntnis und Moral, in Körtner U.H.J./ Popp M. (Hg), Schöpfung und Evolution – zwischen Sein und Design. Neuer Streit um die Evolutionstheorie, Wien 2007, 127–157.

Huber L./ Range F./ Voekl B./ Szucsich A./ Viranyi Z./ Miklosi A. (2009), The evolution of imitation: What do the capacities of nonhuman animals tell us about the mechanisms of imitation?, The Philosophical Transactions of the Royal Society B.

Humphrey N. (1997), Die Naturgeschichte des Ich, München 1997.

Hunt G.R. (1996), Manufacture and use of hook-tools by New Caledonian crows, Nature 379, 249–251.

Hunt G.R./ Gray R.D. (2007), Parallel tool industries in New Caledonian crows, Biology Letters 3(2), 173–175.

Irrgang B. (1993), Lehrbuch der Evolutionären Erkenntnistheorie, München/Basel 1993.

Kircher T./ Leube D. (2005), Ich-Bewusstsein – Konzeptueller Rahmen und neurowissenschaftliche Ansätze, in Herrmann C.S./ Pauen M./ Rieger J.W./ Schicktanz S. (Hg), Bewusstsein. Philosophie, Neurowissenschaften, Ethik, München 2005, 270–285.

Küng H. (2008), Der Anfang aller Dinge: Naturwissenschaft und Religion, 2008[3].

Laland K.N./ Galef B.G. (2009), The question of animal culture, Cambridge MA 2009.

Laland K.N./ Odling-Smee J./ Feldman M.W. (2000), Niche construction, biological evolution, and cultural change, Behav Brain Sci 23(1), 131–146, discussion 146–175.

McPherron S.P./ Alemseged Z./ Marean C.W./ Wynn J.G./ Reed D./ Geraads D. et al. (2010), Evidence for stone-tool-assisted consumption of animal tissues before 3.39 million years ago at Dikika, Ethiopia, Nature 466(7308), 857–860.

Mesoudi A./ Whiten A. (2008), The multiple roles of cultural transmission experiments in understanding human cultural evolution, Philos Trans R Soc Lond B Biol Sci 363(1509), 3489–3501.

Neuweiler G. (2008), Und wir sind es doch – die Krone der Schöpfung, Berlin 2008.

Odling-Smee F.J./ Laland K.N./ Feldman M.W. (2003), Niche Construction: The Neglected Process in Evolution, Princeton NJ 2003.

Penn D.C./ Holyoak K.J./ Povinelli D.J. (2008), Darwin's mistake: explaining the discontinuity between human and nonhuman minds, Behav Brain Sci 31(2), 109–130, discussion 130–178.

Plotnik J.M./ de Waal F.B.M./ Reiss D. (2006), Self-recognition in an Asian elephant, Proceedings of the National Academy of Sciences, 103(45), 17053–17057.

Popper K. (1973), Objektive Erkenntnis. Ein evolutionärer Entwurf, Hamburg 1973.

Premack D. (2004), Is Language the Key to Human Intelligence?, Science 303(5656), 318–320.

Premack D./ Woodruff G. (1978), Does the chimpanzee have a theory of mind?, Behavioral and Brain Sciences1, 515–526.

Prior H./ Schwarz A./ Güntürkün O. (2008), Mirror-Induced Behavior in the Magpie (Pica pica): Evidence of Self-Recognition, PLoS Biology 6(8), e202.

Pruetz J.D./ Bertolani P. (2007), Savanna chimpanzees, Pan troglodytes verus, hunt with tools, Curr Biol 17(5), 412–417.

Raby C./ Alexis D./ Dickinson A./ Clayton N. (2007), Planning for the future by western scrub-jays, Nature 445(7130), 919–921.

Range F./ Viranyi Z./ Huber L. (2007), Selective imitation in domestic dogs, Current Biology 17, 1–5.

Rizzolatti G. (2005), The mirror neuron system and imitation, in Hurley S./ Chater N. (Hg), Perspectives on imitation. From neuroscience to social science, Cambridge MA 2005, 55–76.

Sanz C./ Morgan D./ Gulick S. (2004), New insights into chimpanzees, tools, and termites from the Congo Basin, American Naturalist 164, 567–581.

Sanz C.M./ Schoning C./ Morgan D.B. (2010), Chimpanzees prey on army ants with specialized tool set, Am J Primatol 72(1), 17–24.

Shettleworth S. (2010), Cognition, evolution and behaviour, Oxford 2010.

Theißen G. (2004), Evolution, in Wabbel T.D. (Hg), Im Anfang war (k)ein Gott: Naturwissenschaftliche und theologische Perspektiven, 2004.

Thornton A./ McAuliffe K. (2006), Teaching in wild meerkats, Science 313(5784), 227–229.

Tomasello M. (2002), Die kulturelle Entwicklung des menschlichen Denkens. Zur Evolution der Kognition (1. Aufl., 1. Dr. ed.), Frankfurt/Main 2002.

Wasserman E.A./ Zentall T.R. (Hg) (2006), Comparative cognition: Experimental explorations of animal intelligence, New York 2006.

Weir A.S./ Chappel J./ Kacelnik A. (2002), Shaping of hooks in New Caledonian crows, Science 297, 981.

Whiten A./ Goodall J./ McGrew W.C./ Nishida T./ Reynolds V./ Sugiyama Y. et al. (1999), Cultures in chimpanzees, Nature 399, 682–685.

Wieser W. (2007), Gehirn und Genom. Ein neues Drehbuch für die Evolution, München 2007.

Woytila K. (1996), Christliches Menschenbild und moderne Evolutionstheorien. Botschaft von Papst Johannes Paul II. an die Mitglieder der Päpstlichen Akademie der Wissenschaften anlässlich ihrer Vollversammlung am 22. Oktober 1996, L'Osservatore Romano 44, 1f.

Yi X./ Liang Y./ Huerta-Sanchez E./ Jin X./ Cuo Z.X./ Pool J.E. et al. (2010), Sequencing of 50 human exomes reveals adaptation to high altitude, Science 329(5987), 75–78.

Vom Nutzen der Religion – theologische Implikationen einer evolutionstheoretischen Erklärung kognitiver Fähigkeiten

von Josef Quitterer

1. Einleitung

Religiöse Überzeugungen und Einstellungen rücken gegenwärtig immer mehr in den Fokus kognitionswissenschaftlicher Forschungen. Am Ausgangspunkt derartiger Bemühungen steht die triviale Einsicht, dass religiöses Verhalten und religiöser Glaube bestimmte kognitive Vermögen voraussetzen. Daran gekoppelt ist die Erwartung, durch die Erklärung der für religiöse Überzeugungen und Einstellungen relevanten kognitiven Vermögen einer Erklärung des Phänomens Religion selbst näher zu kommen. In diesem Beitrag sollen vor allem jene kognitionswissenschaftlichen Forschungsansätze diskutiert werden, die das Phänomen Religion über eine evolutionstheoretische Einbettung der ihr zugrundeliegenden kognitiven Vermögen wissenschaftlich in den Griff bekommen möchten. Im Mittelpunkt dieser evolutionstheoretischen Erklärungsansätze steht der Begriff der „mentalen Repräsentation". Bei den verschiedenen kognitionswissenschaftlichen Teildisziplinen herrscht ein grundlegender Konsens darüber, „dass der menschliche Geist eine repräsentationale Einrichtung ist".[1] Somit ist es naheliegend, dass kognitionswissenschaftliche Studien zur Erklärung von Religion besonders die für religiöse Überzeugungen notwendigen repräsentationalen Fähigkeiten betreffen. Die Analyse des inneren Zusammenhangs zwischen mentalen Repräsentationen und religiösen Überzeugungen wäre demnach ein erster Schritt auf dem Weg zu einer wissenschaftlichen Erklärung des Phänomens Religion. Mit einer evolutionstheoretischen Einbettung dieser repräsentationalen Vermögen könnten – so die Erwartung – auch die damit eng zusammenhängenden religiösen Phäno-

[1] Nach Barbara von Eckardt „bekennt sich die Kognitionswissenschaft zur Existenz mentaler Repräsentationen als einem wesentlichen Teil ihres Erklärungsapparats" (Von Eckardt 1993, 161, Übersetzung J.Q.).

mene auf den Boden der wissenschaftlich erklärbaren Realität geholt werden.

Aus diesem Grund soll zunächst besprochen werden, wie sich im gegenwärtigen kognitionswissenschaftlichen Diskurs der Zusammenhang von repräsentationalen Vermögen und religiösen Überzeugungen darstellt. Anschließend wird diskutiert, inwiefern sich über die evolutionstheoretische Erklärung der relevanten repräsentationalen Vermögen religiöse Überzeugungen und Haltungen in einen evolutionstheoretischen Kontext einbetten lassen. Im Mittelpunkt steht dabei die Frage, ob eine evolutionstheoretische Erklärung repräsentationaler Vermögen für die Erklärung religiöser Überzeugungen hinreichend ist oder ob letztere eine eigene evolutionstheoretische Begründung benötigen. Bevor theologische Implikationen der unterschiedlichen evolutionstheoretischen Begründungen skizziert werden, muss jedoch geklärt werden, ob eine evolutionstheoretische Erklärung der für Religion relevanten kognitiven Vermögen nicht einen Naturalismus in Bezug auf die Inhalte religiöser Einstellungen impliziert und so theologische Deutungen von vorneherein unmöglich werden. Erst nachdem dies ausgeschlossen wurde, kann ermittelt werden, welche theologischen Implikationen sich aus den unterschiedlichen evolutionstheoretischen Begründungsansätzen ergeben.

2. Metarepräsentation und „Theory of Mind" als notwendige Bedingungen religiöser Überzeugungen

Der folgenden Besprechung des Zusammenhangs von repräsentationalen Vermögen und religiösen Überzeugungen sollen zunächst einige begriffliche Klärungen vorausgeschickt werden: Unter einem „repräsentationalen Vermögen" oder einer „repräsentationalen Fähigkeit" soll zunächst allgemein das Vermögen verstanden werden, die geistige und materielle Wirklichkeit mental abzubilden. „Mental" ist eine Repräsentation dann, wenn ein Gegenstand so repräsentiert wird, dass die Repräsentation – zumindest prinzipiell – bewusst gemacht werden kann. Bei einer mentalen Repräsentation ist zu unterscheiden zwischen a) dem repräsentierten Gegenstand, b) dem repräsentationalen Gehalt und c) der repräsentationalen Einstellung: So bildet z. B. in der mentalen Repräsentation des „Glaubens an die Existenz Gottes" a) „Gott" den repräsentierten Gegenstand, b) die Proposition „Gott existiert" den repräsentationalen Gehalt und c) der „Glaube dass" Gott existiert die repräsentationale Einstellung.[2] Mentale Repräsentationen werden zwar oft sprachlich zum Ausdruck gebracht, die sprachliche Ausdrucksfähigkeit ist aber keine notwendige Bedingung, um mentale Repräsentationen haben zu können.[3]

Es lassen sich überdies mentale Repräsentationen erster, zweiter und dritter Ordnung unterscheiden. Unter einer mentalen Repräsentation erster Ordnung ist die einfache mentale Abbildung eines geistigen oder eines materiellen Gegenstands zu verstehen – „ich sehe ein x", „ich möchte ein x", etc. Mentale Repräsentationen zweiter und dritter Ordnung heißen „Metarepräsentationen". Metarepräsentationen haben mentale Repräsentationen zum Gegenstand und können sich sowohl auf eigene (z. B. „ich weiß, dass ich einen Gegenstand x haben möchte") als auch auf fremde mentale Repräsentationen beziehen (z B. „ich weiß, dass die Person P den Gegenstand x haben möchte"). Im Alltag, aber auch in religiösen Kontexten, spielen auch mentale Repräsentationen dritter Ordnung eine wichtige Rolle – es handelt sich um mentale Repräsentationen, deren Gegenstand selbst mentale Repräsentationen mentaler Repräsentationen sind, z. B.: „Ich weiß, dass P weiß, dass ich ein x möchte."

Folgt man den oben angesprochenen kognitionswissenschaftlichen Studien, dann gründen religiöse Überzeugungen und Verhaltensweisen auf der ganzen Bandbreite repräsentationaler Vermögen unterschiedlicher Stufen.[4] Darunter fällt zunächst die *Fähigkeit, kontrafaktische Situationen zu repräsentieren*; das heißt, Lebewesen, deren repräsentationale Vermögen sich auf das faktisch Gegebene (das aktuell intern und extern Wahrnehmbare) beschränken, können sich keine (transzendente) Wirklichkeit jenseits des faktisch Wahrnehmbaren vorstellen. Religiöse Überzeugungen beruhen jedoch nicht nur auf kontrafaktischen, sondern auch auf *kontraintuitiven Repräsentationen.* Zahlreiche religiöse Überzeugungen basieren auf der Fähigkeit, sich Sachverhalte vorzustellen, die unseren Alltagsannahmen zuwiderlaufen: So widerspricht z. B. der Glaube an die Transsubstantiation unserer alltagsontologischen Annahme, dass Dinge sich nicht substantiell verändern, solange sie äußerlich gleich bleiben. Naturreligionen schreiben z. B. Steinen oder Tieren magische Kräfte zu, die All-

[2] Damit soll nicht behauptet werden, dass der Gottesglaube auf das Fürwahrhalten bestimmter Propositionen reduziert werden kann. Allerdings beinhaltet er eben auch diesen Aspekt.

[3] Nichtmenschliche Lebewesen können demnach prinzipiell über mentale Repräsentationen verfügen, auch wenn sie diese nicht sprachlich ausdrücken können.

[4] Vgl. dazu auch Oviedo (2008), 113.

tagsannahmen über mechanische oder biologische Zusammenhänge zuwiderlaufen.[5]

Religiöse Einstellungen setzen zudem die *Fähigkeit voraus, sich selbst als eine distinkte Entität zu repräsentieren*, die durch die Zeit als dieselbe weiterbesteht und deren Existenz durch den Tod bedroht ist. Viele religiöse Überzeugungen beziehen ihre Rechtfertigung aus der Bedrohung der eigenen Existenz durch den Tod, indem sie eine Überwindung dieser existenziellen Bedrohung z. B. durch ein Weiterleben im Jenseits versprechen. Ohne die Fähigkeit zur *Selbstrepräsentation*, in der die Endlichkeit der eigenen Existenz und die Möglichkeit des eigenen Todes bewusst repräsentiert werden, stellt sich die Frage nach einem wie auch immer gearteten Überleben des eigenen Todes nicht.[6] Aber nicht nur Jenseitserwartungen erfordern repräsentationale Vermögen; der Glaube an ein übernatürliches Wesen selbst gründet auf der Fähigkeit, sich selbst als endliches Wesen zu repräsentieren: Nur wenn ich mir meiner selbst als endliches Wesen bewusst bin, kann ich mir ein von mir verschiedenes göttliches Wesen mit übernatürlichen Fähigkeiten (Kräften, Wissenszuständen) vorstellen.

Derartige Vorstellungen übernatürlicher Wesen benötigen aber nicht nur die Fähigkeit, sich selbst zu repräsentieren, sie basieren vor allem auf dem *Vermögen, diesen übernatürlichen Entitäten selbst mentale Repräsentationen erster und zweiter Ordnung zuzuschreiben*. Daniel Dennett fasst diese Fähigkeit zur Repräsentation fremder mentaler Repräsentationen unter dem Begriff „intentionale Einstellung“ *(„intentional stance“)* zusammen.[7] Voraussetzung dafür ist zunächst das Vermögen, jene Objekte ausfindig zu machen, bei denen intentionale Zuschreibungen sinnvoll sind, und vor allem die Fähigkeit, jene Tätigkeiten zu individuieren, die im weiteren Sinn als Handlungen – d. h. als von intentionalen Zuständen verursachte Körperbewegungen – verstanden werden können. Nach Justin L. Barrett verfügen Menschen über einen extrem sensiblen Mechanismus zum Auffinden von Intentionalität und Handelndenkausalität *(„hyperactive agent-detection device“)*[8]. Dieser Mechanismus führt dazu, dass Intentionalität auch dort angenommen wird, wo sich faktisch (noch) keine Handelnden ausmachen lassen. So wird z. B. die Bewegung eines Astes bei Windstille unter bestimmten Umständen auch dann als von einem Handelnden ver-

---

5 Atran/Norenzayan (2004), 720.

6 Empirische Belege zum Zusammenhang zwischen existenziellen Ängsten und religiösen Einstellungen finden sich in Atran/Norenzayan (2004), 726ff.

7 Dennett (1983), 27f.

8 Barrett (2000), 31.

ursacht gedeutet, wenn faktisch noch kein dafür verantwortliches Wesen dingfest gemacht werden kann. Nach Barrett ist es gerade dieser übersensible Mechanismus zur Entdeckung von Handelndenkausalität, der bei der Entstehung von religiösen Einstellungen eine wesentliche Rolle spielt. Wir sind sozusagen von Natur aus dazu disponiert, so etwas wie übernatürliche Intentionalität anzunehmen.

Erst wenn Lebewesen in der Lage sind, anderen Individuen gegenüber eine intentionale Haltung einzunehmen, können sie derartige Einstellungen in religiösen Kontexten auch übernatürlichen Wesen zuschreiben. So beinhalten Gottesvorstellungen in der Regel[9] die Annahme eines Wesens mit bestimmten repräsentationalen Fähigkeiten: Religiöse Menschen glauben – zumindest in den meisten Fällen – an eine Entität mit bestimmten epistemischen Zuständen („allwissender Gott"), der aufgrund bestimmter Präferenzen handelt („guter Gott"), intentionale Zuschreibungen erwidert („gnädiger Gott") und selbst seinen Geschöpfen gegenüber eine intentionale Haltung einnimmt („liebender, richtender Gott").[10]

Damit basieren religiöse Überzeugungen auf jenen kognitiven Fähigkeiten, die derzeit im Mittelpunkt des Forschungsinteresses der Kognitionswissenschaften liegen und die einer evolutionären Erklärung leichter zugänglich scheinen. Es handelt sich um jene metarepräsentationalen Fähigkeiten, die unter dem Begriff „*Theory of Mind*" (ToM) zusammengefasst werden. Unter einer ToM versteht man die Fähigkeit, mittels intentionaler Zuschreibungen die Verhaltensweisen anderer Lebewesen erfolgreich zu erklären und vorauszusagen.[11] So zeigen Untersuchungen aus dem Bereich der Entwicklungspsychologie, dass bereits zweijährige Kinder – aufgrund ihrer Kenntnis des Zusammenhangs der Wahrnehmung eines Objekts und dem Wunsch, es zu besitzen oder zu ergreifen – in der Lage sind, das Verhalten ihrer Mitmenschen erfolgreich zu prognostizieren.[12] Von vielen Entwicklungspsychologen wird die ToM als eine typisch menschliche Fähigkeit angesehen, die in den ersten fünf Lebensjahren nach und nach zur vollen Entfaltung gebracht wird.

---

[9] Eine Ausnahme bilden hier vielleicht bestimmte Formen des Buddhismus.

[10] Meist gehen die soeben geschilderten Formen von Religiosität auch mit der *Fähigkeit zur symbolischen Repräsentation* (Bild, Sprache) einher. Ob dies aber eine notwendige Bedingung für Religion darstellt, ist umstritten. Es sind Formen von Religiosität denkbar, die ohne symbolische Repräsentationsmechanismen ausgeübt werden können.

[11] Dieses Vermögen wird auch als „Mindreading"-Fähigkeit bezeichnet.

[12] Gopnik/Wellman (1995).

Es handelt sich bei der ToM also nicht um eine besondere Gewandtheit in der Prognose fremden Verhaltens, sondern um die Fähigkeit, anderen Lebewesen gehaltvolle mentale Zustände zuzuschreiben und diese kausal auf Handlungen zu beziehen.[13] Die ToM setzt somit die Fähigkeit voraus, Handlungen durch die Zuschreibung mentaler Zustände (Absichten, Wünsche, Überzeugungen) zu crklären und zu prognostizieren.[14] Kennzeichnend für die ToM ist die erfolgreiche Zuschreibung höherstufiger mentaler Repräsentationen (Repräsentationen zweiter und dritter Ordnung). Am deutlichsten tritt diese Fähigkeit zur Metarepräsentation dort zu Tage, wo Überzeugungen und Wissenszustände repräsentiert werden, die von den eigenen abweichen. Man spricht in diesem Zusammenhang auch von der Überwindung des sogenannten „frühkindlichen epistemischen Egozentrismus". Dieser Prozess ist dann abgeschlossen, wenn das Kind in der Lage ist, Handlungen von Mitmenschen korrekt vorauszusagen, die auf – von den eigenen abweichenden – falschen Überzeugungen beruhen. Dass eine Überzeugung B falsch ist, kann nur thematisiert werden, wenn man auf einer ersten Ebene B als Repräsentation erkennt und auf einer zweiten Ebene B nochmals als von der eigenen richtigen Überzeugung abweichend als „falsch" repräsentiert (metarepräsentiert).[15]

Derartige metarepräsentationale Fähigkeiten sind auch dann erforderlich, wenn wir einem allmächtigen und allwissenden Wesen epistemische Zustände zuschreiben, welche von den eigenen insofern abweichen, als sie diese weit übersteigen.[16] Metarepräsen-

---

[13] Penn/Holyoak/Povinelli, (2008), 119: „Nonhuman animals certainly manifest many sophisticated social-cognitive abilities. But having a theory of mind (ToM) [...] means something more specific than being a socially savvy animal: it means being able to impute unobservable, contentful mental states to other agents and then to reason in a theory-like fashion about the causal relation between these unobservable mental states and the agents' subsequent behavior [...]."

[14] In der Fachdiskussion wird das System mentaler Begriffe, welches wir im Alltag verwenden, um das Verhalten unserer Mitmenschen zu erklären und zu prognostizieren auch ‚Alltagspsychologie' (*folk psychology)* genannt.

[15] Die beiden Salzburger Psychologen Josef Perner und Heinz Wimmer entwickelten zur Feststellung dieser metarepräsentationalen Fähigkeit den sogenannten *false belief*-Test; vgl. Wimmer/Perner (1983).

[16] Allerdings scheint ein volles Verständnis von divergierenden fremden Überzeugungen für derartige religiöse Zuschreibungen nicht erforderlich zu sein. Es genügt offensichtlich schon die Fähigkeit, fremde repräsentationale Zustände als Extrapolation der eigenen Wissenszustände zu imaginieren. Für diese Annahme sprechen Studien, wonach Kinder bereits zu einem Zeitpunkt einem göttlichen Wesen die eigenen Wissenszustände übertreffende wahre Überzeugungen zuschreiben konnten, zu dem sie *false belief*-Aufgaben noch nicht bewältigen konnten (Atran/Norenzayan 2004, 724f.).

tationale Fähigkeiten sind aber nicht nur für den Gottesglauben zentral, sie stellen auch die Voraussetzung für die Teilnahme an bestimmten religiösen Praktiken dar. So setzen zum Beispiel Bekenntnisakte („ich bekenne, dass"; „ich glaube an") die Fähigkeit voraus, sowohl seine eigenen Überzeugungen als auch die Erwartungen und Überzeugungen der Mitglieder der jeweiligen religiösen Gruppe zu repräsentieren.[17]

Der innere Zusammenhang zwischen Religion und repräsentationalen Vermögen steht aber nicht nur im Mittelpunkt neuerer kognitionswissenschaftlicher Forschungen, er kommt auch im Bereich der systematischen Theologie zur Sprache. So beschreibt Karl Rahner den Menschen als das Wesen, das die Möglichkeit hat, sich zu sich selbst zu verhalten.[18] An anderer Stelle spricht er von der „Selbstgegebenheit des Kosmos im Geist des einzelnen Menschen"[19]. Nach Rahner ist Selbstbewusstsein eine Grundbefindlichkeit des menschlichen Subjekts.[20] Dabei ist freilich einschränkend anzumerken, dass für Rahner die Selbstrepräsentation – von ihm „Selbstobjektivation" genannt – ontologisch sekundär ist. Der menschlichen Fähigkeit zur Selbstrepräsentation liegt nach Rahner der sogenannte „ursprüngliche Selbstbesitz" oder die „ursprüngliche Selbstgegebenheit" zugrunde[21]. Festzuhalten bleibt jedoch, dass die Fähigkeit zur Selbstrepräsentation intrinsisch mit diesem ursprünglichen Selbstbesitz zusammenhängt und dafür ein unbezweifelbares Indiz darstellt. Dieses Selbstverhältnis des Menschen zu sich wird von Rahner schließlich als Bedingung der Möglichkeit für die Offenheit gegenüber einer transzendenten göttlichen Wirklichkeit gedeutet.

Auch der Theologe Wolfhart Pannenberg stellt das Selbstbewusstsein in den Mittelpunkt seiner „Anthropologie". Dabei geht er insofern über Rahners Konzept der Selbstrepräsentation hinaus, als er Selbstbewusstsein wesentlich an die Fähigkeit koppelt, den Mitmenschen mentale Repräsentationen zuzuschreiben. Nach Pannenberg beruht „das Selbst, dessen wir uns im Selbstbewusstsein bewusst sind", nämlich auf dem „Bilde, das die anderen von uns haben".[22] Das Wissen, dass andere ein Bild von uns haben,

---

[17] Atran/Norenzayan (2004), 725.

[18] Rahner (1976), 41.

[19] Ebd., 191.

[20] Müller (1994), 71.

[21] Rahner (1976), 30: „Die reflektierte Selbstgegebenheit weist immer zurück auf diese ursprüngliche Selbstgegebenheit des Subjekts […] und holt diese ursprüngliche Selbstgegebenheit niemals adäquat ein."

[22] Pannenberg (1983), 181.

setzt die Fähigkeit voraus, anderen Individuen mentale Repräsentationen zuzuschreiben. Pannenbergs Begriff des Selbstbewusstseins ist also wesentlich an die Fähigkeit gekoppelt, fremde Intentionalität zu entdecken. Bei Pannenberg wird ebenso wie bei Rahner die Fähigkeit zur Selbstrepräsentation gekoppelt an den Gottesglauben. Der Glaube an Gott stellt jedoch bei Pannenberg gewissermaßen eine Extrapolation des Grundvertrauens zu unserer engsten Bezugsperson (Mutter) dar, welche primärer Gegenstand unserer intentionalen Zuschreibungen im Prozess der Herausbildung unseres Selbst ist.[23] Bei Pannenberg setzt also sowohl das Selbst- als auch das Gotteskonzept die Fähigkeit zur Repräsentation fremder Intentionalität voraus – die Fähigkeit, zu erkennen, dass andere mich auf eine ganz bestimmte Weise repräsentieren.

Im Rekurs auf Rahner und Pannenberg wird deutlich, dass in verschiedenen Ansätzen im Bereich der systematischen Theologie durchaus ein innerer Zusammenhang zwischen Gottesglauben und menschlichen repräsentationalen Vermögen hergestellt wird. Zusammenfassend lässt sich also festhalten, dass bestimme metarepräsentationale Vermögen sowohl von den Kognitionswissenschaften als auch von maßgeblichen Vertretern der systematischen Theologie als notwendige Bedingungen religiöser Überzeugungen und Praktiken angesehen werden. Es stellt sich nun die Frage, inwiefern über eine evolutionstheoretische Erklärung der entsprechenden metarepräsentationalen Vermögen auch das Phänomen Religion evolutionstheoretisch mit erklärt werden kann, oder ob es dafür eine eigene (evolutionstheoretische) Begründung braucht. In direktem Zusammenhang damit steht die Frage, ob eine evolutionstheoretische Erklärung der für Religion relevanten kognitiven Vermögen eine naturalistische Deutung derselben impliziert und mit der Wahrheit religiöser Überzeugungen unvereinbar ist.

3. Evolutionstheoretische Erklärungen von Metarepräsentation und „Theory of Mind“

Kognitionswissenschaftlern zufolge bildet die Entstehung von Lebewesen mit der Fähigkeit zur Selbst- und Fremdrepräsentation den bisherigen Höhepunkt in der Evolutionsgeschichte kognitiver Systeme. In verschiedenen Argumentationslinien werden die Vor-

[23] Ebd., 227: „Die Schrankenlosigkeit des Grundvertrauens, die über die Mutter als primäre Gestalt seines Gegenstandes hinaus auf Gott verweist, entspricht sein Bezug auf die Ganzheit des Selbst.“

teile kognitiver Systeme mit Selbstbewusstsein herausgestellt. So begründen z. B. Daniel Dennett und Thomas Metzinger die Entwicklung der Fähigkeit zur Selbstrepräsentation evolutionsgeschichtlich mit dem damit verbundenen Überlebensvorteil: Systeme, die sich selbst repräsentieren können, sind jenen Organismen überlegen, die in ihrem Kontakt zur Umwelt auf ein starres Reiz-Reaktionsschema angewiesen sind. Mit ihnen sei der vorläufige Höhepunkt im Prozess des „kognitiven Wettrüstens“[24] erreicht, in welchem jene Individuen einen Überlebensvorteil haben, die aufgrund ihrer hoch entwickelten kognitiven Vermögen flexibler auf Umweltreize reagieren können. Lassen sich die metarepräsentationalen Fähigkeiten der ToM nun als Produkt evolutiver Selektions- und Anpassungsprozesse erklären? Bevor diese Frage bejaht wird, müssen jedenfalls mögliche alternative Erklärungen ausgeschlossen werden. Es kommen hier vor allem zwei Alternativen in Frage: a) Die Möglichkeit, dass die ToM lediglich ein kulturspezifisches Produkt menschlicher Sozialisation ist; b) die ToM könnte auch ein Nebenprodukt von Fähigkeiten sein, die biologisch adaptiv sind, sie selbst aber keinen Selektionsvorteil bieten.

Zu a): Die Frage, ob die ToM zur menschlichen Natur gehört und damit überhaupt zum Gegenstandsbereich der Evolutionsbiologie, scheint inzwischen eindeutig geklärt. Am aussagekräftigsten sind hier sicher die experimentellen Studien von Avis und Harris (1991), die mit einer Variante des *false belief*-Tests bei Baka-Kindern (Pygmäen-Stamm in Kamerun) im Wesentlichen zu den gleichen Ergebnissen kamen wie 10 Jahre zuvor Perner und Wimmer bei gleichaltrigen Salzburger Kindergartenkindern.[25] Bei der ToM handelt es sich demnach um eine kulturunabhängige kognitive Fähigkeit, deren grundlegende Mechanismen angeboren sein dürften, die aber im Laufe der Kindheitsentwicklung erst entfaltet werden muss.

Zu b): Die Frage, ob die ToM einen über andere kognitive Fähigkeiten hinausgehenden Selektionsvorteil bietet, ist dagegen nicht so leicht zu beantworten. So gibt es zahlreiche Studien über die eindrucksvollen Fähigkeiten intelligenter nicht-menschlicher Lebewesen (Schimpansen, Raben), die Verhaltensweisen ihrer Artgenossen scheinbar antizipieren (z. B. in Täuschungen). Schimpansen weisen z. B. eine ganze Reihe von Fähigkeiten auf, die von den meisten Entwicklungspsychologen als Vorstufe einer ToM an-

---

[24] Diese Metapher von Andy Clark entnehme ich Metzinger (1993), 170.
[25] Avis/Harris (1991).

gesehen werden.[26] Besitzen sie deshalb schon eine ToM, oder handelt es sich bei den für die ToM charakteristischen metarepräsentationalen Fähigkeiten um spezifisch menschliche Vermögen mit einer eigenen verhaltensrelevanten Funktion? Verschiedene Studien scheinen letzteres zu bestätigen. So weisen Tomasello et al. darauf hin, dass die spezifisch menschliche Fähigkeit, fremde Intentionen zu erkennen, zu einer Form des kooperativen und koordinierten Verhaltens führt, welches ohne diese Fähigkeit nicht möglich wäre.[27] Tomasello et al. sprechen in diesem Zusammenhang von „dialogischen kognitiven Repräsentationen". Nach Tomasello besteht diese „spezifisch menschliche Form der sozialen Kognition" im Wissen darüber, dass „andere in ihren Wahrnehmungen und Handlungen Entscheidungen treffen und dass diese Entscheidungen von einer mentalen Repräsentation eines erwünschten Ergebnisses, d. h. eines Ziels, geleitet werden."[28] Forschungen an Primaten mit vergleichbar hoch entwickelten kognitiven Fähigkeiten scheinen die Sonderstellung der bei Menschen auftretenden metarepräsentationalen Fähigkeiten zu bestätigen. Experimente des Primatenforschers Dan Povinelli deuten darauf hin, dass z. B. Schimpansen Verhaltensweisen ihrer Artgenossen zwar in einer beeindruckenden Art und Weise voraussehen; diese erfolgreichen Verhaltensprognosen scheinen aber nicht durch ein Wissen über mentale Zustände als Ursache dieser Verhaltensweisen zustande zu kommen.[29]

Es stellt sich die Frage, welchen selektiven Vorteil die ToM zusätzlich zu den sowieso schon sehr wirkungsvollen Mechanismen der Prognose fremden Verhaltens bietet. Eine evolutionstheoretische Erklärung der ToM erfordert eine eigene adaptive Funktion, die verhaltensrelevant ist und die Überlebenschancen – auch und insbesondere im Vergleich mit sozial-prognostischen Fähigkeiten, die noch nicht als auf einer ToM basierend betrachtet werden können – erhöht. Nach Povinellis eigener „Reinterpretations-Hypothese" besteht die spezifische adaptive Funktion der ToM darin, dass durch die metarepräsentationalen Mechanismen jene sozialen

[0] Nach Povinelli 1996 lassen sich z. B. sowohl „gemeinsame visuelle Aufmerksamkeit" *(joint visual attention)* als die Fähigkeit, sich selbst im Spiegel zu erkennen (ein Indiz für Selbstbewusstsein) bei Schimpansen experimentell nachweisen.

[27] Tomasello et al. (2005), 687.

[28] Ebd.

[29] Carruthers (2008), 39: „... Povinelli (2000) and Povinelli and Vonk (2003) have argued forcefully that chimpanzees are merely extremely clever behaviorists – they are adept at computing and tracking, and drawing inferences from, the statistical relationships between observed behaviors, but they lack any conception of the mental states that lie behind those behaviors."

Verhaltensweisen nochmals reguliert (interpretiert, verstärkt und unterbunden) werden können, die durch die Wahrnehmungserlebnisse (intentionale Zustände erster Stufe) ausgelöst werden. Auf diese Weise wird eine höhere Flexibilität in der sozialen Interaktion erreicht.[30] Auch nach Tomasello gehen die Unterschiede in den kognitiven Fähigkeiten von Menschen und anderen Primaten einher mit unterschiedlichen Selektionsvorteilen in der sozialen Umwelt. Die metarepräsentationalen Fähigkeiten stellen demnach die Grundvoraussetzung für ein wirksames kooperatives Verhalten dar, was wiederum zu Selektionsvorteilen für die mit dieser Fähigkeit ausgestatteten Individuen und Gruppen führt. So sind die kognitiven Fähigkeiten höherer nicht-menschlicher Primaten zwar hinreichend für das Bewältigen kompetitiver Situationen – in Wettbewerbssituationen kommt es darauf an vorauszusagen, was der Andere tun wird, um ihm gegebenenfalls zuvorzukommen; demgegenüber ermöglichen die speziellen metarepräsentationalen Fähigkeiten von Menschen eine Form der Kooperation, welche durch erfolgreiche Vorhersagen von Verhaltensweisen allein nicht erreicht wird. Zusammenarbeit und Kooperation in größeren Gruppen setzt ein Wissen über Ziele und Erwartungen der anderen Gruppenmitglieder voraus. Die Fähigkeit, fremde Wissenszustände und Überzeugungen zu repräsentieren, ist nach Tomasello die Voraussetzung für das Erarbeiten und Verfolgen gemeinsamer Zielsetzungen.[31] Die evolutionstheoretisch relevante biologische Anpassungsleistung in der menschlichen Phylogenese besteht also darin, dass Menschen „eine neue Art der Identifikation mit Artgenossen und ein Verständnis dieser Artgenossen als intentionale Wesen entwickelt haben."[32] Auf diese Weise konnte ein höheres Maß an Verständigung und Kooperation zwischen den Individuen einer Spezies erreicht werden. Dies wiederum hat einen positiven Einfluss auf die Gruppengröße und stellt insofern einen selektiven Vorteil dar, als größere Einheiten kleineren Gruppen überlegen sind.[33]

---

[30] Penn/Holyoak/Povinelli (2008), 127: „Human animals alone, however, possess the additional capability of reinterpreting these perceptually grounded representations in terms of higher-order, role-governed, inferentially systematic, explicitly structural relations – or, to be more precise, of approximating these higher-order features of a PSS, subject to the evolved, content-specific biases and processing capacity limitations of the human brain."; vgl. dazu auch Povinelli/Giambrone (2001), 693.

[31] Tomasello et al. (2005), 687: „... collaborative interactions require interactants to have goals about others' intentional states so that the requisite shared goals and plans may be formulated."

[32] Tomasello (2006), 257.

[33] Tomasello et al. (2005), 687.

4. Evolutionstheoretische Erklärungen von religiösen Überzeugungen

Lässt sich bei der ToM noch relativ plausibel zeigen, worin ihre spezifische adaptive Funktion liegen könnte, gestaltet sich dies bei religiösen Einstellungen und Überzeugungen ungleich schwieriger. In Bezug auf die selektive Funktion religiöser Vermögen lassen sich im Wesentlichen zwei divergierende Grundthesen unterscheiden: Zahlreiche Fachleute vertreten die These, dass die Entwicklung religiöser Vorstellungen auf der kulturellen Ebene unter Zuhilfenahme der hochentwickelten kognitiven Architektur des menschlichen Geistes erfolgte; Religion hätte demnach keine eigene adaptive Funktion, wäre aber ein Nebenprodukt (*by-product*) kognitiver Vermögen, denen ihrerseits eine adaptive Funktion zukommt.[34] Unter die *By-product*-These lassen sich verschiedene Deutungen subsumieren: Da sind zum einen jene Positionen, wonach es sich bei religiösen Einstellungen entweder um Phänomene handelt, die für die Selektion keine Bedeutung haben,[35] oder um Phänomene, die sogar einen Überlebensnachteil darstellen (Dawkins).[36] Auf der anderen Seite finden sich aber unter den Vertretern der *By-product*-These auch jene, die in ihrer positiven Bewertung von Religion für das Überleben von Gruppen beinahe dem Lager jener zurechnen sind, die für religiöse Vermögen eine eigene adaptive Funktion annehmen. So lassen sich nach Pyysiäinen und Hauser religiöse Vermögen zwar innerhalb der ToM-Fähigkeiten zureichend erklären, sie tragen aber in ihrer Eigenart zusätzlich zur Verbesserung und Stabilisierung der sozialen Interaktion bei.[37] Die evolutionäre Erklärung religiöser Vermögen beschränkt sich bei allen Varianten der *By-produkt*-These jedoch auf die Feststellung, dass sie Nebenprodukte anderer adaptiver

---

[34] Bering bringt diese These folgendermaßen auf den Punkt: „According to this perspective, only the cognitive architecture itself can be the product of natural selection; religious ideas are seen as simply being parasitic on this evolved architecture – as nothing more than noise that shares a general frequency between cultures […].“ (Bering 2006 456).

[35] Oviedo (2008), 104.

[36] Dawkins präsentiert uns Religion allerdings weniger als Nebenprodukt einer ToM, sondern als schädliches Nebenprodukt der adaptiven „Fähigkeit“ von Kindern, Erwachsenen so gut wie alles zu glauben (Dawkins 2007, 242f.). Mit dieser Hypothese befindet sich Dawkins allerdings weit außerhalb des wissenschaftlichen Diskurses. Nach Ovideo wäre Religion ein für das Überleben kontraproduktives Nebenprodukt, wenn z. B. zu große Opfer verlangt werden (Oviedo 2008, 107 f.).

[37] Pyysiäinen/Hauser (2010), 104f.: „[…] that religion evolved from pre-existing cognitive functions, but that it may then have been subject to selection, creating an adaptively designed system for solving the problem of cooperation.“

kognitiver Vermögen sind und sich dieser Vermögen „parasitär" bedienen.[38]

Dem gegenüber vertreten vor allem Bering und Bubulia die These, dass religiösen Einstellungen eine – über die ToM hinausgehende – eigene adaptive Funktion zukommt. Nach Bering lassen sich religiöse Grundmuster durch evolutionäre Anpassung an bestimmte selektive Zwänge innerhalb der sozialen Umwelt erklären:

> „The central thesis [...] is that an organized cognitive ‚system' dedicated to forming illusory representations of (1) psychological immortality, (2) the intelligent design of the self, and (3) the symbolic meaning of natural events evolved in response to the unique selective pressures of the human social environment."[39]

Bering schreibt z. B. dem Glauben an ein Weiterleben nach dem Tod und den damit verbundenen Belohnungs- und Bestrafungsszenarien eine feste kausale Rolle bei der Vermeidung sozial schädlichen Verhaltens zu.[40] Diese These, wonach Gottes- und Unsterblichkeitsglaube nicht nur als kulturelle Nebenprodukte auf der Grundlage der bestehenden kognitiven Mechanismen entstanden sind, sondern einen festen Bestandteil unserer biokognitiven Struktur bilden, ist freilich wissenschaftlich anspruchsvoller und leichter angreifbar. Zur Stützung dieser evolutionstheoretisch stärkeren These benötigt man empirisch plausible Hypothesen, welche die spezifische adaptive Funktion religiöser Vermögen unterstützen. Vaas und Blume diskutieren verschiedene Befunde, die für eine eigene adaptive Funktion religiöser Vermögen zu sprechen scheinen; sie verweisen u. a. auf empirische Studien, wonach bei bestimmten religiösen Gruppen höhere Reproduktionsraten feststellbar sind.[41] Natürlich liefern derartige Befunde keinen Beweis dafür, dass es einen kausalen Zusammenhang zwischen biologisch verankerten religiösen Vermögen und selektiv relevanten Verhaltensweisen gibt. Wie Vaas und Blume einräumen, könnten auch kulturell bedingte religiöse Einstellungen die Ursache für derartige Abweichungen im Reproduktionsverhalten sein. Fest-

---

38 Bering (2006), 456.

39 Ebd., 454.

40 Ebd., 457: „[...] at some point in the recent evolutionary past, hominid sociality underwent a relatively abrupt shift that was characterized by strong selective forces operating on reputation-related behaviors [...]. Reflections on the ultimate consequences of (im)moral actions (e.g., whether the soul is expelled to Hell or dissipated in nirvana) should be capable of exerting a causal influence on today's overt behavior, which would have the effect of preserving reputation by encouraging the inhibition of selfish acts or facilitating self-control."

41 Vaas/Blume (2009), 115ff.

zuhalten bleibt auch hier der hypothetische Charakter evolutionstheoretischer Theorien zur selektiven Funktion religiöser Einstellungen.

5. Atheistisch-naturalistische Deutungen evolutionstheoretischer Erklärungen von Religion

Trotz der geschilderten Unterschiede in der Bewertung der selektiven Funktion religiöser Vermögen stimmen die genannten evolutionstheoretischen Erklärungsansätze in zwei wesentlichen Punkten überein. Die Vertreter der *By-product*-These teilen mit den Vertretern der stärkeren These über die adaptive Sonderstellung religiöser Vermögen die Auffassung, dass spezifische metarepräsentationale Fähigkeiten eine notwendige Bedingung von Religion darstellen. Darüber hinaus bekennen sich die meisten Vertreter der unterschiedlichen evolutionstheoretischen Ansätze zum Atheismus. Das heißt, sie gehen davon aus, dass den in religiösen Überzeugungen geglaubten Inhalten in Wirklichkeit nichts entspricht. Es handelt sich dabei um *„Misbeliefs“*[42], *„Illusionen“* oder *„kognitive Irrtümer“*[43]. Dabei wird diese naturalistisch-atheistische Grundthese nicht eigens begründet, sondern als selbstverständlich vorausgesetzt. Wahrscheinlich wird intuitiv angenommen, dass eine erfolgreiche evolutionäre Erklärung mit der Wahrheit religiöser Annahmen unvereinbar ist. Ausgehend von dieser atheistischen Grundannahme stellt sich dann nicht nur die Frage, wie im Laufe der Evolution religiöse *misbeliefs* oder kognitive Irrtümer entstehen konnten;[44] es ist auch zu klären, welche Konsequenzen sich daraus für den praktischen Umgang mit dem Phänomen Religion ergeben.

Es lässt sich zeigen, dass dabei unterschiedliche evolutionstheoretische Erklärungsansätze mit unterschiedlichen Handlungsweisungen für den Umgang mit faktisch bestehenden religiösen Überzeugungen einher gehen. So vertreten z. B. Anhänger extremer Naturalisierungsprogramme, die für eine Elimination religiöser Begriffs- und Überzeugungssysteme plädieren, in der Regel die schwächste Variante der *By-product*-These: Wenn Religion lediglich ein wirkungsloses oder schädliches Nebenprodukt höherer ko-

---

[42] McKay/Dennett (2009).

[43] Bering 2006.

[44] Bezeichnend dafür ist z. B. der von McKay und Dennett 2009 verfasste Artikel „The evolution of misbelief“; vgl. dazu auch Bering (2006), 461: „... there are good conceptual grounds to argue that natural selection may have set to work on specific human cognitive errors.“

gnitiver Vermögen darstellt, ist eine Beseitigung dieses Phänomens aus dem kulturellen und sozialen Gefüge leicht möglich oder sogar geboten.[45] Diesbezüglich etwas zurückhaltender äußern sich die Vertreter der stärkeren Varianten der *By-product*-These: Obwohl Menschen sich in ihren religiösen Einstellungen eigentlich auf keine Realität beziehen und Religion somit prinzipiell naturalisierbar ist, geht hier der Naturalismus nicht mit einer Forderung nach der Elimination der „Misbeliefs“ einher. Religiöse Vermögen werden zwar als illusionäre Nebenprodukte der ToM angesehen, gleichzeitig wird ihnen aber durchaus eine positive Funktion bei der Stabilisierung der sozialen Interaktion zugemessen. Sie können also im gesellschaftlichen Alltag zumindest solange beibehalten werden, bis ein wissenschaftlich adäquaterer Ersatz gefunden wird.

Als aussichtloses Unterfangen erweist sich die Elimination religiöser Überzeugungen für jene Kognitionswissenschaftler, welche die evolutionstheoretisch stärkste These vertreten und dem religiösen Glauben eine eigene adaptive Funktion zuschreiben. Die Verankerung religiöser Einstellungen in den adaptiven Strukturen menschlicher Kognition macht die Umsetzung eines atheistischen Naturalisierungsprogramms praktisch unmöglich. Wie es der Naturalist Jesse M. Bering sehr treffend formuliert, kann man sich unter diesen Umständen ebenso wenig dazu entscheiden, ein Atheist zu sein, wie man die Retina dazu bringen kann, Lichtenergie nicht in neuronale Signale umzuwandeln:

> „The human mind cannot seem to easily accommodate itself to a godless, evolutionary canon when it comes to the self's existence. [...] if this is the expression of an evolved system, as the current model alleges, then any explicit philosophical position that discards meaning is naturally disadvantaged, because the self can no sooner ‚choose‘ to be a subjective atheist than retinas can ‚choose‘ not to convert light energy into signals that are carried to the brain by the optic nerve [...].“[46]

Somit steht man vor der paradoxen Situation, dass sich gerade die stärkste evolutionstheoretische These für das Naturalisierungsprogramm selbst als kontraproduktiv erweist; aus der Eigenart der adaptiven kognitiven Strukturen folgt eigentlich die faktische Nicht-Eliminierbarkeit religiöser Einstellungen. Natürlich lassen sich aus dieser Schwierigkeit keine Rückschlüsse für die Adäquat-

[45] Zu den Vertretern der Auffassung, wonach Religion ein schädliches Nebenprodukt ist, gehören z. B. Richard Dawkins und Paul Churchland.
[46] Bering (2006), 458f.

heit naturalistischer Thesen ableiten. Aus der Möglichkeit, dass religiöse Neigungen zur biologischen Grundausstattung des Menschen gehören, ergeben sich aber zumindest Probleme für die faktische Umsetzbarkeit des Naturalisierungsprogramms. Angesichts der prekären Lage, in welche sich der Naturalist mit der These von Nicht-Eliminierbarkeit von Religion manövriert hat, genügt es nicht mehr, auf die intuitive Plausibilität des naturalistischen Weltbildes zu verweisen.

In einer kritischen Auseinandersetzung mit diesen naturalistischen Deutungen evolutionstheoretischer Erklärungen von Religion müssen zwei Varianten des Naturalismus unterschieden werden: Die Naturalisierung religiöser Vermögen ist a) entweder Teil eines umfassenden Naturalisierungsansatzes, zu welchem das gesamte System mentaler Begriffe und Phänomene gehört; oder b) es zielt lediglich auf religiöse Vermögen ab, während die restlichen Bereiche unseres mentalen Begriffssystems als zuverlässig und adäquat angesehen werden.

Zu a): Tatsächlich begegnen naturalistische Deutungen biokognitiver Studien zur Religiosität vor allem bei Autoren (wie z. B. Dennett), die bereits bzgl. herkömmlicher (nicht-religiöser) intentionaler Zustände und Zuschreibungen einen naturalistischen (reduktionistischen oder eliminativistischen) Zugang vertreten. So sind bei Dennett mentale Repräsentationen als solche fiktive Entitäten, die Annahme eines personalen Selbst wird von ihm als nützliche Fiktion bzw. Illusion angesehen.[47] Ein darüber hinausgehendes Postulat supranaturaler göttlicher „Selbste“ oder Persönlichkeitszentren wäre demzufolge eine Illusion zweiter Stufe: Eine Fiktion aus unserer Alltagspsychologie wird fiktiven Entitäten zugeschrieben. Wenn aber bereits das gesamte Gebäude der Alltagspsychologie (oder ToM) unter dem Illusions-Verdacht steht, gibt es keinen kategorialen Unterschied mehr zwischen fiktiven religiösen Annahmen und fiktiven alltagspsychologischen Annahmen. Die naturalistische Deutung von Religion verliert ihre Zielgenauigkeit, wenn sie ausgehend von einer generellen naturalistischen Einstellung in Bezug auf sämtliche Elemente unseres mentalen Systems der Alltagspsychologie vorgebracht wird. Gegen diesen universell ausgerichteten Naturalismus lassen sich dann all jene antinaturalistischen Argumente ins Feld führen, die erfolgreich bereits gegen die Reduktion oder Elimination des Mentalen vorgebracht wurden. Der Religion kommt hier kein besonderer Stellenwert zu.

---

[47] Dennett (1991).

Zu b): In der eingeschränkteren Variante, in welcher die naturalistische Deutung lediglich auf religiöse Vermögen angewandt wird, muss dagegen erklärt werden, warum die Evolution neben zuverlässig arbeitenden mentalen Vermögen auch systematisch fehlerhafte kognitive Prozesse generiert. Naturalistisch gesinnte Philosophen und Kognitionswissenschaftler beschäftigt dann vor allem die Frage, wie durch evolutionäre Prozesse epistemische Illusionen oder Fiktionen erzeugt werden können.[48] Diese Fragestellung geht allerdings von einer Prämisse aus, die nicht expliziert wird. Es handelt sich um die als selbstverständlich vorausgesetzte Annahme einer Unvereinbarkeit zwischen der Adäquatheit religiöser Einstellungen (z. B. dem Glauben an die Existenz Gottes oder an ein Weiterleben nach dem Tod) und einer evolutionstheoretischen Erklärung derselben. Evolutionstheorie und Gottesglaube schließen einander aus, somit folgt aus einer adäquaten evolutionstheoretischen Erklärung religiöser Einstellungen deren Inadäquatheit.

Bei dieser Annahme handelt es sich allerdings um eine Grenzüberschreitung von Seiten naturalistisch gesinnter Kognitionswissenschaftler. Die von ihnen selbst eingeforderte weltanschauliche Neutralität wird nicht eingehalten. Die Annahme der Inkompatibilität von Religion und Evolutionstheorie ist selbst nicht Ergebnis einer wissenschaftlichen Begründung.[49]

6. Theistische Deutungen evolutionstheoretischer Erklärungen kognitiver Vermögen

Bei der Rechtfertigung ihrer höchst problematischen Unvereinbarkeitsthese können sich Naturalisten aber auch auf das Selbstverständnis vieler religiös gesinnter Menschen berufen. Die These von der Unvereinbarkeit von Religion und Evolution stellt nämlich nicht nur eine Grundvoraussetzung für naturalistische Argumentationsmuster dar, sie begegnet auch in der Volksfrömmigkeit und sogar in der zeitgenössischen systematischen Theologie: In der Volksfrömmigkeit wird die Evolutionstheorie von vielen immer noch als Fremdkörper empfunden. Wenn religiöse Einstellungen selbst Gegenstand evolutionstheoretischer Erklärungen sind und Hypothesen über den Selektionsvorteil von Religion formuliert

---

[48] Vgl. dazu McKay/Dennett (2009).

[49] Diese Kritik bringt Sandelands (2006) in seinem „Commentary" gegen Bering (2006) vor.

werden, empfinden dies einige religiös gesinnte Menschen immer noch als Provokation und Demütigung.[50]

Doch nicht nur in naiven oder fundamentalistischen religiösen Kreisen, auch in theologischen Argumentationsmustern kommt die Unvereinbarkeitsthese zum Ausdruck. Bestimmte Theologen sehen einen Widerspruch zwischen dem funktional-adaptiven Charakter des evolutionären Geschehens und dem Inhalt der christlichen Religion. So erkennt z. B. der protestantische Theologe Gerd Theißen einen Gegensatz zwischen dem „egoistischen" Prinzip der Selektion und den wesentlichen Inhalten der christlich-jüdischen Offenbarungsreligion. Theißen schreibt dem biblischen Monotheismus „antiselektionistische" Züge bzw. einen „Protest gegen das Selektionsprinzip" zu.[51] Während bereits in der durch die Propheten geforderten Umkehr „die Gesetze der Selektion außer Kraft gesetzt" werden,[52] nimmt in der Verkündigung Jesu (z. B. in der Bergpredigt) der „Widerspruch gegen das Selektionsprinzip schroffe Formen an".[53] Dabei ist es nach Theißen gerade der repräsentationale Charakter bestimmter religiöser Einstellungen und Rituale, welcher konstitutiv für den Gegensatz von Religion und Evolution ist. So ermöglicht erst die Verbegrifflichung religiöser Gefühle in Schrift und Symbolik die Loslösung von der „archaischen Umweltgebundenheit".[54] Offensichtlich setzt Theißen selektive und adaptive Funktionen mit Umweltgebundenheit gleich, denn mit der Möglichkeit, sich durch die spezifisch menschlichen repräsentationalen Vermögen von den unmittelbaren Umweltreizen zu distanzieren, beginnt für ihn der „Protest gegen das Selektionsprinzip". Dass der Möglichkeit, sich durch bestimmte metarepräsentationale Vermögen von unmittelbaren inneren und äußeren Gegebenheiten zu distanzieren, selbst eine selektive Funktion zukommen kann, wird von Theißen dagegen nicht in Erwägung gezogen.

Es gibt also eine theologische Argumentationslinie, wonach natürliche Selektion negativ bewertet wird. Die Wurzeln dieser Annahme liegen wohl in einer traditionellen Deutung der Evolutionstheorie, welche Selektion und Anpassung vor allem als das Sich-Durchsetzen der Stärkeren gegenüber den Schwächeren ausbuchstabiert. Vor diesem Hintergrund scheinen die Prinzipien der Evolution im Widerspruch zu stehen mit wesentlichen Prinzipien des christlichen Offenbarungsglaubens, wie z. B. dem Gebot der

[50] Vaas/Blume (2009), 223.
[51] Theißen (1984), 93 ff., 110.
[52] Ebd., 96.
[53] Ebd., 144.
[54] Ebd., 104ff.

Nächsten- und Feindesliebe. Nach Denis Edwards gibt es in der Theologie eine Tendenz, Selbstsüchtigkeit, Egoismus und Sünde mit unserer biologischen Seite zu identifizieren, selbstloses und moralisch integeres Verhalten jedoch als Produkt kultureller Entwicklung oder göttlichen Handelns (Offenbarung) anzusehen.[55] Eine ähnliche „Aufgabenteilung" kommt auch bei dem 2004 verstorbenen Innsbrucker Dogmatiker Raymund Schwager dort zum Ausdruck, wo er die Erbsündenthematik mit der Evolution des Menschen verknüpft. Demnach führte sündhaftes Verhalten der Urmenschen (gewaltsames Durchsetzen der eigenen Interessen auf Kosten anderer) zu einem selektiven Vorteil: „Der Mensch selbst sorgt durch sündhaftes Verhalten für die Evolution der besseren Gehirne."[56] Demgegenüber stellt nach Schwager die Offenbarung gewissermaßen einen „fremden und bedrohlichen" Einbruch in das Leben des Menschen dar.[57]

Indem bestimmte zeitgenössische Theologen einen derartigen Gegensatz zwischen Evolution und Offenbarung aufbauen, arbeiten sie ohne es zu wollen jenen naturalistischen Denkern zu, für die eine gelungene evolutionstheoretische Erklärung religiöser Überzeugungen gleichbedeutend mit deren Falschheit ist: Wenn evolutionäre Mechanismen als inkompatibel mit den Grundprinzipien der – in diesem Fall christlichen – Religion angesehen werden, gefährdet eine evolutionstheoretische Erklärung religiöser Überzeugungen die Gültigkeit theologischer Annahmen: Geht man nämlich davon aus, dass a) die evolutionäre Entwicklung auf dem „egoistischen" Prinzip des Überlebens des Stärkeren beruht, b) die Adäquatheit religiöser Einstellungen in ihrer Übereinstimmung mit göttlicher Offenbarung gründet, c) diese Offenbarung aber im Widerspruch zu den egoistischen Prinzipien der Evolution steht, würde sich d) aus einer adäquaten evolutionstheoretischen Erklärung religiöser Einstellungen deren Inadäquatheit ergeben.

Angesichts dieser Schwierigkeiten stellt sich die Frage, ob es wirklich theologisch angemessen ist, einen derartigen Gegensatz zwischen Religion und Evolution aufzubauen. Gibt es gute Gründe, diese Unvereinbarkeitsthese zu vertreten? Wie wir gesehen haben, gibt es vor allem zwei Argumentationslinien für die Unvereinbarkeitsthese: In der ersten werden evolutionäre Mechanismen mit einer Eingebundenheit in unmittelbare Reiz-Reaktionsmuster

[55] Edwards (1998), 381, 385.
[56] Schwager (2004), 64.
[57] Vgl. dazu Wandinger (2003), 409.

gleichgesetzt (Theißen); mit der Möglichkeit, sich durch die spezifischen menschlichen repräsentationalen Vermögen von den unmittelbaren Umweltreizen zu distanzieren, beginnt nach dieser Argumentation das qualitativ Neue, Göttliche, sozusagen der „Protest gegen das Evolutionsprinzip". In eine ähnliche Richtung gehen jene Argumente, die sich auf die Sonderstellung von Geist und Bewusstsein innerhalb der evolutionsbiologisch erklärbaren Wirklichkeit berufen. So wies Johannes Paul II. in einer Ansprache an die Päpstliche Akademie der Wissenschaften zwar darauf hin, dass neue Erkenntnisse dazu Anlass geben, „in der Evolutionstheorie mehr als eine Hypothese zu sehen".[58] In derselben Erklärung betont der Papst aber auch die „ontologische Diskontinuität" zwischen der Evolution des Lebendigen und der Entstehung des Menschen.[59] Offensichtlich wollte Johannes Paul II. jene kognitiven Vermögen, die als spezifisch menschlich angesehen werden (die „Fähigkeit zur Reflexion, die Erfahrung des sittlichen Gewissens und der Freiheit oder auch die ästhetische und religiöse Erfahrung"), von einer evolutionstheoretischen Erklärung ausnehmen.[60] In der zweiten Variante, die oft zusammen mit der ersten vertreten wird, werden evolutionäre Mechanismen überhaupt mit moralisch negativen Prädikaten versehen („egoistisch", „rücksichtslos" etc.). Was ist von derartigen Argumenten zu halten?

Gegen die erste Variante lassen sich die oben geschilderten Befunde aus der Kognitionswissenschaft anführen. Diese Erkenntnisse zeigen, dass den metarepräsentationalen Vermögen, sich von unmittelbaren inneren und äußeren Gegebenheiten zu distanzieren, selbst eine selektive Funktion zukommt. Wie deutlich wurde, gibt es zahlreiche adaptive Vorteile geistiger Vermögen (Erhöhung der Verhaltensflexibilität, Stärkung des Zusammenhalts von Gruppen etc.). Gegen die zweite Argumentationslinie lässt sich einwenden, dass darin eine einseitige und anthropomorphe Deutung der Evolutionstheorie zugrunde gelegt wird. Die These, dass evolutionäre Mechanismen egoistischen Prinzipien gehorchen, wird kon-

[58] Johannes Paul II. (1996).

[59] Ebd.: „Folglich sind diejenigen Evolutionstheorien nicht mit der Wahrheit über den Menschen vereinbar, die […] den Geist für eine Ausformung der Kräfte der belebten Materie oder für ein bloßes Epiphänomen dieser Materie halten. Diese Theorien sind im Übrigen nicht imstande, die personale Würde des Menschen zu begründen. […] Mit dem Menschen befinden wir uns also vor einer Differenzierung ontologischer Art, vor einem ontologischen Sprung, könnte man sagen."

[60] Ebd.: „Die empirischen Wissenschaften beschreiben und messen mit immer größerer Genauigkeit die vielfältigen Ausdrucksformen des Lebens und schreiben sie auf der Zeitachse fest. Der Moment des Übergangs ins Geistige ist nicht Gegenstand einer solchen Beobachtung, […] ."

terkariert durch zahlreiche Befunde, die auf einen selektiven Vorteil kooperativen und symbiotischen Verhaltens schließen lassen. Darüber hinausgehend wird man bei all diesen moralisierenden Zuschreibungen den Eindruck nicht los, dass hier ein Kategorienfehler begangen wird: Evolutionsbiologische Prozesse werden mit Prädikaten versehen („egoistisch", „sündhaft" etc.), die nur bei der Charakterisierung menschlicher Verhaltensweisen sinnvoll verwendet werden können. Natürlich ist eine analoge oder metaphorische Verwendung derartiger Prädikate zulässig; es wäre aber verhängnisvoll, derartige Metaphern als Grundlage systematischer theologischer Überlegungen zum Verhältnis von Religion und Evolution heranzuziehen.

Angesichts dieser Probleme, mit denen die These der Unvereinbarkeit von Evolutionstheorie und Religion behaftet ist, stellt sich die Frage, ob theologisch nicht vielmehr von einer Kompatibilität von Evolutionstheorie und Religion ausgegangen werden sollte. Wenn eine evolutionäre Welt von Gott geschaffen wurde, warum sollten religiös relevante kognitive Vermögen nicht mit einem adaptiven Vorteil einhergehen?[61] Der Theologe Edwards spricht sich gegen eine Bewertung biologisch-evolutiver Prozesse als egoistisch und sündhaft aus. Er führt dazu Erkenntnisse aus der Evolutionsbiologie ins Feld, in welchen uns die biologische Wirklichkeit als „kooperatives, koadaptives und symbiotisches" Geschehen präsentiert wird.[62] Edwards sieht überhaupt keinen Gegensatz zwischen der Evolution und christlichen Liebesgeboten, für ihn ist der Altruismus vielmehr ein kosmologisches und ontologisches Prinzip.[63] Es stellt sich zwar die Frage, ob hier die negative Bewertung der Evolution nicht durch eine – ähnlich illegitime – positive Bewertung ersetzt wird. Allerdings hat diese grundsätzlich positive Einstellung gegenüber evolutionären Mechanismen eher schöpfungstheologische als moralische Gründe: Die These der Vereinbarkeit von Religion und Evolution entspricht demnach der theologischen Prämisse, wonach die von Gott geschaffene Natur grundsätzlich gut ist. Auch spezifisch offenbarungstheologische Inhalte stehen hier nicht im Gegensatz zu, sondern im Einklang mit diesen natürlichen Gegebenheiten.

---

[61] Edwards (1998), 387: „[...] the God of mutual relations is he God who creates through the process of natural selection."

[62] Ebd., 389.

[63] Ebd.: „It seems clear that an ontology of being-in-relation can be seen as having some congruence with the insights of evolutionary biology. Biology suggests a world of cooperative, coadaptive, symbiotic, and ecological relations."

Zusammenfassend lässt sich festhalten, dass die Unvereinbarkeit von Evolution und Religion sowohl in naturalistischen als auch in bestimmten theologischen Argumentationsmustern vorausgesetzt wird. Für diese Inkompatibilitätsthese gibt es aber weder empirische noch gute theologische Gründe. Es spricht aber einiges dafür, dass durch die Annahme einer Kompatibilität von Evolution und Religion bestimmte evolutionstheoretisch motivierte Argumente gegen die Adäquatheit religiöser Überzeugungen ihre Plausibilität einbüßen. Wenn man von einer grundlegenden Kompatibilität von Evolutionstheorie und Religion ausgeht, lässt sich die naturalistische These, wonach eine gelungene evolutionstheoretische Erklärung religiöser kognitiver Vermögen die Falschheit der religiösen Überzeugungen selbst impliziert, nicht mehr aufrechterhalten. Darüber hinaus erübrigt sich durch eine ausgewogenere Bestimmung des Verhältnisses von Evolution und Religion die theologische Notwendigkeit, menschliche kognitive Vermögen auch angesichts erdrückender empirischer Befunde von einer evolutionstheoretischen Erklärung auszunehmen.

Literatur

Atran S./ Norenzayan A. (2004), Religion's evolutionary landscape: Counterintuition, commitment, compassion, communion, in Behavioral and Brain Sciences (2004) 27, 713–770.

Avis J./ Harris P.L. (1991), Belief-desire reasoning among baka children: evidence for a universal conception of mind, in Child Development (1991) 62, 460–467.

Barrett J.L. (2000), Exploring the natural foundations of religion, in Trends in Cognitive Scienes (2000), 4/1, 29–34.

Bering J.M. (2006), The folk psychology of souls, in Behavioral and Brain Sciences (2006) 29, 453–498.

Carruthers P. (2008), Cartesian Epistemology – Is the theory of the self-transparent mind innate?, in Journal of Consciousness Studies (2008) 15, 28–53.

Dawkins R. (2007), Der Gotteswahn, Berlin 2007.

Dennett D. (1983), Bedingungen der Personalität, in Siep L. (Hg), Identität der Person. Aufsätze aus der amerikanischen Gegenwartsphilosophie, Basel/Stuttgart, 21–45.

Dennett D. (1991), Consciousness Explained, Boston 1991.

Edwards D. (1998), Original sin and saving grace in evolutionary context, in Russell R.J. /Stoeger W.R./ Ayala F.J. (Hg), Evolutionary and Molecular Biology. Scientific Perspectives on Divine Action, Berkeley 1998, 377–392.

Gopnik A./ Wellman H.M. (1995), Why the Child's Theory of Mind Is a Theory, in Davies M./ Stone T. (Hg), Folk Psychology, Oxford 1995, 232–258.

Johannes Paul II. (1996), Christliches Menschenbild und moderne Evolutionstheorien. Botschaft von Papst Johannes Paul II. an die Mitglieder der Päpstlichen Akademie der Wissenschaften anlässlich ihrer Vollversammlung am 22. Oktober 1996, in L'Osservatore Romano, Wochenausgabe in deutscher Sprache, 44.

McKay R.T./ Dennett D. (2009), The evolution of misbelief, in Behavioral and Brain Sciences (2009) 32, 493–561.

Metzinger T. (1993), Subjekt und Selbstmodell. Die Perspektivität phänomenalen Bewußtseins vor dem Hintergrund einer naturalistischen Theorie mentaler Repräsentation, Paderborn 1993.

Müller K. (1994), Wenn ich „ich" sage. Studien zur fundamentaltheologischen Relevanz selbstbewußter Subjektivität, Frankfurt/Main 1994.

Oviedo L. (2008), Is a complete biocognitive account of religion feasible?, in Zygon (2008) 43, 103–126.

Pannenberg W. (1983), Anthropologie in theologischer Perspektive, Göttingen 1983.

Penn D.C./ Holyoak K.J./ Povinelli D.J. (2008), Darwin's mistake: Explaining the discontinuity between human and nonhuman minds, in Behavioral and Brain Sciences (2008) 31, 109–178.

Povinelli D. (1996), Chimpanzee theory of mind? The long road to strong inference, in Carruthers P. /Smith P.K. (Hg), Theories of Theories of Mind, Cambridge 1996, 293–329.

Povinelli D.J. / Giambrone S. (2001), Reasoning about beliefs: A human specialization? Commentary on „Meta-analysis of theory-of-mind development: The truth about false belief", in: Child Development, 72(3), 691–695

Pyysiäinen I. /Hauser M. (2010), The origins of religion: evolved adaptation or by-product?, in Trends in Cognitive Sciences (2010) 14, 104–109.

Rahner K. (1976), Grundkurs des Glaubens. Einführung in den Begriff des Christentums, Freiburg 1976.

Sandelands L.E. (2006), Evolution's lost souls, in: Behavioral and Brain Sciences (2006) 29, 484–485.

Schwager R. (2004), Erbsünde und Heilsdrama – im Kontext von Evolution, Gentechnologie und Apokalyptik, Münster 2004².

Theißen G. (1984), Biblischer Glaube in evolutionärer Sicht, München 1984.

Tomasello M./ Carpenter M./ Call J./ Behne T./ Moll H. (2005), Understanding and sharing intentions: The origins of cultural cognition, in Behavioral and Brain Sciences (2005) 28, 675–691.

Tomasello M. (2006), Die kulturelle Entwicklung des menschlichen Denkens, Frankfurt/Main 2006.

Vaas R./ Blume M. (2009), Gott, Gene und Gehirn. Warum Glaube nützt – Die Evolution der Religiosität, Stuttgart 2009.
Von Eckardt B. (1993), What is Cognitive Science?, Cambridge Mass. 1993.
Wandinger N. (2003), Die Sündenlehre als Schlüssel zum Menschen. Impulse K. Rahners und R. Schwagers zu einer Heuristik theologischer Anthropologie, Thaur 2003.
Wimmer H./ Perner J. (1983), Beliefs about beliefs: Representation and constraining function of wrong beliefs in young children's understanding of deception, in Cognition (1983) 13, 103–128.

Die Emergenz des Mythos

Evolutionsforschung zur Religion und ihre erkenntnistheoretischen Folgen

von Michael Blume

Zusammenfassung

Die Evolutionsforschung zu Religiosität und Religionen hat in den vergangenen Jahren enorme empirische Fortschritte gemacht. So darf inzwischen als gesichert gelten, dass der gemeinsame Glaube an beobachtende, überempirische Akteure – wie Ahnen, Geister, Götter, Gott – innerhalb der Netzwerke und Gemeinschaften von Glaubenden durchschnittlich höhere Vertrauens-, Kooperations- und Reproduktionsniveaus hervorzurufen vermag. Die archäologischen, vergleichenden, vor allem aber zeitgenössisch-empirischen Befunde wirken sich aber auch zunehmend in Evolutionstheorie, Erkenntnistheorie und Philosophie aus. So werden Hypothesen des so genannten „Gen-Egoismus" und der „Memetik" weiter geschwächt, reduktionistische Naturalismen weiter ausgehöhlt und neue Fragen zur Möglichkeit und Struktur von Erkenntnis aufgeworfen. Der religiöse Mythos erweist sein Potential gerade in seiner rational-empirischen Uneinholbarkeit. Evolutions- und Emergenzprozesse können durchaus als Transzendenz- und Offenbarungsereignisse gelesen werden.

1. Einleitung

Als studierter Theologe hatte Charles Darwin bereits erkannt: Wenn die Evolutionstheorie wissenschaftlich haltbar sein wollte, musste sie auch in der Lage sein, die Entstehung von Religiosität und Religionen zu erklären. Und so formulierte er in einem eigenen Unterkapitel und mehreren weiteren Sätzen seines „Abstammung des Menschen" von 1871 bereits eine Reihe von evolutionären Hypothesen zur Entstehung und zum Erfolg von Religion, jene definiert als „Glauben an unsichtbare oder geistige Kräfte".[1]

[1] Darwin (1871/1875), Kap. III.

Inmitten religionskritischer und religiöser Debatten dauerte es jedoch länger als ein Jahrhundert, bis schließlich empirische und interdisziplinäre Forschungen in diesem Gebiet begannen. Sie entwickelten eine schnelle und sich weiter entfaltende Dynamik, bestätigen und vertiefen einige Hypothesen Darwins, verwerfen aber auch andere und zeigen einige blinde Flecken (etwa zur Rolle der Frau) im großen Werk des Wissenschaftlers auf.[2]

Man könnte annehmen, dass das wachsende Interesse an der Evolutionsforschung zu Religiosität und Religionen vor allem an der Faszination des Gegenstandes „Religion" und dem Scheitern der gängigen Säkularisierungsannahmen liege.[3] Doch es gibt einen weiteren, wissenschaftsgeschichtlich sehr interessanten Grund: Die empirischen Befunde aus der Evolutionsforschung zu Religiosität und Religionen beantworten Fragen, die im Zentrum gegenwärtiger Debatten der Evolutionstheorie und Erkenntnistheorie insgesamt stehen. Längst nicht mehr auf Konferenzen und in Sachbüchern, sondern auch in Zeitungen und Fernsehsendungen hat ein Diskussionsprozess eingesetzt, der gegen zunehmend (v)erbitterte Beharrungskräfte grundlegende Wahrnehmungen des Evolutionsgeschehens zu verändern beginnt.[4] Für den Zusammenhang von Evolutions- und Offenbarungsverständnissen besonders interessant erscheinen dabei drei derzeit ablaufende Verschiebungen, die im Folgenden vertieft dargestellt werden sollen:

Folgen der empirischen Befunde aus der Evolutionsforschung zu Religiosität und Religionen

Evolutionsbiologie
Gen-„Egoismus" → Multiebenen-Selektion

Erkenntnistheorie / Ontologie
Reduktionismus → Emergentismus

Philosophie / Theologie
(Starker) Naturalismus → Möglichkeiten von Transzendenz

---

2 Lüke/Schnakenberg/Souvignier (2004), Delgado/Krüger/Vergauwen (2010).
3 Norris/Inglehart (2004).
4 Vgl. z. B. Leake (2011); Can Genes explain religion? Christchurch 2011, Nachrichtenclip und -text auf http://www.3news.co.nz/Can-genes-explain-religion/tabid/372/articleID/195491/Default.aspx (Abruf am 26.02.2011).

2. *Kooperatives Potential durch überempirische Akteure*

Bereits Charles Darwin entzifferte die neuropsychologischen Grundbestandteile, aus denen sich der Glaube an überempirische Akteure wie Ahnen, Geister, Götter und Gott entwickelt habe:

1. die auch schon bei Tieren gut beobachtbare Tendenz, hinter Bewegungen und Ereignissen „vorsichtshalber" intentionale Akteure zu vermuten (heute sog. *Hyper-Agency-Detection*),
2. die Tendenz, solchen überempirischen Akteuren „dieselben Leidenschaften, dieselbe Lust zur Rache oder die einfachste Form der Gerechtigkeit und dieselben Zuneigungen zuschreiben, welche sie selbst in sich erfahren" (heute sog. *Theory of Mind*),
3. die Tendenz, das eigene Verhalten zu verändern, wenn die Anwesenheit eines Beobachters angenommen wird (heute sog. *Reputation Management*).[5]

Der auf diesen Modulen aufbauende Glauben an überempirische Akteure kann dann genutzt werden, um Kooperationschancen zu erhöhen: Wer glaubt, von überempirischen Akteuren beobachtet und beispielsweise für das Brechen einer Verhaltensvorschrift (etwa eines Diebstahls oder einer Lüge) bestraft zu werden, wird entsprechendes Verhalten als kostspielig bewerten und eher meiden. Umgekehrt kann die Aussicht auf jenseitige Belohnung auch prosoziales Verhalten wie beispielsweise Spenden günstiger erscheinen lassen. Wo es also Glaubenden gelingt, einander als Mit-Glaubende zu identifizieren und über die erzählten Erwartungen und Verhaltensweisen der überempirischen Akteure einen gewissen Konsens zu erreichen, kann ein höheres Vertrauens- und Kooperationsniveau entstehen. Diese Effekte lassen sich sowohl in kulturwissenschaftlichen Studien beobachten wie auch sogar experimentell herbeiführen. Sie begründen, empirisch beobachtbar, ein durchschnittlich höheres Vertrauens-, Kooperations- und (biologisch entscheidend) Reproduktionsniveau unter Mitgliedern von Religionsgemeinschaften im Vergleich zu Konfessionslosen. Religiöse Menschen erweisen sich dabei keineswegs als moralisch edlere Individuen, sondern sie erschaffen über ihre gemeinsamen Glaubensüberzeugungen in beobachtende, überempirische Dritte Generationen übergreifende Lehren und Sozialstrukturen, die kooperatives Verhalten innerhalb der Netzwerke und Gemeinschaften begünstigen.[6]

Für die Evolutionstheorie allgemein und die Evolutionsbiologie im Besonderen sind dies keineswegs triviale Befunde. Wer bei-

[5] Voland/Schiefenhövel (2009), Bering (2011).

[6] Vaas/Blume (2009).

spielsweise die Motivation hinter der scharfen Religionskritik von Richard Dawkins nachvollziehen möchte, sollte sich nicht mit biografischen oder psychologischen Spekulationen begnügen. Vielmehr formulierte Dawkins bereits in seinem Grundlagenwerk „Das egoistische Gen" (1976) seine bis heute populäre Grundannahme: Demnach erfolge Evolution durch einen sehr scharfen Wettbewerb der Gene. Kooperation unter Individuen könne also ausschließlich (!) Ergebnis von Verwandtenselektion oder Geschäften auf Gegenseitigkeit (sog. reziproker Altruismus) sein. Religionsgemeinschaften, die beanspruchten, mindestens untereinander darüber hinaus reichende Vertrauensbande – etwa als „geistige" Brüder und Schwestern vor dem Herrn – zu knüpfen, stellten daher von Anfang an eine direkte Bedrohung von Dawkins theoretischem Modell dar. Daher versuchte (und versucht) er einerseits zu belegen, dass es dieses höhere Kooperationsniveau unter Religiösen nicht gebe oder dieses allenfalls im nicht-biologischen Rahmen der „Memetik" zu verorten sei.[7]

Charles Darwin selbst hatte von Genen noch keine Kenntnis und zudem angenommen, dass sich erfolgreiche Kooperationen auch über Kernfamilien hinaus im Bezug auf Gruppen (wie z. B. Stämme, Gemeinschaften) entwickeln konnten. Spätere Forscher wie Konrad Lorenz weiteten diese Annahmen sogar auf ganze Tiergattungen (Reproduktion als „Arterhaltung") aus – und leiteten mit der theoretisch und empirisch schlecht belegten Überdehnung der so genannten „Gruppenselektion" deren zeitweisen Zusammenbruch als evolutionsbiologische Perspektive ein. Erst in den letzten Jahren ist die Annahme, dass sich Selektions- und Kooperationsebenen auch über die Verwandtenselektion und den reziproken Altruismus hinaus entwickeln können, als zunehmend gut belegte „Multiebenenselektion" wieder salonfähig geworden. Und als Ausgangsthema für diese Rehabilitierung wählte deren derzeit bedeutendster Protagonist David Sloan Wilson die Evolution von Religionsgemeinschaften, die ihm als ideales Beispiel erfolgreich kooperierender Gruppen erschienen.[8]

Während das Journal of Memetics nach acht Jahren erfolgloser Suche ohne eine einzige, empirisch belastbare Studie eingestellt wurde, floriert die Befundlage zur Evolutionsforschung zu Multiebenenselektion im Allgemeinen und zu Religiosität und dem biokulturellen Potential religiöser Vergemeinschaftungen im Besonderen. Der dawkinsche Ansatz des Gen-Egoismus ist nach wie

[7] Dawkins (1976/1978).
[8] Wilson (2002).

vor populär – nicht zuletzt aufgrund seiner vorgeblich naturwissenschaftlichen Legitimation von Religionskritik –, aber fachlich deutlich auf dem Rückzug.[9] Zuletzt einige Beachtung fand beispielsweise die prominente „Memetikerin" Susan Blackmore mit dem honorigen Widerruf ihrer bisherigen Mem-Religion-Hypothesen aufgrund der empirischen Datenlage.[10]

Ein faszinierender Aspekt der Debatte, der in den kommenden Jahren an Bedeutung gewinnen dürfte, ist die Frage der Kooperation zwischen den Geschlechtern. Der lange dominierende, genegoistische Ansatz war im Wesentlichen von einem „Kampf der (zwei) Geschlechter" ausgegangen und hatte Befunde jenseits dieser Bipolarität (z. B. Homosexualitäten unter sich sexuell fortpflanzenden Säugetieren einschließlich des Menschen) als schwer erklärliche Besonderheiten abzutun versucht. Neuere Ansätze erkunden jedoch auch im Verhältnis der Geschlechter weitergehende Kooperationsmodelle, die auch die beobachtbare Vielfalt biologischer und kultureller Geschlechter- und auch Enthaltsamkeitsrollen erfassen.[11] Und auch in diesem Bereich stärken immer mehr sowohl archäologische wie vergleichende und zeitgenössische Befunde zur bislang weitgehend unterschätzten Rolle von Frauen in der Evolution von Religiosität und religiöser Vergemeinschaftungen eher die kooperativen Erklärungsmodelle.[12]

3. Biologische Veranlagungen, kulturelle Konkretisierungen

Im weiteren wissenschaftsgeschichtlichen Kontext bilden die Pendelschläge und Diskussionen rund um den (schwächelnden) „Gen-Egoismus" nur einen Aspekt im größeren Kontext reduktionistischer Programmatik. Demnach sollte alles empirische Geschehen aus der Reduktion wissenschaftlicher Erkenntnisse auf elementare Grundbausteine und -regeln erklärt werden – bis hin zu Hoffnungen auf das Auffinden einer alle Wissenschaftsbereiche einschließenden „Weltformel". Seit einigen Jahrzehnten hat der schmerzhafte Abschied von diesem Programm begonnen, da sich die Befunde zur Unreduzierbarkeit von beobachtbaren Ereignissen auch in den vermeintlich „harten" Naturwissenschaften zunehmend häuften.[13]

---

9 Wilson/Wilson (2008), 380–389; Schaller/Norenzayan (2010).
10 Blackmore (2010).
11 Roughgarden (2004).
12 Blume (2010), 15–26.
13 Laughlin (2007).

Der erfolgreichere Gegenbegriff zum Reduktionismus ist die „Emergenz", die das Auftreten neuer Systemeigenschaften beschreibt. So weist schon flüssiges Wasser (H_2O) andere Eigenschaften auf als je die isolierten Wasserstoff- oder Sauerstoffmoleküle vor ihrer Verbindung. Ebenso sind Lebewesen auch physikalische Objekte, aber nicht nur diese – ihre Systeme umfassen unter anderem die Eigenschaft „Leben", die anderen physikalischen Objekten (z. B. Steinen) nicht zukommt und im Evolutionsprozess mindestens einmal emergiert sein muss. Und einige dieser Lebewesen haben mit kulturellen Fertigkeiten wiederum neue Systeme („Kulturen") hervorgebracht, die wiederum – etwa über den Reproduktionserfolg – auf die biologischen Grundlagen rückwirken. Befunde zu Gen-Kultur-Wechselwirkungen füllen inzwischen ganze Bibliotheken und reichen von der Evolution an Kleidung angepasster (Kleider-)Läuse über die Ausbreitung lebenslanger Laktosetoleranz in Kulturen mit Milchviehhaltung bis zur umfassenden Bedeutung des Kochens für Körperbau, Sozialverhalten und Gehirnwachstum des Menschen.[14]

Im Miteinander der wissenschaftlichen Disziplinen bedeutet der Emergentismus eine Neukonzeption. Denn während in reduktionistischer Perspektive vermeintlich „harte" Wissenschaften wie Physik, Chemie oder eine „gen-egoistische" Auslegung der Evolutionstheorie noch über den „weicheren" Fakultäten etwa der Kulturwissenschaften standen, untersuchen jene in emergentistischer Perspektive zwar spätere, aber keinesfalls reduzierbare Phänomene. Physik, Chemie, Biologie, Sozial- und Kulturwissenschaften bilden demnach große Stufen eines unendlich komplexen Evolutions- und Emergenzprozesses ab, der nur interdisziplinär zu erkunden und immer wieder geisteswissenschaftlich zu reflektieren ist.[15]

Und wiederum findet sich die Evolutionsforschung zu Religiosität und Religionen im Zentrum der Debatten. Dies einerseits, weil religiöse Vergemeinschaftungen (wie unter 1. beschrieben) emergente Systeme par excellence sind: Kulturell aufbauend auf individuell wirksamen, neuropsychologischen Modulen verbinden sich Einzelne zu emergenten Systemen (z. B. Netzwerken, Kirchengemeinden) mit neuartigen Eigenschaften. Der unterschiedliche Reproduktionserfolg etwa der weitgehend kinderlosen Shaker gegenüber der kinderreichen Old Order Amish, Hutterer oder Haredim macht dabei bereits deutlich, dass die konkrete, auch biologische Wirkung nicht von der Betrachtung der je konkreten,

---

14 Stone/Lurquin (2007), Wrangham (2009).

15 Bunge/Mahner (2004).

kulturellen Ausprägung abgelöst werden kann. Umgekehrt kennt die Demografie des Menschen bislang keine einzige nichtreligiöse Population, Gemeinschaft oder Bewegung, der es gelungen wäre, auch nur über ein Jahrhundert hinweg wenigstens die Bestandserhaltungsgrenze von zwei Kindern pro Frau zu halten. So wird inzwischen bereits diskutiert, ob Religiosität gar zu einem notwendigen Bestandteil erfolgreicher Reproduktion in menschlichen Sozialsystemen evolviert ist.[16]

Auch Darwin hatte bereits zwischen den biologischen Veranlagungen von Religiosität und den kulturellen Ausprägungen in Religionen unterschieden – und einen evolutionären „Fortschritt" hin zur Entwicklung eines ethischen und rational reflektierten Monotheismus angenommen.[17] Und tatsächlich lassen sich entsprechende religiös-kulturelle Evolutionsprozesse als Reaktion auf steigende Bevölkerungsdichte und Vernetzung spieltheoretisch und empirisch darstellen.[18]

4. Offenbart sich Gott (auch) durch Materie?

Die voran gegangenen, empirischen Befunde haben bereits dazu geführt, dass klassische Annahmen des „starken Naturalismus" verschiedentlich reformuliert worden sind. So wird Natur (vom lateinischen natura = Geburt) zunehmend nicht mehr im Gegensatz zu Kultur definiert, sondern letztere als Erweiterung der ersteren. Ebenso werden naturalistisch-evolutionäre Erklärungen von Religiosität und Religionen zunehmend akzeptiert. Und doch gibt es nach wie vor Versuche, die religiösen Wahrheitsansprüche „naturalistisch" zu widerlegen und eine ausschließlich „materialistische" Weltanschauung als einzige wissenschaftlich haltbare Version zu vertreten.[19]

Bei näherer Betrachtung erweist sich eine solche materialistische Reduktion jedoch als erkenntnistheoretisch schwache „Nichts-anderes-Alserei".[20]

Denn insofern die Befunde zu Evolution und Emergenzen anerkannt werden, ergibt sich die Beobachtung, dass die Materie bereits in sich verborgen jene Eigenschaften enthält, die dann im evolutionsgeschichtlichen Geschehen über die Verbindungen zu

---

[16] Mazal (2010).
[17] Delgado/Krüger/Vergauwen (2010), 197.
[18] Voland/Schiefenhövel (2009), 70 ff.
[19] Bunge/Mahner (2004).
[20] Lüke/Meisinger/Souvignier (2007).

Systemen zutage treten: Von Wasser über Leben bis zu Kultur und Religion. Dass hierbei immer wieder vermeintliche Grenzen überschritten und vermeintlich feste Gesetze in neue Dimensionen hinein erweitert wurden, lässt sich kaum mehr leugnen und durchaus als Transzendenzgeschehen (von lateinisch transcendere = überschreiten) beschreiben. Und schon weil wir überhaupt nicht vorhersagen können, welche weiteren Systeme sich bilden und welche Eigenschaften diese hervorbringen werden, ist erkenntnistheoretische Demut angemessen. Ob schließlich doch nur ein Nichts oder eine Gottesschau der sich selbst in immer weiteren Verbindungen verwirklichenden Materie im Sinne etwa Teilhard de Chardins steht, kann je nur geglaubt, nicht aber abschließend empirisch geklärt werden. So stellte Lüke zu Recht fest: „Religiosität entzieht sich dem vollständigen naturalistischen Umklammerungs(be)griff. Sie ist eher zu verstehen als eine nicht auf pure Biologie reduzierbare Verhaltensanpassung an die umfassende Realität, die wir allenfalls ahnen und mit der Chiffre Gott nur vage benennen oder anrufen.“[21]

Interessanterweise schließt sich dabei inzwischen auch der etymologische Kreis im Bezug auf Natur (vom lateinischen natura = Geburt), Physik (vom griechischen physis = Erzeugung, Geburt) und Materie (vom lateinischen mater = Mutter, wörtlich der Mutterstoff). So leitete auch der römische Dichter und Philosoph Titus Lucretius Carus seine Urschrift des Materialismus „De rerum natura“ bei aller Religionskritik selbstverständlich mit einem Lobpreis der Urmutter Venus ein. Dass der Urstoff selbst aus sich heraus weiblich-lebendgebärend und also aus und über sich hinauswachsend sei, gehört zur Erkenntnis schon der frühesten Naturphilosophen – und harrt der Wiederentdeckung. In den Eigenschaften der Materie selbst war und ist die sprachliche, musikalische und eben auch religiöse Erfahrung als Potential enthalten – was die Existenz einer umfassenden Gottheit nicht beweist, aber eben auch ganz sicher nicht widerlegt. Entsprechend formuliert der des Theismus unverdächtige Biophilosoph Eckart Voland: „Der wissenschaftlich informierte Naturalist hingegen muss mit der ungeliebten Einsicht leben, dass auch der ansonsten kritisch-rationalste Kopf ein irrationales Glaubenssystem beheimaten kann. Gott mag tot sein oder auch nicht – die Vorstellung von Gott ist es jedenfalls nicht. Sie kann auch gar nicht sterben, weil sie als Teil der menschlichen Natur ein ewiges Leben lebt. Oder zumindest ein vorläufig ewiges Leben, denn man weiß ja

[21] Ebd., 142.

nicht, welche evolutionären Umkonstruktionen dem Menschen noch bevorstehen."[22] Der Evolutionsprozess lässt sich widerspruchsfrei sowohl als zufällig-zielloses Geschehen wie auch als (andauerndes und/oder vorbereitendes) Offenbarungsereignis lesen und erzählen.

5. Der Mythos als „symbolische Wahrheit"?

Die bisherigen Kapitel haben jeweils einen – vielleicht gar: den – zentralen Aspekt religiöser und wissenschaftlicher Prozesse vorausgesetzt: die Sprache, genauer: die Erzählung. Wie Charles Darwin zu Recht beobachtete, kann schon ein Hund die Anwesenheit eines überempirischen Anderen beispielsweise in den Bewegungen eines Schirmes vermuten. Und möglicherweise findet auch schon ein erstes Räsonnieren über die möglichen Motive dieses Anderen statt, dem der Hund beispielsweise über Knurren und Bellen seinerseits ritualisiert verdichtete Mitteilungen zu machen versucht. Ja, diese Geräusche mögen sogar andere Hunde alarmieren und die Aufmerksamkeit auf jenen überempirischen Dritten lenken.

Und doch: Von Religion(en) im Sinne religiöser Traditionen wird erst dann zu sprechen sein, wenn die entsprechenden Annahmen, Erfahrungen und Entdeckungen als Narrative weiter gegeben werden. Erst die mythologische Erzählung bindet die religiöse Erfahrung, das Ritual und die ethischen Normen an überempirische Akteure (Theologien) oder Prinzipien (Philosophien) zurück. Und der evolutionäre Ökonom, Sozialphilosoph und Nobelpreisträger Friedrich August von Hayek erblickte nach jahrelanger Arbeit an der Thematik just an dieser Stelle sowohl die Funktionalität der überempirischen „Wächter der Traditionen" wie auch das Überschreiten des rationalen Erkenntnisrahmens: „Das bedeutet, ob wir es mögen oder nicht, dass wir die Beständigkeit bestimmter Verhaltensweisen und der Zivilisation, die aus ihnen resultiert, teilweise der Unterstützung von Glaubensüberzeugungen verdanken, die nicht wahr – oder verifizierbar oder testbar – sind wie wissenschaftliche Aussagen, und die sicherlich auch nicht das Ergebnis rationaler Argumentation sind. Manchmal denke ich, dass es angemessen wäre, wenigstens einige von ihnen, zumindest als einen Ausdruck der Wertschätzung, ‚symbolische Wahrheiten' zu nennen, da sie ihren Anhängern halfen, ‚fruchtbar zu sein und

[22] Voland (2007), 126.

sich zu vermehren und die Welt zu bevölkern und sich untertan zu machen‘ (Genesis 1,28).“[23]

Wir können dem faszinierenden Gedankengang folgen, indem wir vier denkbare Mythen evolutionär vergleichen:

1. Es existieren keinerlei überempirische Akteure. Die Evolution ist zufällig und ziellos.
2. Es existieren keinerlei überempirische Akteure, aber ein universales Prinzip.
3. Es existieren überempirische Akteure, die von uns verlangen: „Macht Geld, macht mehr Geld, macht noch mehr Geld.“[24]
4. Gott existiert und seine ersten Worte an die Menschen waren: „Seid fruchtbar und mehret euch!“ (Genesis 1,28)

Die erste Antwort lässt sich empirisch und rational durchaus gut begründen: Da per definitionem keine empirische Bestätigung zur Existenz überempirischer Wesenheiten möglich ist, sei es unlauter, an solche zu glauben. Und da aus der Erforschung der Evolutionsgeschichte auch keine sichere Zielgerichtetheit (Teleologie) abgeleitet werden kann, gelte auch hierbei das Gleiche. Erkenntnistheoretisch wird sich gegen diese Aussage wenig einwenden lassen – bis auf den interessanten Umstand, dass sie evolutionär gesehen in allen von uns beobachtbaren Umständen gegenüber Variante 4 evolutionär insgesamt unterlegen ist und weiter unterliegt. Denn die Absage an die Existenz überempirischer Akteure impliziert nicht nur die Absage an potentiell erfolgreiche Sozialstrukturen religiöser Vergemeinschaftungen – sondern auch an eine Quelle der Motivation für eigenes Verhalten. Frühe Hinweise auf atheistische Positionen kennen wir sowohl aus der griechisch-römischen wie indischen Antike – aber sie konnten auf friedlichem Wege bislang nirgendwo demografisch bestehen. Es gab und gibt keine Zivilisationen ohne lebendige, religiöse Traditionen und Vergemeinschaftungen.[25]

Die zweite Aussage ist philosophisch sehr interessant und bildet auch die (allerdings dann durch überempirische Akteure erweiterte) Basis zahlreicher religiöser Traditionen, etwa des Buddhismus, Jainismus oder Taoismus. Aber warum kamen auch diese nicht ohne die Entwicklung oder Adoption überempirischer Akteure wie zahlreicher Gottheiten, der Bodhisatvas oder Tirthankaras aus? Pascal Boyer entschlüsselte den Unterschied, indem er darauf hinwies, dass unsere evolvierte Psychologie unbe-

---

[23] Hayek (1988), 136, 137 (Übersetzung Blume).
[24] Kleinmann (2004), 105.
[25] Voland/Schiefenhövel (2009).

lebte und belebte Dinge intuitiv in unterschiedliche Kategorien ordnet. Dies beginnt bei der Relevanz: Belebte Akteure werden in der Wahrnehmung regelmäßig bevorzugt – und genau diese Tendenz begünstigt ja auch bei Tier und Mensch die Hyper-Agency Detection. Um einen beliebten Merksatz der Evolutionsbiologie dazu anzuführen: Es ist evolutionär günstiger, zwanzig Mal einen Busch für einen Bären zu halten, als ein einziges Mal einen Bären für einen Busch. Zum zweiten aber werde auch ein kategorialer Unterschied gemacht: Während wir mit einem „Jemand“ in eine Beziehung eintreten können, werden wir ein „Etwas“ nur als Objekt betrachten.[26]

Und in der Tat weisen wir nicht nur emotional, sondern auch philosophisch Sollens- aus a-personalen Seinsaussagen zurück. Würde jemand behaupten, aus der (a-theistisch gelesenen) Evolutionstheorie würde die Verpflichtung erwachsen, die eigenen Gene an viele Kinder weiter zu geben, so würden wir dies als kategorialen Fehlschluss erkennen und zurück weisen. Entsprechend dazu werden die a-personalen Prinzipien etwa der buddhistischen Karma-Lehren auch nicht „geliebt“, sondern nach Wegen zu ihrer Überwindung gesucht.

Aber auch wenn wir die Existenz überempirischer Wesenheiten glaubend annehmen, so sind doch diese zunächst weder in Form noch Inhalt bestimmt. Die dritte Aussage ist beispielsweise einer Direktive des Scientology-Gründers L. Ron Hubbard entnommen, der seine Lehren auf den Kontakt zu außerirdischen Intelligenzen zurück führte. Wenn die ökonomische Stoßrichtung dieser Lehre auch zu entsprechendem Verhalten animieren mag, so ist die Chance doch geringer, dass sie an überdurchschnittlich viele Kinder weiter gegeben wird – denn deren Geburt und Erziehung stünde ja den ökonomischen Prämissen regelmäßig im Weg. Die Hoffnung, die je eigenen Lehren jedoch überwiegend oder gar ausschließlich per Mission weiter zu geben, erweist sich dabei in der Religionsgeschichte regelmäßig als trügerisch: Normalerweise entwickeln umgebende Kulturen binnen weniger Generationen schließlich Abwehrerzählungen und -strategien gegen die missionierende Gruppe. Fehlt es dann auch noch an eigenen Kindern, so ist eine Überalterung und schließlich ein Verfall kaum noch aufzuhalten. In den Worten von F.A. von Hayeks organisiert sich der reproduktive Erfolg religiöser Traditionen „nicht intrinsisch, sondern historisch“ – unter den zahlreichen Varianten und Neugründungen setzen sich im Wettbewerb stets immer wieder jene durch,

---

[26] Boyer (2002/2004).

die auch (!) an überdurchschnittlich viele Kinder weiter gegeben werden.[27]

Die vierte Aussage erweist sich als empirisch und rational nicht bestätigbar – aber eben als potentiell erfolgreich. Die Beschränkung auf nur noch einen allsehenden, allwissenden und allmächtigen überempirischen Akteur – Gott – wirkt einer Beliebigkeit des verkündeten Gebotes entgegen, das zugleich durch die Betonung des Kindersegens sowohl biologische wie kulturell-demografische Erfolgsfaktoren kombiniert. Komplexe Auslegungen dieses Gebotes könnten sogar einzelne Glaubende von eigenen Familienpflichten freistellen, um als zölibatäre „Helfer am Nest" den Überlebens- und Reproduktionserfolg der Gesamtgemeinschaft anzuheben. Und tatsächlich rücken in der religionsgeschichtlichen Betrachtung Fragen der Sexual- und Familienethik auffällig oft in das Zentrum religiöser Aufmerksamkeit. Nur religiöse Traditionen vermochten es bislang, unter auch ihre Familienverhältnisse mit-planenden Menschen dauerhaft hohe Geburtenraten zu erzielen. Diese Beobachtung spitzt sich sogar in einem erkenntnistheoretisch interessanten Paradoxon zu: Während die Befürworter wissenschaftlicher Evolutionsforschung seit Jahrzehnten weit mehr wissenschaftliche Argumente hervor bringen, bringen die Befürworter religiös-kreationistischer Weltbilder seit Jahrzehnten weit mehr Kinder hervor! Ausgerechnet jene, die mit irrationalen Begründungen die Geltung der Evolutionstheorie ablehnen – verhalten sich durchschnittlich evolutionär außerordentlich erfolgreich![28]

In der Diskussion des Mythos, der den Menschen verbindlich erfassen und motivierend mitreißen kann, hat daher Carl-Friedrich Geyer zu Recht festgehalten: „Dieses existentielle Moment markiert eine Ebene, die allem Ethischen, Biographischen, Ökonomischen und Psychologischen immer schon voraus und zugrunde liegt. Sie ist ‚wissenschaftlich nicht einholbar', auch und gerade nicht über eine wissenschaftliche Anthropologie, der ja als Wissenschaft in Übereinstimmung mit ihren Prämissen der Zugang zu jener Ebene versperrt ist."[29] So ist der religiöse Mythos in seiner Entstehungsgeschichte beobachtbar und evolutionär erklärbar – und zugleich potentiell wirksam und erfolgreich, obwohl und weil er die Grenzen wissenschaftlicher Erkenntnis überschreitet.

In der Evolutionsforschung zu Religiosität und Religionen beobachten wir also Natur, die sich in Kulturen zu Mythen formt –

[27] Hayek (1988), 137.
[28] Blume (2010).
[29] Geyer (1996), 14.

und damit selbst erfolgreich transzendiert. Und die Evolution des „Homo religiosus“ schreitet währenddessen beobachtbar weiter fort.[30] Die dringend notwendigen interdisziplinären Gespräche und Reflektionen dazu haben gerade erst begonnen.

Literatur

Bering J. (2011), The God Instinct. The Psychology of Souls, Destiny, and the Meaning of Life, London 2011.

Blackmore S. (2010), Why I no longer believe that Religion is a Virus of the Mind, Guardian 16.09.2010, http://www.guardian.co.uk/commentisfree/belief/2010/sep/16/why-no-longer-believe-religion-virus-mind (Abruf 26.02.2011).

Blume M. (2009), Homo religiosus. Gehirn & Geist 04/2009.

Blume M. (2010), Die Rolle der Frau in der Evolution von Religiosität, Mitteilungen der Berliner Gesellschaft für Anthropologie, Ethnologie und Urgeschichte Bd. 31, 2010.

Boyer P. (2002/2004), Und Mensch schuf Gott, Paris 2002 / Stuttgart 2004 (Übersetzung).

Bunge M./ Mahner M. (2004), Über die Natur der Dinge, Stuttgart 2004.

Darwin Ch. (1871/1875), Die Abstammung des Menschen und die geschlechtliche Zuchtwahl, London 1871 / Stuttgart 1875 (Übersetzung).

Dawkins R. (1976/1978), Das egoistische Gen, Oxford 1976 / Berlin 1978 (Übersetzung).

Delgado M./ Krüger O./ Vergauwen G. (Hg) (2010), Das Prinzip Evolution. Darwin und die Folgen für Religionstheorie und Philosophie, Stuttgart 2010.

Geyer C.-F. (1996), Mythos. Formen. Beispiele. Deutungen, München 1996.

Hayek F.A. (1988), The Fatal Conceit. The Errors of Socialism, Chicago 1988.

Kleinmann E. (2004), Psychokonzern Scientology, Bietigheim-Bissingen 2004.

Laughlin R. (2007), Abschied von der Weltformel. Die Neuerfindung der Physik, Berlin 2007.

Leake J. (2011), Atheists a dying breed as nature „favours faithful“, Sunday Times London (Science), 02.01.2011.

Lüke U./ Schnakenberg J./ Souvignier G. (Hg) (2004), Darwin und Gott. Das Verhältnis von Evolution und Religion, Darmstadt 2004.

Lüke U./ Meisinger H./ Souvignier G. (Hg) (2007), Der Mensch – nichts als Natur? Interdisziplinäre Annäherungen, Darmstadt 2007.

[30] Blume (2009), 32–41.

Mazal W. (Hg) (2010), Familie und Religion. Aktuelle Beiträge aus der interdisziplinären Familienforschung, Wien 2010.

Norris P./ Inglehart R. (2004), Sacred and Secular. Religion and Politics Worldwide, Cambridge 2004.

Roughgarden J. (2004), Evolution's Rainbow. Diversity, Gender, and Sexuality in Nature and People, Berkeley 2004.

Schaller M./ Norenzayan A. et al. (Hg) (2010), Evolution, Culture, and the Human Mind, New York 2010.

Stone L./ Lurquin P. (2007), Genes, Culture, and Human Evolution. A Synthesis, Malden 2007.

Vaas R./ Blume M. (2009), Gott, Gene und Gehirn. Warum Glaube nützt. Die Evolution der Religiosität, Stuttgart 2009.

Voland E. (2007), Die Natur des Menschen. Grundkurs Soziobiologie, München 2007.

Voland E./ Schiefenhövel W. (Hg) (2009), The Biological Evolution of Religious Mind and Behavior, Heidelberg 2009.

Wilson D.S. (2002), Darwin's Cathedral. Evolution, Religion, and the Nature of Society, Chicago 2002.

Wilson D.S./ Wilson E.O. (2008), Evolution for the Good of the Group, American Scientist 96/2008.

Wrangham R. (2009), Feuer fangen. Wie uns das Kochen zum Menschen machte, München 2009.

Religion als (Neben-)Produkt der Evolution?

Die „Kognitive Religionswissenschaft" im Gegenüber zur Offenbarungstheologie

von Reinhold Bernhardt

1. Die „Kognitive Religionswissenschaft"

Mit diesem Beitrag will ich in einen Forschungszweig eintauchen, der sich nicht mit der *biologischen* Evolution, d. h. mit der Entstehung und Entwicklung des Lebens, der Arten der Lebewesen und des Menschen beschäftigt, sondern mit der Entstehung, Entwicklung und der Funktion des *religiösen Bewusstseins* im Prozess der biologisch-kulturellen Evolution: die empirisch arbeitende „Kognitive Religionswissenschaft". Für die Vertreter der „Kognitiven Religionswissenschaft"[1] ist Religion Produkt – manche sagen: Nebenprodukt – der Evolution. Sie stellt eine Form adaptiven Verhaltens dar, das sich mit der Kapazitätserweiterung des menschlichen Gehirns entwickelte und sich ausbreitete, weil es der Lebensbewältigung dienlich war. Paul Bloom konstatiert lapidar: „Religion is natural"[2] – angelegt in den vorbewussten kognitiven Strukturen, in deren Ausbildung sich elementare Erfahrungen niedergeschlagen haben, die in der Entwicklungsgeschichte der menschlichen Gattung und ihrer Vorläufer zu verarbeiten waren. Nur so lässt sich nach Justin L. Barrett verstehen, dass Religion ein allgemeinmenschliches, kulturübergreifendes Phänomen ist, dessen Erscheinungsform zwar von seinem jeweiligen kulturellen Kontext geprägt wird, dessen Existenz aber nicht auf kulturelle Faktoren zurückgeführt werden kann. Um sich der „transkulturellen Universalie Religion" (Eckhart Voland) kognitionspsychologisch zu nähern, operiert Barrett ganz bewusst mit einem unscharfen Religionsbegriff, der annäherungsweise umschrieben werden kann als Glaube an transzendente Wesenheiten, die Einfluss auf Natur, Geschichte und das menschliche Schicksal nehmen, und als Verhalten zu diesen Wesen. „Religion" meint also „Religiosität" in ihren empirisch beobachtbaren Formen von Verhaltensweisen und Vorstellungen.

---

[1] Eine knappe Einführung in diese Disziplin gibt Pyysiäinen (2002), 1–7.

[2] Bloom (2007), 147–151.

Genau genommen ist die „Kognitive Religionswissenschaft" von der Evolutionspsychologie zu unterscheiden. Diese wird von der „Kognitiven Religionswissenschaft" herangezogen, um die *Genese* der religiösen Kognitionen zu erklären. Das eigentliche Forschungsinteresse richtet sich aber weniger auf die Genese und mehr auf die *funktionale* Analyse des Kognitionsapparats.

Lawson nennt drei Zentralfragen, mit denen sich die „Kognitive Religionswissenschaft" befasst: „1) How do human minds *represent* religious ideas? 2) How do human minds *acquire* religious ideas? 3) What forms of *action* do such ideas precipitate?"[3]

Barrett – einer der prominentesten Vertreter der „cognitive science of religion" ist Senior-Researcher am „Centre for Anthropology and Mind" und am „Institute for Cognitive and Evolutionary Anthropology" an der Universität Oxford.[4] Er versteht den menschlichen Kognitionsapparat wie einen Computer, auf dessen Betriebssystem Programme laufen, die Daten verarbeiten – als mentalen Prozessor also. Sein Erkenntnisinteresse richtet sich auf das Zusammenspiel zweier Ebenen – dem vorreflexiv arbeitenden „Betriebssystem" mit seinen „mental tools"[5] und den bewussten Vorstellungen, besonders solchen, die sich auf überempirische Instanzen beziehen. Die basalen mentalen Strukturen prädisponieren den Prozess der Informationsverarbeitung im Bewusstsein, indem sie Konzepte und Regeln zur Erfassung der Wahrnehmungen bereitstellen. Das „domain-specific inference system"[6] formiert, strukturiert und limitiert die auf der Ebene des Bewusstseins operierenden kulturell übermittelten Denkformen, auch die religiösen Konzepte und ihre Anwendung. Es gibt keinen spezifisch „religiösen" Teil des Kognitionsapparates und keine spezifisch „religiösen" Kognitionen. Religion stellt also keine „eigene Provinz im Gemüt" (Friedrich Schleiermacher) des Menschen dar. Als „religiös" zu qualifizierende Vorstellungen bilden sich vielmehr im „gewöhnlichen" Funktionsbetrieb des mentalen Prozessors in der Entwicklungsgeschichte der Menschheit, verfestigen sich unter bestimmten Bedingungen in der Perzeptionsmatrix des menschlichen Kognitionsapparates, bringen Vorstellungen hervor, die – wiederum unter bestimmten Bedingungen – erfolgreich tradiert, in der Wahrnehmungsverarbeitung angewendet und dabei weiterentwickelt werden – bis hin zu elaborierten Lehrformen in den elabo-

[3] Lawson (2000), 338–349, Zitat 344.
[4] Barrett (2004), Barrett (2007a), 57–72.
[5] Barrett (2004), 3 u.ö.
[6] Barrett (2007b), 2.

rierten Religionssystemen. Es gibt also ein Kontinuum, das von vorbewussten Intuitionen bis hin zu hoch differenzierten theologischen Reflexionen reicht.

Im Folgenden sollen zwei grundlegende Charakteristika in der Struktur und der Funktionsweise des menschlichen Kognitionsapparates skizziert werden, die für die Ausbildung „religiöser" Bewusstseinsformen relevant sind.

1.1. Die Tendenz zum Anthropomorphismus

Schon 1980 hatte Steward Guthrie eine elementare Präferenz anthropomorpher bzw. sozialer Konzepte in der Wahrnehmungsverarbeitung aufgezeigt.[7] Sinneswahrnehmungen werden primär nach dem Konzept des Agenten, d. h. des intentionalen, fühlenden, denkenden Wesens aufgefasst und erklärt. *Intentionalität* legt sich als Muster zur Verarbeitung von Vorgängen näher als *Kausalität*. Das kognitive System, das für die Anwendung agentialer Konzepte verantwortlich ist, nennt Barrett „hypersensitive agency detection device" (HADD). Dieser Sensor wird spontan aktiviert, wenn Überraschendes passiert. Wenn sich beim Gang durch den nächtlichen Wald plötzlich Äste bewegen, stellt sich spontan der Gedanke an einen absichtsvoll handelnden Agenten ein – sei es ein Tier oder ein Mensch. Mit der Frage nach dem „Wer" ist sofort die nach dem „Warum", also nach der Intention, verbunden: Was beabsichtigt der Agent? Dass es sich dabei um einen evolutionär ausgebildeten Schutzmechanismus handelt, der eine schnelle (Flucht- oder Abwehr-) Reaktion ermöglicht, liegt auf der Hand. So wie es auf der Hand liegt, dass der Mensch als Wesen, das nur im Sozialverband überlebensfähig ist, intentionale und aktuale Konzepte den impersonalen, naturhaft-kausalen vorzieht. Anthropomorphe Konzepte, die intuitiv, spontan und unreflektiert angewendet werden, ermöglichen nach Barrett eine schnelle und effiziente Informationsverarbeitung im mentalen Prozessor. Das wiederum ermöglicht eine hohe Reaktionsgeschwindigkeit und erbringt auf diese Weise einen Überlebensvorteil.[8] Je effektiver und funktionaler ein Konzept aber ist, umso eher wird es im Prozess der biologisch-kulturellen Evolution weitergegeben.

Das Vorherrschen agentialer Konzepte lässt sich nicht nur phylogenetisch konstatieren, sondern auch ontogenetisch. In den ersten Lebensmonaten sieht ein Kind in einer bunten Scheibe ein Ge-

---

7 Guthrie (1980),181–194.

8 Barrett (2007b), 3.

sicht und lächelt zurück. Die kognitiven Systeme von Kindern sind auf die Wahrnehmung von Personalität, Intentionalität und Agentialität in ihrer naturhaften Lebenswelt hin ausgerichtet.[9]

Aus dieser spontanen Bevorzugung *sozialer* Schemata auch in der Erfassung von Phänomenen in der *naturhaften* Umgebung folgert die „Kognitive Religionswissenschaft" eine mentale Prädisposition für personale Gotteskonzepte.[10] Naturerscheinungen, deren Ursache nicht sofort erkennbar oder nicht bekannt und damit nicht auf „natürliche" Weise erklärbar ist, wurden und werden in der biologisch-kulturellen Entwicklungsgeschichte der Menschheit nach dem Modell des überempirischen Agenten gedeutet, das heißt auf menschen- oder tiergestaltige, jedenfalls mit Bewusstsein und Intentionalität begabte Götter, Engel, Geister, Dämonen, Teufel zurückgeführt und mit Intentionen unterlegt: der Blitzeinschlag oder die Flut als Strafe Gottes, die unerwartete Heilung einer Krankheit als Gnade usw.

Barrett belegt die These von der Bevorzugung anthropomorpher religiöser Konzepte mit einer Reihe von empirischen, interkulturell angelegten Studien, die den Unterschied zwischen bewussten religiösen Vorstellungen und vorbewussten intuitiven Kognitionen – er spricht von „reflective" und „nonreflective beliefs" – herausarbeiten sollen. Wenn die Befragten abstrakt – d. h. ohne in aktuelle, durch Wahrnehmungstätigkeiten oder Handlungen bedingte Informationsverarbeitungsprozesse eingebunden zu sein – nach ihren religiösen Überzeugungen befragt wurden, rekurrierten sie auf die Konzepte, die sie sich in ihrer religiösen Sozialisation angeeignet hatten und stellten die Gottheit eher als vergeistigte, raum- und zeitlose Wesenheit dar. Gott wurden dabei superhumane Eigenschaften zugeschrieben wie Allgegenwart, die multitasking-Fähigkeit, mehrere Dinge zugleich tun zu können, nicht sehen und hören zu müssen, um zu wissen, Gedanken lesen zu können usw. Wenn die gleichen Probanden hingegen *im Vollzug* von Wahrnehmungs- und Handlungsprozessen auf ihre diesbezüglichen Vorstellungen hin beobachtet und befragt wurden, dann zeigte sich ein viel stärker ausgeprägter Anthropomorphismus: Sie unterstellten, dass Gott in Zeit und Raum agiert, geht, spricht, hört, antwortet usw.

Barrett will nicht einen *Widerspruch* oder *Gegensatz* zwischen vorbewussten und reflektierten Konzepten behaupten. Die Zuschreibung der Allgegenwart verträgt sich durchaus mit der Erwartung, dass Gott an einem bestimmten Ort gegenwärtig ist. Er will

---

[9] Kelemen/DiYanni (2005), 3–31.

[10] Siehe dazu auch: Barrett/Richert (2003), 300–312; Richert/Barrett (2005), 283–295.

vielmehr zeigen, dass den elementaren vorbewussten, in der biologisch-kulturellen Evolution ausgebildeten Ebenen des Kognitionsapparates eine Bevorzugung anthropomorpher Verarbeitungsmuster eingeschrieben ist, die sich unmittelbar auf die religiösen Vorstellungen auswirken. Es gibt also eine Art „intuitiver Theologie", die sich von der bewussten, reflektierten und expliziten unterscheidet, diese aber auch beeinflusst. Tief eingeprägt im menschlichen Kognitionsapparat liegt eine Neigung zu theistischen Gotteskonzepten. Der Mensch ist auf Theismus hin konditioniert. Deborah Kelemen bezeichnet Kinder als „intuitive theists".[11]

Die Geschichte des Buddhismus, dessen ursprüngliche Lehre die „Anhaftung" an personale Gottesvorstellungen zurückweist, zeigt, wie sich selbst dort eine Verehrung personanaloger göttlicher Wesen Bahn gebrochen hat. In der Perspektive der „Kognitiven Religionswissenschaft" kann dies als Beleg für die Durchsetzung der in den Kognitionsapparat eingeschriebenen Tendenz zur Bevorzugung anthropomorpher Transzendenzvorstellungen gedeutet werden.

1.2. Kontraintuitivität

Dieser Tendenz zum Anthropomorphismus im religiösen Kognitionsapparat steht nun aber eine in gewisser Weise entgegengesetzte Tendenz zum *Aufbrechen* einer vollkommenen Vermenschlichung der Gottesvorstellung gegenüber. Göttlichen Wesen werden *übermenschliche* Eigenschaften zugeschrieben, etwa die Fähigkeit, durch Wände zu gehen, ohne Zeugung ein Kind zu gebären, durch Zauberkräfte physische Zustände zu verändern. Dabei handelt es sich um eine kontraintuitive, die Schemata der regulären, „normalen", also der intuitiven Wirklichkeitswahrnehmung durchbrechende Annahme. Der Begriff der Kontraintuitivität wurde von Pascal Boyer geprägt.[12]

Die Intelligibilität und Plausibilität, also die Überzeugungskraft und damit auch die erfolgreiche kulturelle Ausbreitung solcher Vorstellungen unterliegt der Einhaltung bestimmter Regeln. Die Kontraintuitivität darf ein bestimmtes, sehr begrenztes Maß nicht übersteigen, sonst verliert das Konzept des göttlichen Wesens seinen Sinn und damit seine Kommunikabilität, seine Operationalität und Funktionalität. Der Kognitionsapparat legt diesen Spielraum quantitativ und qualitativ fest: quantitativ hinsichtlich der Zahl

[11] Kelemen (2004), 295–301.
[12] Boyer (1993), 4–47; Boyer (1994); Boyer (1996), 83–97; Boyer (2001).

der features, die vom Erwartbaren abweichen, qualitativ hinsichtlich des Ausmaßes der Abweichung. Der Kohärenzrahmen des menschlichen Kognitionsapparates darf dabei nicht überfordert werden, sonst wird das Konzept nicht akzeptiert und narrativ transmittiert. Die Vorstellung eines Gottes etwa, der vergangene Ereignisse ändern könnte, würde das konzeptuelle System des kognitiven Apparats sprengen und hat keine Chance erfolgreich weitererzählt zu werden. Die Aufhebung der Objektpermanenz – die Annahme, dass ein Geistwesen plötzlich an einem anderen Ort erscheint – liegt dagegen noch innerhalb des Spielraums. Ebenso die blutende Statue, der sprechende Esel, die Jungfrauengeburt usw.

Pascal Boyer hat gezeigt, dass Ideen und Konzepte, die eine einzelne punktuelle Deviation vom intuitiv Erwartbaren enthalten, besondere Aufmerksamkeit auf sich ziehen, sich deshalb erfolgreicher ausbreiten als vollkommen intuitionskonforme Konzepte. Das erklärt die weite Verbreitung von Wundergeschichten in der Kultur- und Religionsgeschichte der Menschheit. Indem diese durch ihre begrenzte Kontraintuitivität Staunen erregen und nach Narrationsmustern aufgebaut sind, die sich zum Weitererzählen eignen, erzielen sie hohe „Übertragungsraten“ und Ausbreitungsgeschwindigkeiten.

Ideen und Narrationen, die ein kontraintuitives Element enthalten, evozieren *Glauben*, denn nur in diesem Bewusstseinsmodus kann das kontraintuitive Element vom Bewusstsein verarbeitet werden. Der Modus des *Wissens* ist dafür ungeeignet.

1.3. Gott als „counterintuitive agent“

In Barretts Definition Gottes bzw. göttlicher Wesen als „a counterintuitive agent that motivates actions“[13] fließen beide Charakteristika der „religiösen“ Informationsverarbeitung im Kognitionsapparat des Menschen zusammen: die Tendenz zum Anthropomorphismus und die Tendenz zur begrenzten Kontraintuitivität. Eine evolutionsgeschichtlich vorteilhafte Gottesidee muss nach Barrett mindestens folgende Bedingungen erfüllen: Sie muss (1) kontraintuitiv sein, (2) Gott als intentionalen Agenten konzipieren, aus dessen Intentionen sich (3) Handlungsorientierungen ergeben, die (4) zu einem spezifischen Handeln führen, das (5) in seinem Vollzug immer wieder neue Bestärkungen und Motivationen frei setzt, sich also selbst stabilisiert.[14]

---

[13] Barrett (2007b), 5; siehe dazu auch Barrett (2008), 149–161.
[14] Barrett (2008).

Die Idee von Gott als einer handelnden Person ist für die Verarbeitung von Wahrnehmungsinformationen besser geeignet als die Idee eines dreieinigen Gottes, in dem drei personale Instanzen eine Einheit bilden. Deshalb hat die trinitarische Konzeption kaum Aussicht auf erfolgreiche Verbreitung als wirklich gebrauchsfähiges Konzept für die kognitive Erfahrungsverarbeitung. Sie bleibt ein kulturelles Reflexionsprodukt akademisch geschulter TheologInnen. Nicht nur die sog. Volksreligiosität mit ihrer Verehrung personaler göttlicher Wesen wie Heiligen und Engeln, sondern auch ein höher entwickelter Glaube präferiert dagegen personal-intentionale Vorstellungsformen, mit denen der mentale Prozessor effektiv arbeiten kann, wenn er hohe Verarbeitungsleistungen erbringen muss – man denke nur an den Inhalt spontaner Stoßgebete.

2. Auseinandersetzung mit Barretts „Kognitiver Religionswissenschaft"

Barretts Forschungsinteresse richtet sich auf die vorbewusste Kognitionsmatrix in ihrem Zusammenspiel mit reflektierten religiösen Vorstellungen. Damit verbindet sich ein evolutionspsychologisches Erklärungsparadigma. Die vorreflexiven Wahrnehmungs- und Verhaltensmuster sind phylogenetisch in der Bewältigung von Überlebens- und Fortpflanzungserfordernissen ausgeprägt worden. Zwischen den Steuerungen des menschlichen und des tierischen Kognitionssystems besteht kein grundlegender Unterschied.[15] Alle geistigen Operationen gründen in diesem System, auch wenn sie darüber hinausgehen.

Die „Kognitive Religionswissenschaft" vermeidet weithin einen naturalistischen neurophysiologischen Reduktionismus, der mentale auf neuronale Prozesse zurückführt. Die Bedeutung sozialer und kultureller Faktoren für die kognitive Tätigkeit ist von den meisten Vertretern anerkannt. Ilkka Pyysiäinen spricht von „connectionist models of cognition rather than functionalism/cognitivism"[16].

Doch die Gefahr des Reduktionismus besteht auf andere Weise auch hier, indem mit den vorbewussten kognitiven Erkennungsrastern die elementarste Ebene der Wahrnehmung zur primären Steuerungsinstanz erklärt wird. Dass es solche basalen Prägungen mit Steuerungsfunktion gibt, ist keine Frage. Aber wie weit ihr Einfluss reicht, wie sie durch kulturell erlernte Verhaltensmuster

---

[15] Guthrie (2002), 38–67.

[16] Pyysiäinen (2002), 2.

und die handelnde Selbstbestimmung des Subjekts ge- und überformt werden können, ist zu fragen. Sind in der Kulturgeschichte der Religionen die elementaren, aus Überlebensnotwendigkeiten erklärbaren Funktionen des „religiösen" Kognitionsapparats nicht in Emergenzprozessen über sich hinausgewachsen, so dass neue Systemeigenschaften entstanden? Im Unterschied zur Soziobiologie herrscht in der „Kognitiven Religionswissenschaft" durchaus Offenheit für solche Anfragen. Mit seinen Bewusstseinsfähigkeiten ist der Mensch mehr – wesentlich mehr – als das Produkt seines gattungsgeschichtlichen Gewordenseins. Religion ist nicht einfach eine Funktion des Kognitionsapparates, sie geht hervor aus dessen (relativ freiem) Gebrauch in Interaktion mit der naturhaften und kulturellen Umwelt.

Wichtiger als diese kritische Anfrage an eine Überbewertung der evolutionsgeschichtlichen Entstehung des religiösen Bewusstseins und an die Überbetonung der basalen Bewusstseinsebenen ist mir die Frage, wie sich die kognitionspsychologischen Ansätze zu *theologischen* Deutungen des religiösen Glaubens verhalten. Barrett selbst führt vor diese Frage.

2.1. Barretts Glaube

Barrett ist überzeugter Christ. Er glaubt an einen „all-knowing, all-powerful, perfectly good God who brought the universe into being"[17]. Die Menschen seien von Gott geschaffen und mit der Bestimmung versehen, in einer von Liebe getragenen Beziehung zu Gott und zueinander zu stehen. Dazu seien sie mit einer kognitiven Architektur ausgestattet, die sie für diesen Glauben disponiere. Den Glauben als Bewusstseinsphänomen neuronal und evolutionsbiologisch zu erklären, bedeutet Barrett zufolge nicht, die Geltung seines Inhalts zu leugnen. Auch hier – wie im Blick auf alle Bewusstseinsinhalte, die mit einem Geltungsanspruch verbunden sind – gilt die Unterscheidung zwischen Genese und Geltung. Barrett vergleicht es mit der Liebe: Wenn sich wissenschaftlich erklären ließe, warum er glaube, dass seine Frau ihn liebt, so ändere das nichts an seinem Glauben.

Barrett weist die religionskritische, naturalistische bzw. atheistische Interpretation der „Kognitiven Religionswissenschaft", wie sie bekanntermaßen von Daniel Dennett[18] und Richard Dawkins[19]

---

[17] Barrett (2007c).
[18] Dennett (2006).
[19] Dawkins (2006).

vorgenommen worden ist, entschieden zurück. Bei einer solchen Interpretation handelt es sich um die Einbindung von empirischen Forschungsergebnissen in einen weltanschaulichen – atheistischen – Bezugsrahmen, wobei das ideologische Interesse leitend ist, die Religion zu bekämpfen. Die wissenschaftlichen Befunde sind nach Barrett aber deuteoffen und auch mit einer religiösen Weltsicht kompatibel. Aus der Untersuchung von Kognitionsmustern lasse sich nicht auf die Nicht-Existenz Gottes und einer göttlichen Offenbarung schließen.

Wenn Barrett auf Grund seiner Untersuchungen zu dem Ergebnis kommt, dass die vorbewussten Einstellungen des Kognitionsapparates mit dem Glauben an einen allwissenden, allmächtigen, unsterblichen Gott besser zusammenstimmen als mit anderen – impersonalen – Glaubensformen, dann ist damit die Wahrheitsfrage noch nicht berührt. Glaube ist nicht wahrer als Unglaube, Theismus nicht wahrer als andere Glaubensformen.

Barrett will lediglich erweisen, dass im menschlichen Kognitionsapparat die Disposition zu theistischen Glaubenshaltungen vorherrschend ist und er führt diesen Befund darauf zurück, dass diese dem Menschen in der Entwicklungsgeschichte seiner Gattung einen Vorteil gebracht haben. Evolution und Offenbarung sind demnach komplementär zuzuordnen. Im Evolutionsprozess hat sich der Kognitionsapparat ausgebildet, der dem Menschen religiöse Bewusstseinsformen ermöglicht. Damit ist die mental-kognitive Voraussetzung für religiösen Glauben geschaffen. Nur so können Transzendenzerfahrungen nach Barrett gemacht und verarbeitet werden. Gottes Offenbarung spricht diesen Apparat an, aktiviert ihn gewissermaßen und füllt ihn mit Inhalt. Offenbarung als (Selbst-)Mitteilung Gottes braucht den Rezeptionsapparat, um das menschliche Bewusstsein zu erreichen.

In den folgenden Überlegungen will ich mich mit dieser Verbindung von „Kognitiver Religionswissenschaft“ und Gottesglauben auseinandersetzen und dabei grundlegend nach der Beziehung der Schöpfungstheologie und der theologischen Anthropologie zu evolutionsbiologischen Deutungen des religiösen Glaubens fragen. Ich gehe dabei von Barretts Verständnis und Verwendung der für seine Untersuchungen zentralen Begriffe „Religion/religiös“ und „Glaube“ aus.

2.2. *Barretts Verständnis von „Glaube“*

Barretts Verwendung des Begriffs „*Religion*“ ist unscharf und eher dem Alltagssprachgebrauch entlehnt als dem Bemühen um wissenschaftliche Präzision verpflichtet. Von einem empirisch arbeitenden Ansatz, der auf der Schnittstelle von Kognitionsforschung, Evolutionsbiologie und Religionswissenschaft operiert, ist nicht zu erwarten, dass er von einer spezifisch theologischen Bestimmung dieses Begriffs ausgeht. Doch verzichtet Barrett weitgehend auf jegliche Klärung seines Bedeutungsumfangs und -inhalts. Er will bewusst ein breit angelegtes Suchraster und ein grob eingestelltes Beobachtungsinstrument anwenden, um die allgemeinmenschlichen Grundstrukturen der religiösen Kognitivität in den Blick zu bekommen. Wie alle Vertreter der „Kognitiven Religionswissenschaft“ geht er nicht von der Definition eines Religionsbegriffs aus, sondern sucht nach Strukturanalogien von Transzendenzbezügen, die sich auf Bewusstseinstätigkeiten zurückführen lassen.

Die Materialgrundlage seiner Suche bleibt dabei weitgehend unbestimmt. Es sind „religiöse Phänomene“. In dieses Suchraster ist ein Vorverständnis von Religion eingeschrieben, das aber nur schillernd benannt wird. Alle Phänomene, die über die empirische Wahrnehmung hinausgehen und diese in eine Beziehung zu supranaturalen Instanzen stellen, werden von Barrett in die Rubrik „religiös“ eingeordnet. Der Anwendungsspielraum eines solch ausgedehnten Verständnisses von „religiös“ ist denn auch entsprechend weit. Er reicht vom Glauben an den Einfluss bestimmter Sternenkonstellationen auf den Lebenslauf bis hin zur Gottesverehrung in den Weltreligionen und vom dreimal-auf-Holz-Klopfen vor einer Prüfung bis zur Wallfahrt nach Mekka. Gehören auch Phänomene dazu, die nicht als supranatural, aber doch als religiös gedeutet werden können, wie etwa der Glaube an eine Seelenwanderung, der nicht mit einer supranaturalen Instanz in Verbindung gebracht werden muss? Zu wenig in Rechnung gestellt wird zudem die Kontextbedingtheit der Sinnerzeugung in der Wahrnehmung eines Phänomens. Anders als das Pferdeschnauben im Stall kann das gleiche Pferdeschnauben nachts auf einem einsamen Waldweg als „religiöses“ Ereignis erfahren werden.

Je weniger die Begriffe geklärt werden, umso mehr wird ihr Gebrauch vom unreflektierten, zeit- und kulturbedingten Vorverständnis bestimmt. Die Unterscheidung zwischen dem Naturalen und dem Supranaturalen hängt aufs engste mit dem jeweiligen Wirklichkeitsverständnis zusammen. In vielen afrikanischen Kulturen würde sie vermutlich gar nicht verstanden werden.

Von „*Glaube*" spricht Barrett in einem noch weiteren und unschärferen, zunächst außerreligiösen Sinn. Der Begriff verweist bei ihm auf einen bestimmten Modus vorbewusster und bewusster Verarbeitungsmuster und -prozesse.

Im Bezug auf die *vorbewusste* Ebene des Kognitionsapparats stellt „Glaube" eine selbstverständliche, intuitive Erwartungsgewissheit dar, die sich auf Sachverhalte und Vorgänge im naturhaften und sozialen Bereich bezieht. Ich „glaube", dass ein Glas zu Boden fällt, wenn ich es loslasse; ich „glaube", dass ein physisches Objekt nicht durch eine Wand gehen kann; ich „glaube", dass eine Schwangerschaft durch Zeugung verursacht wird. „Glaube" meint hier: Intuition, Erwartung, basale Annahme. „Ich glaube" heißt: „Ich gehe (vorbewusst oder bewusst) davon aus."

Auf der Ebene des *reflektierenden* Bewusstseins ist „Glaube" auf religiöse wie nichtreligiöse Phänomene bezogen. Der Begriff meint hier das Für-wahr-Halten der Realität bestimmter, nicht (oder noch nicht) empirisch verifizierter Phänomene und deren Zurückführung auf eine vermutete Ursache. Ich „glaube", dass sich in der verschlossenen Dose Plätzchen befinden; ich „glaube" weiter, dass meine Mutter die Plätzchen in die Dose gelegt und die Dose fest verschlossen hat; ich „glaube" schließlich, dass sie es getan hat, um mir die Plätzchen bis Weihnachten vorzuenthalten. „Glaube" steht dabei für die Annahme eines Sachverhalts, für die Unterstellung einer Ursache für diesen Sachverhalt und für die Vermutung einer Absicht hinter dieser Verursachung.

In gleicher Weise wendet Barrett den Glaubensbegriff auf „religiös" erfahrene Phänomene an. Ich „glaube", dass bei meiner Heilung eine übernatürliche Kraft gewirkt hat; ich „glaube" weiter, dass *Gott* diese Kraft geschickt hat; und ich „glaube" schließlich, dass er es getan hat, um mich damit zu heilen. „Glaube" versteht sich hier als Für-wahr-Halten, dass ein superhumanes Wesen existiert, dass es bestimmte Eigenschaften hat, aus denen sich bestimmte Wirkweisen ergeben und dass bestimmte Ereignisse dieser Wirkmacht zugeschrieben werden können. „Glaube" meint die Unterstellung der Realität einer Annahme, einer Vorstellung und Idee. Als *kontra*-intuititive Vorstellung durchbricht diese Annahme den „Glauben" an einen regulären, erwartbaren Verlauf der Dinge, wie er dem vorbewussten Kognitionsapparat eigen ist. Der religiöse „Glaube" (an eine Jungfrauengeburt etwa) kann also in Spannung stehen zum vorbewussten intuitiven „Glauben" (an die Notwendigkeit der Zeugung für die Entstehung einer Schwangerschaft). Er stellt einen Bewusstseinsmodus dar, in dem das intuitiv „Unglaubliche", d. h. nicht Erwartbare als supranaturale Wirkung für wahr gehalten wird.

2.3. Theologisches Verständnis von „Glaube“

Das, was nach dem Selbstverständnis religiöser Subjekte und nach Auffassung der christlichen Theologie mit „Glauben“ gemeint ist, steht zu dem Verständnis der Kognitionsforscher in grundlegender Spannung, aber doch nicht gänzlich unvermittelbar gegenüber. Glaube erscheint dort als ein System von spezifischen Annahmen, Unterstellungen und Vermutungen, das in basalen kognitionspsychologisch beschreibbaren Reaktionsmustern angelegt ist. Nach theologischem Verständnis stellt Glaube demgegenüber nicht primär eine Leistung des mentalen Prozessors dar, sondern die von Gott empfangene Gewissheit, von Gott anerkannt zu sein. Der Begriff bezeichnet die von Gott hervorgerufene Vergewisserung der von Gott her konstituierten existenztragenden Beziehung zu Gott als dem Grund des Seins, die zum Grund und Bezugsrahmen des Existenzvollzugs wird. „Glaube“ beschreibt also eine grundlegende Lebenshaltung und Existenzverfassung.

Zwischen Glaub*e* und Glaub*en* ist zu unterscheiden. Noch präziser ist zu unterscheiden zwischen Glaube als vorbewusster Gottesbeziehung, dem Glaubensbewusstsein und dem inhaltlichen Glaubenswissen. Dass sich die Formen des Glaubensbewusstseins und die Inhalte des Glaubenswissens im Prozess der biologisch-kulturellen Evolution entwickelt und verändert haben, ist offensichtlich. Glaube als grundlegende Existenzverfassung und Lebenshaltung aber liegt dem – nicht zeitlich, sondern sachlich – voraus und bildet den Impuls zur Emergenz neuer Formen des religiösen Bewusstseins.

Wo die Berechtigung der theologischen Sicht anerkannt wird, stellt sich der religiöse „Glaube“ als ein komplexes und vielschichtiges Phänomen dar, das sowohl humanwissenschaftlich „von unten“ („bottom-up“), d. h. von seinen phylogenetischen und ontogenetischen Entstehungs- und Entwicklungsbedingungen her, als auch theologisch-pneumatologisch „von oben“ („top-down“), d. h. als Vergewisserung der von Gott konstituierten Beziehung des Menschen zu Gott angesehen werden kann. Beide Sichtweisen stehen sich dialektisch gegenüber. Diese Dialektik begegnet aber nur im theologischen Verständnis des Glaubens, nicht im humanwissenschaftlichen, das die Erscheinungsformen des Glaubens zum Gegenstand der empirischen Religionsforschung macht. Diese kennt nur die Sicht „von unten“. Das Modell der Zuordnung beider Sichtweisen ist somit das einer einseitigen, asymmetrischen Integration.

Es geht in der Theologie nicht um die Beschreibung kausaler Funktionszuammenhänge, sondern um die Dimension des Sinnverstehens in der Perspektive des christlichen Gottesglaubens. Von „Schöpfung“ kann nicht in der Beobachterperspektive des Forschers, der seinem Gegenstand in methodischer Distanz gegenübersteht, gesprochen werden, sondern nur in der Teilnehmendenperspektive dessen, der sich selbst als Geschöpf weiß, also immer nur in einer hermeneutischen Grundhaltung.

Die „Kognitive Religionswissenschaft“ versteht den Menschen als Naturwesen im Sinne der modernen Naturwissenschaft, besonders der Entwicklungsbiologie, die theologische Anthropologie versteht ihn als von Gott geschaffenes und mit Geist begabtes Wesen, was aber die Dimensionen des Naturhaften keineswegs ausschließt. Während die theologische Sicht des Menschen im Forschungsansatz der „Kognitiven Religionswissenschaft“ keine Rolle spielt, kann diese für die theologische Anthropologie als einer von vielen Beiträgen zu einer multiperspektivischen Betrachtung des Menschen von Bedeutung sein. Die Erkenntnisse zur Evolution des religiösen Bewusstseins lassen sich in der theologischen Anthropologie, in der Schöpfungstheologie und in der Pneumatologie rezipieren.

Ein religionstheoretisch aufgeklärtes Selbstverständnis des christlichen Glaubens kann durchaus die Resultate der „Kognitiven Religionswissenschaft“ mit einbeziehen, solange diese nicht die Transzendenzdimension der Glaubenskonstitution bestreitet und Glauben naturalistisch reduziert. Wo es zu solchen Reduktionen kommt, verlässt die „Kognitive Religionsforschung“ ihr wissenschaftliches Terrain und wird zur religionskritischen Ideologie. Barrett wehrt sich zu Recht gegen einen solchen Übergriff.

Von der „Kognitiven Religionsforschung“ ist also von Seiten der Theologie das alle ihre Forschungen begleitende Selbstbewusstsein zu erwarten, dass sie sich dem komplexen Phänomenbereich des Religiösen in einem bestimmten, eng begrenzten Forschungszugang nähert, indem sie nach kognitionspsychologischen Grundstrukturen des menschlichen Transzendenzbewussteins fragt. Die Kultivierungen solcher Strukturen bis hin zu hoch komplexen Bewusstseinsformationen lassen sich mit diesem Instrumentarium nicht mehr erfassen. Dazu sind weitere – kulturanthropologische, philosophische und theologische – Erschließungsebenen erforderlich.

Dieser erkenntnistheoretischen Vielschichtigkeit der Lesarten korreliert auf ontologischer Ebene die von Werner Heisenberg so genannte „Schichtentheorie der Wirklichkeit“[20]. Heisenberg hatte vorgeschlagen, die Wirklichkeit als ein stratifiziertes Kontinuum zu sehen, das von der Physik bis zur Transzendenz reicht. Auf der untersten Schicht der physikalisch erforschbaren kausalen Zusammenhänge können die Geschehnisse noch objektiviert werden. Auf der obersten Schicht dagegen öffnet sich der Blick auf „den letzten Grund der Wirklichkeit“.[21] Paul Tillich hatte im Blick auf die „vieldimensionale Einheit des Lebens“[22] ein ähnliches Wirklichkeitsverständnis vorgeschlagen, sich aber gegen den Begriff der „Schicht“ ausgesprochen, weil dieser zu sehr vom Prinzip der hierarchischen Ordnung bestimmt sei. Demgegenüber bevorzugt er die Metapher der „Dimension“. Grundlegend unterscheidet er die Dimensionen des Anorganischen, des Organischen und des Geistigen. Die Dimensionen durchdringen sich: „In allen sind alle Dimensionen potentiell gegenwärtig, und einige sind aktualisiert.“[23] In seinen schöpfungstheologischen Überlegungen schlägt auch Hans Kessler eine Schichtentheorie vor[24] und nennt als Schichten: die physikalische, die biologische, die psychische, die mentale, die ästhetischen, die ethischen und die religiösen.[25] Zu fragen ist, ob es sich hierbei um Schichten der *Wirklichkeit* oder der Wirklichkeits*erkenntnis* handelt, also um Lesbarkeiten der Wirklichkeit.

Nach der von Kessler genannten Aufzählung wäre die „Kognitive Religionswissenschaft“ primär auf der psychischen und mentalen Ebene angesiedelt. Nach „oben“ hin sind die „unteren“ Ebenen integrierbar, nicht aber umgekehrt. Darin gründet die Einseitigkeit und Asymmetrie der Beziehungsbestimmung zwischen Theologie und naturwissenschaftlichen Wirklichkeitszugängen. Der religiöse Wirklichkeitsbezug stellt eine *Erschließung* der Wirklichkeit dar, die naturwissenschaftliche und geistige (ethische, ästhetische) Zugänge in sich aufnehmen kann und diese in das Licht des Transzendenzhorizonts stellt, von der sie sich erleuchtet weiß und „über die nur im Gleichnis gesprochen werden kann“[26].

Zu allen Zeiten – schon bei den Autoren der priesterschriftlichen Schöpfungserzählung – konnte sich die Theologie für die Aufnahme naturkundlichen Wissens öffnen. Traditionell wurde die Vermitt-

---

[21] Ebd., 302.
[22] Tillich (1987), 21–41.
[23] Ebd., 27.
[24] Kessler (1996), 189–232, bes. 189–193; Kessler (2006), 52–89; Kessler (2009), 86ff.
[25] Kessler (2009), 88f.
[26] Heisenberg (1942), 294f.
[0] Heisenberg (1942), 294f.

lung zwischen dem „Weltwissen“ und der theologischen Überlieferung in der „natürlichen Theologie“ geleistet, die in den Prolegomena zur Dogmatik lokalisiert war. Calvin hat das dritte Kapitel des ersten Buches seiner „Institutio Christianae religionis“ unter den Titel gestellt: „Die Gotteserkenntnis ist dem Menschen innerlich von Natur eingepflanzt.“[27] Der menschliche Geist besitze „durch natürliches Ahnvermögen eine Art Empfindung für die Gottheit“[28], einen „semen religionis“[29], der in sein Herz gleichsam eingemeißelt sei. Die Begründung für diese Aussagen liegt in der Schöpfungstheologie. Als Geschöpf trägt der Mensch „von Natur“ d. h. von seinem Konstitutionsgrund her ein Bewusstsein dieses Grundes in sich – wie rudimentär auch immer es ausgeprägt sein mag. Die „Natur des Menschen“ einschließlich seiner kognitiven Ausstattung ist hier schöpfungstheologisch gedeutet.

Gegenüber dem sich nahelegenden Versuch, den zitierten Satz Calvins auf die „Kognitive Religionsforschung“ zu beziehen und in ihr eine empirische Untermauerung für die Rede von der religiösen Anlage des Menschen zu sehen, ist jedoch Vorsicht geboten. Eine solche Form der Integration stellt die Unterschiedenheit der beiden Religionsauffassungen nicht ausreichend in Rechnung.

Mit dem zunehmendem Gewicht, das die naturwissenschaftliche Erforschung der „Natur des Menschen“ in der Neuzeit erlangt hat, physikalisierte und biologisierte sich auch der Naturbegriff. Als Naturwesen ist der Mensch demnach Produkt der gattungsgeschichtlichen Evolution. Diese Sicht kann in einen theologischen Bezugsrahmen gestellt werden, darf dabei aber nicht ihrer Eigenart und Andersheit gegenüber der philosophisch-theologischen Betrachtung beraubt werden. Das Modell der Integration kann nicht im Sinne einer inklusivistischen Vereinnahmung angewendet werden, sondern muss nach dem Beziehungsmuster des Dialogs praktiziert werden.

Nur so kann Ernst genommen werden, dass die „Kognitive Religionswissenschaft“ nicht einfach empirische Fakten aufdeckt, die dann theologisch interpretiert werden können. Sie operiert vielmehr mit einem bestimmten Vorverständnis der Natur des Menschen und entwickelt ihr Forschungsdesign in einem bestimmten Theorierahmen. In diesem Vorverständnis unterscheidet sich die theologische Perspektive auf den Menschen von der natur- und kulturwissenschaftlichen grundlegend.

---

[28] Ebd., I, 3, 1.
[29] Ebd.
[0] Ebd.

Aus theologischer Sicht leistet die „Kognitive Religionswissenschaft“ also einen wichtigen, aber begrenzten Beitrag zur Deutung des menschlichen religiösen Bewusstseins. Er besteht darin, eine Art Grammatik oder Klaviatur zu beschreiben, auf der sich religiöse Bewusstseinsformationen bilden. Was auf dieser Klaviatur gespielt wird, vermag sie nur rudimentär zu erfassen. Je deutlicher sie sich dieser Begrenztheit bewusst wird, Raum für andere „höhere“ Perspektiven auf Religion lässt und sich zu diesen Perspektiven in eine konstruktive Beziehung setzt, umso wertvoller wird sie als Dialogpartnerin für die Theologie und für andere Ansätze der Religionswissenschaft sein.

2.5. Gebrochene Komplementarität

Die theologische Sicht steht dem kognitionspsychologischen Verständnis von „Religion“ und „Glaube“ nicht unvermittelbar gegenüber. Es handelt sich aber auch nicht um eine bruchlose und spannungsfreie Komplementarität oder um eine Zuordnung nach dem Erfüllungsmodell von Natur und der sie vervollkommnenden Gnade. Das theologische Verständnis des Glaubens geht nicht nur über das kognitionspsychologische hinaus (im Sinne der oben skizzierten Schichtentheorie), sondern steht ihm auch kritisch gegenüber, weshalb ich nur von einer *gebrochenen Komplementarität* zwischen den Perspektiven der Theologie und der Kognitionspsychologie, der Evolutionsbiologie, wie überhaupt der Naturwissenschaften und der empirischen Humanwissenschaften sprechen kann.

Nicht ohne guten Grund betont besonders die evangelische Theologie die Bindung der Schöpfungsoffenbarung an die Christusoffenbarung. Dort aber offenbart sich Gott „sub contrario“, wie Luther sagte, unter dem Gegenteil seiner selbst, in der Torheit des Kreuzes. Gott ist nicht nur der Nicht-Andere wie bei Nikolaus von Kues[30], sondern auch der Ganz-Andere wie bei Kierkegaard und Barth. Evolution – wie das Naturgeschehen überhaupt – kann nicht mit Schöpfung identifiziert werden. So sehr Gottes schöpferische Kraft in ihr wirkt, so sehr stehen Natur und Geschichte doch nicht in bruchloser Beziehung zu Gott und zu Gottes Schöpfung. Sie sind ihrem Ursprung entfremdet, von Gott durch einen „Sund“ – theologisch: „Sünde“ – getrennt. „Sünde“ ist dabei in einem metamoralischen, nicht nur auf das Handeln des Menschen bezogenen Sinn, sondern als Entfremdung des Seienden (in Natur und Geschichte) vom Grund des Seins zu verstehen. Karl

---

[0] Siehe dazu den Beitrag von Ulrich Lüke in diesem Band.

Barth hatte vom „Nichtigen" gesprochen. „Sünde" in diesem ontischen Sinn verweist auf die tödlichen und das heißt: widergöttlichen Eigendynamiken, auf abgrundtief Böses und sinnloses Leiden im kosmischen Prozess, in der Entwicklungsgeschichte des Lebens und in der Lebenswelt des Menschen. Natur und Schöpfung stehen zueinander in der Beziehung einer Kontinuität in Diskontinuität. Daher kann es keine harmonisierende Verschränkung der theologischen und der evolutionsbiologischen Sicht der Natur geben.

Nicht ohne guten Grund betont besonders die evangelische Theologie auch die Unterschiedenheit von Religion und Glaube. Glaube ist aber *mehr* als die Summe religiöser Vorstellungen und auch mehr als die religiöse *Erfahrung* des Heiligen. Er kann sich auch in der Gewissheit manifestieren, dass Gott selbst dann nicht fern ist, wenn seine Gegenwart gerade *nicht* erfahren wird, und dass er sogar in der Erfahrung der Gottverlassenheit gegenwärtig ist. Glaube ist nicht einfach der Inhalt des evolutionsgeschichtlich ausgebildeten religiösen Bewusstseins, sondern auch (und gerade auch) dessen Irritation, dessen Krisis und Revolution. Diese Art kontraintuitiver Gewissheit kann den Kognitionsapparat des Menschen arg strapazieren.

Literatur

Barrett J.L. (2004), Why Would Anyone Believe in God?, Walnut Creek CA 2004.

Barrett J.L. (2007a), Is the Spell Really Broken? Bio-psychological Explanations of Religion and Theistic Belief, in Theology and Science 5/1, 2007.

Barrett J.L. (2007b), Cognitive Science of Religion: What Is It and Why Is It?, in Religion Compass 1, 2007, http://users.ox.ac.uk/~theo0038/pdf%20files/Religion%20Compass_Barrett%202007.pdf (Abruf am 23.09.10).

Barrett J.L. (2007c), Darwins God, in The New York Times Magazine, 4.3.2007, 11, http://www.nytimes.com/2007/03/04/magazine/04evolution.t.html?_r=1&pagewanted=11&ei=5087%0A&em&en=166dbd9e75680e73&ex=1173243600, (Abruf am 21.09.10).

Barrett J.L. (2008), Why Santa Claus Is Not a God, in Journal of Cognition and Culture 8/1–2, 2008.

Barrett J.L./ Richert R.A. (2003), Anthropomorphism or Preparedness? Exploring Children's God Concepts, in Review of Religious Research 44, 2003.

Bloom P. (2007), Religion is Natural, in Developmental Science 10, 2007.

Boyer P. (1993), Cognitive Aspects of Religious Symbolism, in ders. (Hg), Cognitive Aspects of Religious Symbolism, Cambridge UK 1993.

Boyer P. (1994), The Naturalness of Religious Ideas. A Cognitive Theory of Religion, Berkeley CA 1994.
Boyer P. (1996), What Makes Anthropomorphism Natural: Intuitive Ontology and Cultural Representations, in The Journal of the Royal Anthropological Institute (N.S.) 2, 1996.
Boyer P. (2001), Religion Explained: The Evolutionary Origins of Religious Thought, New York 2001.
Calvin J. (2008), Unterricht in der christlichen Religion = Institutio Christianae religionis. Nach der letzten Ausgabe von 1559, übers. und bearb. von Otto Weber, Neukirchen 2008.
Dawkins R. (2006), The God Delusion, London 2006.
Dennett D. (2006), Breaking the Spell, Religion as A Natural Phenomenon, New York 2006.
Guthrie S.E. (1980), „A Cognitive Theory of Religion", Current Anthropology, vol. 21, 1980.
Guthrie St. (2002), Animal Animism. Evolutionary Roots of Religious Cognition, in Pyysiäinen I./ Anttonen V. (Hg), Current Approaches in the Cognitive Science of Religion, London 2002.
Heisenberg W. (1942), Ordnung der Wirklichkeit (1942), in ders., Gesammelte Werke, Abt. C, Bd 1, München 1984.
Kelemen D. (2004), Are Children „Intuitive Theists"? Reasoning About Purpose and Design in Nature, in Psychological Science 15, 2004.
Kelemen D./ DiYanni C. (2005), Intuitions About Origins: Purpose and Intelligent Design in Children's Reasoning About Nature, in Journal of Cognition and Development 6, 2005.
Kessler H. (1996), Gott, der kosmische Prozess und die Freiheit. Vorentwurf einer transzendental-dialogischen Schöpfungstheologie, in Kessler H./ Fuchs G. (Hg), Gott, der Kosmos und die Freiheit. Biologie, Philosophie und Theologie im Gespräch, Würzburg 1996.
Kessler H. (2006), Den verborgenen Gott suchen. Gottesglaube in einer von Naturwissenschaften und Religionskonflikten geprägten Welt, Paderborn u. a. 2006.
Kessler H. (2009), Evolution und Schöpfung in neuer Sicht, Kevelaer 2009.
Lawson E.Th. (2000), Towards a Cognitive Science of Religion, in Numen 47, 3, 2000.
Pyysiäinen I. (2002), Introduction: Cognition and Culture in the Construction of Religion, in Pyysiäinen I./ Anttonen V. (Hg), Current Approaches in the Cognitive Science of Religion, London 2002.
Richert R.A./ Barrett J.L. (2005), Do You See What I See? Young Children's Assumptions About God's Perceptual Abilities, in International Journal for the Psychology of Religion 15, 2005.
Tillich P. (1987), Systematische Theologie III, ND Berlin/New York 1987.

Autorenverzeichnis

Reinhold Bernhardt, Prof. Dr. theol.,
Ordinarius für Systematische Theologie (Dogmatik) an der Universität Basel.
Publikationen u. a.:
Was heißt „Handeln Gottes"? Eine Rekonstruktion der Lehre von der Vorsehung Gottes, Gütersloh 1999. 2. Auflage in der Reihe „Studien zur systematischen Theologie und Ethik" Bd. 55, Berlin 2008;
Ende des Dialogs? Die Begegnung der Religionen und ihre theologische Reflexion (Beiträge zu einer Theologie der Religionen 2), Zürich 2006;
Offenbarung als Erschließungsgeschehen, in ThZ 58, 2002, 61–80;
Die Soziobiologie als Anfrage an die Theologie, in ThZ 58, 2002, 172–188.

Ulrich Lüke, Prof. Dr. theol.,
Professor für Katholische Theologie/Systematische Theologie an der Philosophischen Fakultät der RWTH Aachen.
Publikationen u. a.:
Einladung ins Christentum. Was das Kirchenjahr über den Glauben verrät, München 2009;
Das Säugetier von Gottes Gnaden. Evolution – Bewusstsein – Freiheit, Freiburg/Basel/Wien 2007[2];
Als Anfang schuf Gott … Bio-Theologie. Zeit – Evolution – Hominisation, Paderborn 2001[2].

Christina Aus der Au, Priv.Doz. Dr. theol.,
Privatdozentin für Systematische Theologie an der Universität Basel und Theologische Geschäftsführerin am Zentrum für Kirchenentwicklung, Universität Zürich.
Publikationen u. a.:
Im Horizont der Anrede. Das theologische Menschenbild und seine Herausforderung durch die Neurowissenschaften, Göttingen 2011;
„Der Du allein der Ew'ge heisst" – Die Evolution Gottes und der Welt in der Prozessphilosophie, in Delgado M./ Krüger O./Vergau-

wen G. (Hg), Das Prinzip Evolution. Darwin und die Folgen für Religionstheorie und Philosophie, Stuttgart 2010, 99–117;
„Wie Orgel und Staubsauger: Das Verhältnis von Evolutionstheorie und Schöpfungsgeschichte aus theologischer Sicht", in Neukamm M. (Hg), Evolution im Fadenkreuz des Kreationismus. Darwins religiöse Gegner und ihre Argumentation, Göttingen 2009, 341–350.

Hans-Joachim Sander, Prof. Dr. theol.,
Professor für Dogmatik an der Universität Salzburg,
Publikationen u. a.:
Nicht verschweigen. Die zerbrechliche Präsenz Gottes, Würzburg 2003;
Einführung in die Gotteslehre, Darmstadt 2006.

Andreas Beyer, Prof. Dr. rer.nat.,
Professor für Molekulare Biologie an der FH Gelsenkirchen.
Publikationen u. a.:
Eineinhalb Jahrhunderte Charles Darwin – was ist vom „Darwinismus" übrig geblieben? Ein Streifzug durch die Geschichte der Evolutionstheorie, in Vogelsang F./ Meisinger H. (Hg);
Über Darwin hinaus?! Die unabgeschlossene Geschichte des naturwissenschaftlichen Fortschritts, Bonn 2010, 11–22;
Der Wahrheitsbegriff aus der Sicht der empirischen Wissenschaften und wie Kreationisten damit umgehen, in Vogelsang F./ Meisinger H. (Hg), Herausforderungen und Grenzen wissenschaftlicher Modelle in Naturwissenschaften und Theologie, Bonn 2008, 33–42.

Hans-Dieter Mutschler, Prof. Dr. phil.,
Professor für Naturphilosophie an der philosophisch-pädagogischen Hochschule Ignatianum Krakau.
Publikationen u. a.:
Naturphilosophie, Reihe „Grundkurs Philosophie" Band 12, Stuttgart 2002;
Physik und Religion, Darmstadt, 2005;
Von der Form zur Formel. Metaphysik und Naturwissenschaft, Zug 2011.

Christian Hoppe, Dr. rer.nat., Dipl.-Psych., Dipl.-Theol.,
wissenschaftlicher Mitarbeiter der Klinik für Epileptologie der Universität Bonn. Publikationen u. a.:
Neuro-Philosophie? Kritische Anmerkungen aus neurowissenschaftlicher Perspektive, Hoppe Ch./ Elger, Ch.E., in Sturma D.

(Hg), Vernunft und Freiheit (Festschrift für J. Nida-Rümelin), Frankfurt/Main 2012;
Depression in epilepsy: a critical review from a clinical perspective, Hoppe Ch./ Elger Ch.E., Nature Reviews Neurology 7 (2011), 462–472;
Expedition ins Bewusstsein – ein neurophänomenologischer Essay mit einem theologischen Epilog, Hoppe Ch., in Vogelsang F./ Hoppe Ch. (Hg), Bewusstsein und Geist – nur Hirngespinste? (III. Forum Neuroethik), Evangelische Akademie im Rheinland, Bonn-Bad Godesberg 2010, 7–33.

Ludwig Huber, Prof. Dr. rer.nat.,
Leiter des Departments für Neurobiologie und Kognitionsforschung der Universität Wien und Professor für Naturwissenschaftliche Grundlagen des Tierschutzes und der Mensch-Tier-Beziehung an der Vetmeduni Vienna.
Publikationen u. a.:
The evolution of cognition, Heyes C./ Huber L. (Hg), Cambridge MA 2000;
Evolution von Erkenntnis und Moral, in Körtner U.H.J./ Popp M. (Hg), Schöpfung und Evolution – zwischen Sein und Design. Neuer Streit um die Evolutionstheorie, Wien 2007, 127–157.

Josef Quitterer, Prof. Dr. phil.,
Leiter des Instituts für Christliche Philosophie an der Universität Innsbruck.
Publikationen u. a.:
Agency and Causation in the Human Sciences, Castellani F./ Quitterer J. (Hg), Paderborn 2007;
Die Aktualität des Seelenbegriffs. Interdisziplinäre Zugänge, Gasser G./ Quitterer J. (Hg), Paderborn 2010;
Unser Selbst. Identität im Wandel der neuronalen Prozesse, Rager G./ Quitterer J./ Runggaldier E., Paderborn 2003^2.

Michael Blume, Dr.,
Religionswissenschaftler.
Publikationen u. a.:
Homo religiosus, Gehirn & Geist 04/2009;
Die Rolle der Frau in der Evolution von Religiosität, Mitteilungen der Berliner Gesellschaft für Anthropologie, Ethnologie und Urgeschichte Bd. 31, 2010;
Gott, Gene und Gehirn. Warum Glaube nützt. Die Evolution der Religiosität, Vaas R./ Blume M., Stuttgart 2009.

Georg Souvignier, Dr. rer.nat.,
Dozent an der Bischöflichen Akademie des Bistums Aachen.
Publikationen u. a.:
Darwin und Gott. Das Verhältnis von Evolution und Religion, Lüke U./ Schnakenberg J./ Souvignier G. (Hg), Darmstadt 2004;
Der Mensch – nichts als Natur? Interdisziplinäre Annäherungen, Lüke U./ Meisinger H./ Souvignier G. (Hg), Darmstadt 2007;
Gottesbilder an der Grenze zwischen Naturwissenschaft und Theologie, Souvignier G./ Lüke U./ Schnakenberg J./ Meisinger H. (Hg), Darmstadt 2009.